JN320718

近藤潤三著

# 統一ドイツの政治的展開

木鐸社

# 目 次

序章　本書の主題とアプローチの方法 ……………………………… 7

第1章　ドイツ統一に向かって ……………………………………… 14
　　1　DDR市民の大量脱出からベルリンの壁の崩壊へ　(14)
　　2　民主化から統一へ――ベルリンの壁の崩壊から人民議会選挙まで　(17)
　　3　統一の国内的局面――人民議会選挙からドイツ統一まで　(22)
　　4　統一の国際的局面　(25)
　　5　1990年連邦議会選挙とその結果　(30)

第2章　統一後に残された課題 ……………………………………… 35
　　1　基本法改正問題　(35)
　　2　首都問題の決着　(38)
　　3　妊娠中絶問題　(41)
　　4　国家保安省（シュタージ）文書の扱い　(43)

第3章　「産業立地」問題の浮上 …………………………………… 49
　　1　深刻化する失業問題　(49)
　　2　「産業立地」再構築を巡る争点　(56)
　　3　環境政策の停滞　(64)
　　4　治安悪化と犯罪対策　(68)

第4章　政権交代とシュレーダーの改革政策 ……………………… 75
　　1　コール政権末期の与野党　(75)
　　2　1998年連邦議会選挙と政権交代　(80)
　　3　シュレーダーの改革政策　(84)

第5章　東ドイツの経済再建と心の壁 ……………………………… 104
　　1　旧東ドイツ地域の経済再建　(104)
　　2　東西ドイツ間の心の壁　(114)

## 第6章　外国人問題と極右勢力 …………………………126
　　1　外国人問題とコール政権　　(126)
　　2　シュレーダー政権の外国人政策　　(136)
　　3　多発する排外暴力と極右勢力　　(142)

## 第7章　国際社会の中のドイツ …………………………152
　　1　ユーゴスラヴィア解体とドイツ外交　　(152)
　　2　国際貢献と連邦軍派遣問題　　(155)
　　3　ヨーロッパ統合の進展と対米関係　　(165)
　　4　周辺国との和解——チェコ，ポーランド，強制労働　　(174)
　　5　「ドイツのヨーロッパ」か？　　(179)

## 第8章　統一ドイツの政治的特徴と問題点 …………………………186
　　1　政党システムの連続性と政党国家の揺らぎ　　(186)
　　2　政党システムの機能不全　　(194)
　　3　政治の閉塞と新政策の展開　　(200)

## 終章　ドイツが直面する政治課題 …………………………205

あとがき …………………………214

年表（1989－2002年）…………………………218

人名・事項・略語索引 …………………………222

統一ドイツの政治的展開

# 序章　本書の主題とアプローチの方法

　1990年にドイツが統一して現在（2003年）までに13年が経過した。この時間の経過につれ，驚きと歓喜をもって迎えられたドイツ統一も次第に過去の領域に入り込み，生々しい同時代的出来事というよりは歴史の一齣になりつつある。そのことはとりわけ若い世代に当てはまり，彼らにとっては統一は自明な既成事実という色彩を濃くしてきている。いや，むしろ分断状態にあるドイツのほうが想像しにくく，二つのドイツは知識のレベルの存在であって，格別の思い入れもなく分裂を不自然だと感じているといえよう。つまり，若者にとってはかつては夢想でしかなかった統一されたドイツこそが既成事実である時期が到来し，東西に分断され，世界で最も厳重に管理された国境によって隔てられたドイツこそが思い浮かべるのに労力を要するようになってきているのが昨今の状況だといってよい。

　ドイツ統一という激動が過ぎ去った世界に徐々に沈みつつあるのは，統一以来の経過時間が単に長くなってきているという理由だけによるのではない。むしろ，その時間自体が，人々の現在の生活を形成し，あるいは彼らの記憶に深く刻まれた多くの出来事に満たされ，重量を増していることに起因していると考えるべきであろう。そのことはドイツ統一が一つのピークになった冷戦体制の解体と同時にグローバル化の波が高まり，豊かさを享受していた国民生活に色濃い影を落とすようになったことをはじめ，様々な点から窺える。政治面では，コールの不正献金疑惑に代表されるスキャンダルの頻発と政府の統治能力の低下のゆえに政党と政治家に対して国民が信頼を持てなくなってきていること，排外暴力が吹き荒れ，極右政党が地方議会に度々進出

するようになったこと，政治・軍事小国だったドイツが統一に伴い国際貢献を求められ，NATO域外への連邦軍の派遣を繰り返して大国化してきたことなどが直ぐに思い浮かぶ。また経済面については，EU統合の進展がドイツ・マルク消滅にまで至ったこと，失業問題の重圧が増し，普通の市民が雇用不安を感じるようになったこと，安心して依拠しうるはずの社会国家が縮小し，経済の低成長で将来の生活設計が描きにくくなったことなどが挙げられよう。こうして第二次世界大戦後，分断国家として再出発したドイツの現代史において統一が終着点ではなく転換点を意味することがますます明白になり，統一から今日までが統一以前とは明確に区別される一つの時期を構成していることが明らかになってきている。つまり，統一を境にドイツ現代史は質的に新たな段階に入ったのであり，かつての東ドイツの市民にとってはもとより，西ドイツの市民にとっても統一以後がそれまでの時期の単なる延長ではなく，連続性が多かれ少なかれ切断されたことが，統一という出来事に過去の色調を帯びさせるようになったといえるのである。

　ところで，このように重みを増した統一以降のドイツ現代史にアプローチしようとする場合，種々の困難が立ち現れてくる。一方ではインターネットなどの発達により情報が過剰といえるほどに存在し，事柄によっては細部にわたる事実までをも知ることができるようになっている。ところがその反面では，知り得る事象が際限なく広がっただけでなく，変化のスピードが加速しているために，物事が錯綜し，場合によっては混沌状態を呈しているといっても過言ではない状況が現出している。個々の事象の位置と意味を確かめつつ，全体の輪郭を掴み，大きな流れを捉えることがますます難しくなっているのは，そうした変化の早さと情報の洪水の結果にほかならない。無論，これには同時代性の困難が加わる。自らが呼吸している現代という時代であるがゆえに対象から距離を置くことができず，固定観念に縛られてそれに合致する現象しか視界に入らなかったり，あるいは深層で胎動している新たな動きを看過しかねないからである。

　しかし問題はそれにとどまらない。とくにわが国では第二次世界大戦終結以降のドイツ現代史に関する研究が長らく低調であり，近年では次第に関心が向けられ，研究も活発化する気配が感じられるとはいえ，蓄積はいまだ乏しいという状況があるからである。現実を丹念に調べる以前に，既成の理論

枠組みを当てはめて強引な解釈をしたり、あるトピックを深くは追いかけても、関連する問題とのつながりへの注意が希薄だったりするケースがしばしば見られるのは、この状況では避けられないことだったといわねばならない。こうした実情を考えれば、統一後のドイツ現代史の展開がその都度時事的な関心を集めても、まとまった像を結ぶまでには至らなかったのは当然といえよう。実際、統一以後の時期については、極右暴力や雇用問題など多岐にわたるテーマに関する研究が存在するものの、全体としては専門分化というよりは関心の分散が目立ち、研究が大きく立ち遅れているとの感を拭うことができない。

　このような事情に鑑み、以下では政治の展開を中心に統一以後のドイツ現代史の鳥瞰を試みることにしたい。無論、鳥瞰である以上、細部にまで光が届かないのは避けられないが、しかし同時にできるだけ多くのトピックを取り上げるのではなく、トレンドが読み取りうるような主要な論点や政策領域に重点を置きながら考察を進めたいと思う。この点については2002年に邦訳されたハンス・カール・ルップの『現代ドイツ政治史』がある意味で参考になる。この書では統一以後についてもかなりの紙数が割かれており、重要な論点が網羅的に触れられているので、意義が大きいのは間違いない。けれども、ドイツ人学生を対象とした概説という性格から、一定の予備知識を前提にした総花的な記述になっているため、率直にいって理解しやすい叙述とはいえず、大きな流れを掴むのには必ずしも適しているとはいえないように感じられる。しかしそれ以上に大きな問題は、総花的であることが立体感を薄める結果になり、何が歴史展開の重心になっているかが不鮮明に終わっていることである。

　このことは、満遍なく記述するという叙述方法の問題であるだけではなく、「コンセンサスの政治」を特徴としているドイツの政治と現代史そのものの反映であり、帰結でもあるように思われる。例えば日本の戦後政治については対立軸を中心にして描くことが可能であり、対立軸の融解とその結果である55年体制の終焉によって政界再編などの今日的状況を説明する手法が成り立ちうる。これに対し、いわゆる戦後和解から出発し、早い段階でイデオロギーを脱ぎ捨てたドイツの場合、そのようなアプローチは成り立たない。東西の分断により共産主義者は東ドイツに集中し、西ドイツでは共産党が禁止

されたためにその勢力はとるにたりないものだったが,そうした条件下で西ドイツでは「戦う民主主義」の名の下に反共と一体の自由主義的民主主義がコンセンサスとして定着し,冷戦が終わるまで維持された。またこれと並行して,理解に幅があるものの,市場経済を万能視しない社会的市場経済と呼ばれる経済システムも共通項として受け入れられた。このことは,資本主義か社会主義かという体制の選択と憲法9条か日米安保かという平和問題での二者択一が重なった国内冷戦構造が凍結されてきた日本とは根本的に異なる政治の展開があったことを示している。要するに,西ドイツではヴァイマル共和国とナチズムの苦渋に満ちた過去の反省に立って政治的アリーナが縮小され,共通の土台が固められた結果,体制の選択も安保の賛否もほとんど問われない状態が作り出されたのであり,統一後のドイツでもこのコンセンサスはそのまま継続しているといってよい。イデオロギー的に色付けられた政治勢力や政党の衝突・対立が見出されないのはそのコロラリーであり,そのためにともすれば政治展開の重心が見失われることになりやすい。そして,ルップの上記の書もこの欠陥と決して無縁ではないと感じられるのである。

　無論,狭められた政治的アリーナの中で主要政党はそれぞれの綱領的立場に基づいて行動しているから,政治理念や綱領に沿って,大きな政府指向か小さな政府指向か,脱物質主義に重心があるか否かという区別や,依然として市民の政治的思考に根を張っている右と左の区別を行い,そこから対立線を引くことは可能である。しかしドイツの現代政治の特徴は,世界観や綱領レベルの対立を残しながら現実の政治に取り組む主要政党間の政策距離が縮小していることにある。例えば大きな政府の同義語に等しい社会国家の在り方に関し,「社会国家の危機」を巡る論議を伏線にして「社会国家の解体」をテーマに激しい応酬が展開され,あたかも世界観が激突しているかのような光景が見られるが,冷静に観察すると架橋しがたい溝は存在せず,また実際に行われているのは,小幅な修正の積み重ねであるというべきであろう。そこに見出されるのは,言説や言辞での対立の激しさの陰で,現実政治では妥協点が模索され,歩み寄りが行われるのがむしろ常態になっている姿である。これをドイツ政治の実相と呼ぶなら,この実相を覆い隠している論争的な常套句や用語の華々しさに引き寄せられ,そこから主要政党の価値指向の鋭い対立線を構成するよりは,政策面での歩み寄りが生じる力学を解明すること

が重要と思われる。

　これらの点を考慮し，以下で統一以後のドイツの政治と現代史を追跡するに当たっては，政治の展開を方向づけ，あるいは制約するような主要な政策領域や政策決定に重心を置くことにしたい。具体的にいえば，経済の低迷と大量の失業を発生させた産業立地の衰退に関わる経済・社会政策や，ドイツの国際的地位を規定する国際貢献の主軸となった連邦軍の派兵問題がその代表例である。構造改革を必須とする前者の問題からは，政党や利益団体の政治力学ばかりでなく，豊かな生活を守りたい生活保守的な姿勢がどれほど根強いかが浮かび上がってくるであろうし，後者からは国際社会でのドイツの進路だけではなく，同時に，統一で高揚したナショナルな感情が外交路線を左右するまでになったのかどうかが読み取れるはずである。そうした基本的な政策領域に焦点を絞りつつ，さらには荒廃した東ドイツ地域の再建や移民国への転換のように客観的にみて避けられない課題との取り組みにも目を向けることによって，統一から今日までのドイツ政治の展開の基調を読み取るとともに，今後の動向を考える手掛かりを得るのが本書の狙いである。

　その際，当然ながらコール政権からシュレーダー政権への交代にも注意を払うが，これを時期区分の標識とはせず，その意味では統一以後を一つの時期として把握することにしたい。統一後のドイツ現代史を扱ったこれまででほとんど唯一と思われる著作に2002年に出版されたカール・ルドルフ・コルテの『統一されたドイツ　1989・90年～2001年』があるが，そこでは統一後の第二のコール政権期とシュレーダー政権の時期に区分されている。確かにアデナウアーの首相在任期間をしのぎ，ビスマルクに次ぐコールの長期政権が姿を消したことは一つの区切りの意識を強めたことは間違いない。けれども本書でそうした時期区分をとらない理由は，両政権の間に主要な政策領域で連続性が色濃く表れていることにある。一般的にいって，トップ・リーダーだけでなく，政権を支える政党の交代は政治の潮流に変化をもたらすことが多い。むしろ逆に，潮流の変化が政権交代を生じさせ，後者が前者を可視化するというのが正確かもしれない。けれども，そのことは常に当てはまるわけではない。英仏に続きドイツでもSPDが政権を握り，1998年にはEU加盟15カ国中13カ国で社会民主主義政党が政権の座にあったことから，ヨーロッパには社会民主主義の風が吹いているといわれたが，発足から間もなく政

権与党が州レベルの選挙で敗北を重ねた事実は，果たしてドイツで潮流が変化し，新風が吹いたのか否かを確かめるうえで重要な意味を有している。またコールとシュレーダーの政権の間には主要政策の継続性が濃厚であるという事実にも十分な注意が払われて然るべきであろう。政権政党とリーダーの入れ替わりよりは，実際の政策とその効果がより重視されるべきだと考えられるからである。社会民主党が久々に政権に返り咲き，緑の党が初めて政権入りしたからといって，そのこと自体を過大に評価するのではなく，主要政策の転換とその効果が認められず，あるいは政策形成のメカニズムなどに変化が現れていない限り，政権交代をそのまま時期区分のメルクマールとするのは安直すぎ，根拠が薄弱だといわねばならない。実際，政党離れが進んでいる普通の市民の視点から眺めれば，政権が交代したことよりも，どんな政策が実施され，期待された成果が幾分なりとも実感できるかどうかが重要であり，それが市民の目線から見た政治の現実というべきであろう。換言すれば，多くの市民にとっては相対的な意味で好ましい政治か好ましくない政治が存在し，よりましな政治が望まれているのであって，例えばCDU・CSUの政権だから政治が良いもしくは悪いと判断されることは少なくなっている。とくに地域レベルでは，政党であれ政治家であれ，市民によって試され，使用され，時には使い捨てられることも起こりうるところまで今では達しているのであり，政党アイデンティフィケーションが弛緩する一方で業績投票のウェイトが高まっていることは，政権交代自体の意義を軽くしているのである。その意味で，むしろ大切なのは，主要政策の継続性が生じている原因をつきとめ，そこに表出している政治的意思形成と政策決定の問題点を検討することであろう。この観点から，以下では時期区分を行う代わりに，ドイツ政治の大枠になっている合意のシステムなどにできるだけ光を当てたいと思う。

　もとより，錯綜した現実に比べて能力が限られていることから，叙述のアンバランスや触れられない論点など種々の問題が残ることは予め断っておかねばならない。そればかりか，膨大な情報を取捨する際の著者自身の選好や視座の狭隘さと偏りが錯綜する事象の位置づけを歪めている可能性も排除できない。しかし，上述のように，わが国の研究では関心方向が細分化し，全体像を結ぶのとは逆方向に進んでいることを考慮するなら，政治面を中心に

最新の時期のドイツについて一つの見取り図を描いてみることになにがしかの意味があるのも間違いなかろう。これから行う鳥瞰は，あくまでも試論ないし今後の研究のためのたたき台の域を出るものではなく，分化の傾向に対する総合の方向の問題提起にとどまる。なお，本書のそうした性質を考慮して，詳細か簡略かを問わず注記を付すのは一切省略した。また参照した文献については，以下に全体に関わるものを列記し，各章の末尾にはその章の主題に関連する邦語の主要な参考文献だけを掲げておくこととした。

**参考文献（本書の全体に関するもの）**
朝日新聞社編『日本とドイツ――深き淵より』朝日新聞社　1995年
大西健夫・U. リンス編『ドイツの統合』早稲田大学出版部　1999年
加藤雅彦ほか編『事典現代のドイツ』大修館　1998年
北住炯一『ドイツ・デモクラシーの再生』晃洋書房　1995年
近藤潤三『統一ドイツの変容――心の壁・政治倦厭・治安』木鐸社　1998年
坂井栄八郎・保阪一夫編『ヨーロッパ・ドイツへの道』東京大学出版会　1996年
ヘルムート・シュミット　大島俊三・城崎照彦訳『グローバリゼーションの時代』集英社　2000年
ドイツ憲法判例研究会編『ドイツの最新憲法判例』信山社　1999年
仲井斌『現代ドイツの試練』岩波書店　1994年
広渡清吾『統一ドイツの法変動――統一の一つの決算』有信堂　1996年
ハンス・カール・ルップ　深谷満雄・山本淳訳『現代ドイツ政治史』彩流社　2002年
連邦政府新聞情報庁編『ドイツの実情』ソシエテーツ出版　2000年
渡辺重範編『ドイツ・ハンドブック』早稲田大学出版部　1997年

# 第1章　ドイツ統一に向かって

## 1　DDR市民の大量脱出からベルリンの壁の崩壊へ

　最初にドイツ統一のプロセスについて考えよう。ドイツ統一がドイツ人のみならず世界からも大きな関心を惹き付けた画期的な出来事であり、ドイツ現代史の転換点になっているばかりでなく、本書で考察する時期の出発点でもあるから、その要点を把握しておくことは本書全体の理解を深めるのに不可欠だからである。統一は二つのドイツだけではなく、東西の主要国をも巻き込んだ壮大で複雑なドラマだった。ここでは東ドイツの民主化からドイツの統一に力点が移行した延長線上で統一が達成されたことに着目し、一連の過程をとりあえず、東ドイツの市民の大量脱出からベルリンの壁の崩壊まで、壁の崩壊から人民議会選挙まで、そして選挙から統一までの三期に区分し、最後の時期については統一までの経過を国内的局面と国際的局面に分けて眺めよう。

　ドイツ統一に帰着する目に見える形の動きが始まったのは、西ドイツではなく、ドイツ民主共和国（DDR）、すなわち東ドイツにおいてだった。DDRは「現実に存在する社会主義」の優等生といわれていたが、この賛辞が当てはまるのはソ連・東欧ブロックの内部でだけだった。何事につけ西ドイツと比較されたDDRは、分断国家としてのDDRを市民に受け入れさせるために西ドイツに対して優位に立つことを目標に掲げたものの、結果的には1960年代以降経済面での格差は拡大する一方だった。そして遅くとも1980年代になると東側ブロックの内部ですら賛辞を返上しなければならないほどDDRの

経済は停滞し，行き詰まりの様相が色濃くなった。

　一般に指摘されるように，政治と経済が一体になっているところに社会主義という名の中央指令型経済システムの特徴があり，DDR経済の停滞の原因についても，政治的要因が経済成長を阻害した点が見過ごせない。それは社会主義のシステムに内在する構造問題だといえるが，DDRの場合，ほかの社会主義国には見られない特殊事情が存在した。絶えず比較される西ドイツに対抗し，社会主義の成果によってDDRの存在理由を内外に誇示する必要がそれである。そのために，DDRの指導者にとっては国民の生活水準を引き上げることが最優先の課題になったが，それはまた建国まもないDDRを根底から揺るがした1953年の労働者の反乱を再発させないためにも不可欠だった。けれども，DDRの存立を支えるこうした国家理由が，経済の実績に合わない無理を強い，歪みを拡大する結果になった。「経済政策と社会政策との統一」のスローガンの下，手厚い社会保障制度が維持され，とくに労働力として広範に活用する必要から，女性に対する配慮は行き届いたものとなり，ドイツ統一後もDDRの継承すべき遺産として語り継がれることになった。また住宅建設にも重点的な投資が行われ，食品をはじめとする生活必需品の価格は補助金をつぎ込むことによって低く抑えられた。けれども，政治的理由に基づくこうした政策は，他面で工業技術水準の停滞や，生産設備の老朽化の放置などを招き，さらにDDRが誇るコンビナートが大規模な環境破壊の元凶になる状況を作り出した。そして西ドイツを中心に西側諸国から巨額の借款を仰いだにもかかわらず，もともと脆弱な国家財政は破綻に追い込まれたのである。

　しかし，E.ホーネッカーを中心とするDDR指導者は，DDRを社会主義のモデルとする立場を変えず，高齢化の影響も加わって，かえって変化を受けつけない保守的傾向を強めていた。ゴルバチョフの登場とともにソ連で始まったペレストロイカに彼らが反発し，ポーランドで起こった「連帯」の運動に敵対したのは，そうした背景からだった。国家としてのDDRの支柱になっていたのは，G. J. グレースナーによれば，「ソ連による保障」と「外の世界からの遮断状態」だったが，改革を拒否する指導部の頑迷さと行き詰まった経済の現実は，この二つの支柱を揺るがした。壁や鉄条網で厳重に管理された国境を越えてくる電波と，借款の見返りに広げられた西ドイツとの交流

は，遮断状態を次第に掘り崩し，経済面だけでなく政治面でも豊かで自由な西ドイツの優位をDDR市民に印象づけた。またペレストロイカで加速したソ連による東欧支配の綻びと同国との間で高まる不協和音は，ソ連による保障が安心して依拠できる支えではありえなくなったことを示していた。

1989年になると，独裁政党である社会主義統一党（SED）の支配に打撃を与える二つの出来事が加わった。同年5月の地方選挙では従来通り結果の改竄が行われたが，これを監視するまでになった市民は怒りを爆発させた。また翌月には中国で天安門事件が発生したが，民主化を求める中国民衆に対する実力による弾圧をDDR指導者が支持したことは，国内改革の可能性がないことを示す結果になったのである。このような状況で，同年夏から，DDRの社会主義に失望し，その現実に不満を抱く市民のDDR脱出が始まった。5月には改革が進んでいたハンガリーがオーストリアとの国境の鉄条網を撤去して事実上開放したが，鉄のカーテンに開けられたこの抜け穴を通って多数のDDR市民が8月に西ドイツに向かったのである。この流れはその後も続き，そのためハンガリーと東ドイツの関係が悪化したが，修復する間もなくチェコ，ポーランドでもDDR市民が西ドイツ大使館に殺到した。その結果，DDR指導部には，国際社会が注視する中，彼らを西ドイツに運ぶ列車を用意し，実質的に脱出を公認する以外に問題解決の手立てはなくなったのである。

市民の流出と並行して，国家保安省（通称シュタージ）がDDR国内の隅々にまで厚く張り巡らした監視網による抑圧をはねのけて普通の市民が動き始めた。9月からはライプツィヒを中心にDDRの各地で，出国の自由，言論と集会の自由などを求める市民の運動が活発化し，公然とデモが行われるようになった。また，長らく受動的抵抗を強いられていた反体制派の人々が中心になり，「新フォーラム」など運動の中核になる市民団体も次々に結成された。なかでもライプツィヒで定期的に行われた月曜デモは回を重ねるごとに参加者が急速に増え，数十万人もの規模に膨れ上がった。このような民主化を軸にした体制改革の高まる圧力を受けて，ホーネッカーの率いるDDR指導部は混乱した。10月7日のDDR建国40周年記念式典に出席するため東ベルリンを訪れたゴルバチョフは「遅れてくるものは罰せられる」と述べてホーネッカーに忠告し，改革を促したものの，聞き入れるところとはならなか

った．それどころか，直後の10月9日のデモをホーネッカーは治安部隊を投入して弾圧しようとさえ試みた．けれども，天安門のような流血の惨事を恐れるSEDの幹部たちはこれを躊躇し，結局，ホーネッカーが意図した実力行使は見送られた．これを境にホーネッカーの指導力は一気に失われ，彼を解任しSED書記長をE.クレンツに交代させる党内クーデタが発生した．けれども，書記長交代劇から始まった形ばかりのSED改革では，「我々が人民だ」という標語を掲げて風圧を強める民主化の嵐を押さえ込むには手遅れであり，民主化運動はDDR全土に広がった．こうして新たなDDR指導部は混乱の中，11月9日には出国の自由を承認してベルリンの壁を開放せざるを得ないところまで追い詰められ，SED支配そのものが窮地に陥ったのである．

## 2　民主化から統一へ——ベルリンの壁の崩壊から人民議会選挙まで

ベルリンの壁が倒壊する前後にはDDRを脱出する市民の数は1日当たり数千人規模にまで膨張した．また，各地で繰り広げられたデモの参加者も100万人を大きく上回るまでに膨らんだ．そうした状況を考えると，社会が騒然とし，人々が興奮の渦に包まれたにもかかわらず，ハンガリーやチェコなどと同じく，暴力沙汰がほとんど起こらず，流血を伴わないで事態が進展していったことは，特筆に値する事実であろう．

ベルリンの壁の開放はDDRだけでなく，西ドイツにも大きな反響を巻き起こしたが，DDR市民の流入は続いてもこれからどうなるのかは誰にも分からず，状況は混沌としていた．しかしその底流では壁の開放を境に重要な転換が生じていた．これまではDDRの国内改革が主題だったが，いまや統一という新たなテーマが付け加わったのである．

壁の開放という自らの決定の重さに茫然自失していたDDR指導部では，新たな事態に対応すべく，11月13日にSED改革派として期待の大きいハンス・モドロウを新首相に選出した．首相に就任すると直ぐにモドロウは体制改革に着手した．その柱として彼が打ち出したのは，自由選挙の実施，シュタージの廃止，政治・経済制度の改革などである．しかし同時に彼はまた，西ドイツに対して「条約共同体」の結成を提案した．実際，彼が首相に選ばれたのと同じ日のデモには民主化と並んで統一を求めるスローガンが登場しており，日を追ってウェイトを増していくことになった．もちろん，モドロウ

政権と同様に，西ドイツのコール政権にも急浮上した統一問題についての準備はなかったし，それどころか，キリスト教民主同盟（CDU）をはじめ西ドイツの主要政党は80年代の両独関係の安定化を踏まえて統一を事実上棚上げし，遠い未来の領域に追いやっていたのが現実だった。しかし，ベルリンの壁の崩壊前後からの気流の変化を背景にし，モドロウ提案を受けて西ドイツ政府は対案を出す必要に迫られた。こうしてコール首相がごく一部の側近と協議して急遽作成し，独断専行との非難を覚悟のうえで11月28日に発表したのが，いわゆる10項目提案である。

「条約共同体」というモドロウ提案の要点は，「一民族，二国家」を基本とし，国家としての統一を否定しながらも，政策調整を行う合同の諮問委員会や省庁レベルの合同委員会を設置することで東西ドイツの緊密な関係を構築し，当面はこの関係を梃子に西から東への援助を獲得することにあった。これに応える10項目提案を支えていた基本的コンセプトは，対独警戒心に最大限の配慮をする立場から，ヨーロッパの東西分裂を解消するプロセスにドイツの統一を組み込むというものであり，ドイツ統一を先行させず，二つの過程を一体のものとして捉えることに重心があった。この点は「ドイツとヨーロッパの分断を克服するための10項目提案」という正式名称によく示されている。このようなコンセプトを土台とする提案では，それゆえに性急な統一の青写真は描かれず，反対にモドロウ提案にある条約共同体を第一段階に位置づけ，東ドイツの改革を進め，体制の相違を解消して協力関係を強固にしたうえで，連邦国家に至る前段階として国家連合を形成することが提唱されていた。またこれと併せ，そこでは両ドイツの統一が目標として明確に視野に入れられるとともに，この目標に至るプロセスはEC統合と関連させて進めなければならないこと，ヨーロッパ分断の克服は全欧安保協力会議の枠組みで軍縮，軍備管理とともに推進されるべきであり，これによって開かれるヨーロッパの平和の中で自由な自己決定によってドイツ統一を達成すべきことが明記されていた。この10項目提案は西側同盟国はもとより，与党の幹部にも諮ることなく側近と打ち合わせだけでコールが発表したため，とりわけイギリスとフランスの憤激を買い，不信の眼差しで見られることになったが，いずれにしても統一までの展望を短期間のうちにヨーロッパの分断克服と関連づけて提示したことはコールの政治的力量を示すものであり，従来人

事に巧みな調整型リーダーと見られて不人気だったコールが気流の変化に素早く大胆に対応し，決断力を発揮したのは確かだった。これに対し，社会民主党（SPD）など西ドイツの野党は統一よりも分断状態の下での平和と安定を優先する傾向が強く，そのために気流の変化への感度が鈍かった。その結果，急浮上してきた統一問題への対応で野党はコール政権に後れをとり，主導権を握られる格好になった。

　12月1日には国内改革の一環としてDDR憲法からSEDの指導的役割に関する規定を削除することを人民議会が議決した。続いて3日には支配政党SEDの政治局が総退陣し，ホーネッカー追放に始まる上からのSED改革は「我々もまた人民だ」と呼号する下部党員を主力にした下からの党内革命によって徹底化するとともに，暫定的指導部として作業委員会が設置され，改革派が主導権を掌握した。さらに同月7日には民主化の一環をなす円卓会議が発足した。円卓会議は，民主化運動の担い手である市民運動団体の代表たちがSEDやその伝導ベルトになった衛星政党の幹部たちと対等の立場でDDR改革の方針を協議する場であり，旧勢力と新勢力が同居する点で，東欧諸国の変革過程でもしばしば見られた過渡期に特有な権力機構である。翌年3月までに同会議は16回開かれた。第1回には円卓会議の役割に関する了解事項が確認されたほか，新憲法の草案作成に着手することやシュタージを解体する方針などが決められたが，後述する人民議会が自由選挙で選ばれた段階で，役割を終えて表舞台から退場した。

　円卓会議が動き出し，DDRの存在を前提として憲法草案の作成に乗り出したときには，民主化から統一へと潮流は大きく転換しつつあった。それを端的に示すのは，コールが12月に両独首脳会談のためにDDRを訪問した際，統一を求める多数の市民の歓迎を受けたことである。その背景には，DDRからの市民の流出が止まらず，国内経済が破局的様相を呈していたことがある。モドロウが条約共同体を提起したのも国内経済の破綻を回避することに力点があったが，深まる経済危機は市民の間でDDRの民主的変革への希望よりも統一による危機脱却への期待を強めたのである。円卓会議では当初，民主化の頂点となるべき人民議会選挙を1990年5月6日に行うことを決めていたが，こうした状況から，1990年1月29日にはその日程を繰り上げて3月18日に実施することが決定され，同時に，行き詰まったモドロウ政権に市民運動

団体が加わり，人民議会選挙までの選挙管理内閣を構成することになった。選挙が前倒しされたのは，旧体制を引きずる政権では西ドイツから十分な援助が得られず，自由選挙に基づく新政権の樹立が急がれたからである。

市民運動団体の入閣が決まるころには，人民議会選挙に向けた動きが顕在化し，その思惑によって各勢力の行動が支配されるようになった。人民議会選挙で主役を演じると目されたのは，SEDの後継政党の民主社会党（PDS），東ドイツCDU，東ドイツSPD，市民運動団体の四つだった。

DDRの憲法で長らく指導的役割を保障されてきたSEDは，89年12月に党名をSED・民主社会党（PDS）に改称し，党首に在野の弁護士G.ギジを選んで面目を一新していたが，選挙に向け刷新を内外に明示するために90年2月に再度党名を民主社会党に変更した。けれどもその効果もなく，前年から脱党者が相次ぎ，旧体制下の1986年に230万人の党員数を誇った組織も地域によっては壊滅状態に陥り，苦境を隠すことはできなかった。

一方，伝導ベルトの役割を担った衛星政党のCDUは，西ドイツのCDUから友党として認められてはいたものの，旧体制下で形式的ではあれ政権の一角を占めた過去を引きずっていたために，幹部の入れ替えなどを迫られ，苦しい立場にあった。しかし選挙戦を戦うために同党は変革過程で誕生したドイツ社会同盟（DSU），民主主義の出発とともに「ドイツのための同盟」を結成することに成功し，西ドイツCDUによるテコ入れを期待することができるようになった。

これらと異なり，東ドイツSPDは全く新しい組織として社会民主党（SDP）という名前で89年に結成された。したがって，それは1946年にSEDに強制的に合体されたかつてのSPDとは全く関係がなく，それだけに旧体制の汚点を免れていた反面，組織的基盤が極めて弱体だった。そのため，選挙が近づくにつれて，西ドイツのSPDが強力に支援することになった。実際，ブラント名誉党首は遊説のために12回も東ドイツを訪れたほどだった。東ドイツのCDUにせよSDPにせよ，西ドイツの友党からの支援を受けたばかりでなく，選挙戦ではむしろ後者が前面に出てきて，一種の代理戦争の様相を呈したが，それは人民議会選挙が西ドイツで遠くない時期に予定される連邦議会選挙の前哨戦となり，樹立される新政権を掌握して有利な地歩を占めたい思惑が強く働いたからであった。事情は東ドイツの衛星政党だった自由民主党

(LDPD）でも同じであり，西ドイツの FDP の働きかけでドイツ・フォーラム党などを加えて自由民主同盟が結成された。その結果，東ドイツの主要政党は西のそれに系列化されたが，このようにして選挙が西ドイツの政党の代理戦争と化し，西から大量のビラや機材が運び込まれ，選挙資金と選挙要員が投入されて日を追うにつれて過熱したことは，組織も資金も貧弱な市民運動団体にとっては極めて不利な状況を作り出した。準備期間を短縮する選挙の前倒し自体が既成の組織などに頼れない市民団体を不利な立場に置いたが，そうした逆風を乗り切るために「新フォーラム」，「民主主義を今」，「平和と人権イニシアチブ」の3団体は同盟90を結成して選挙に臨んだ。

　3月18日の人民議会選挙までにはこのように東ドイツの主要政党は西ドイツのそれに系列化され，東ドイツの組織としての自立性を喪失していた。そのことは，どの政党が主導権を握るのであれ，新しく形成される政権が西からのコントロールを受け，DDR 市民の自主的な民主化運動として始まった東ドイツの変革が大きく変質していかざるをえないことを予示していた。そのことは同時にまた，東ドイツの市民にとって自由に意思を表明する最初で最後の機会となり，それゆえに93.4％にも達する高い投票率を記録したこの選挙が，現実には西ドイツの政党の大規模な介入のために歪められ，東ドイツの市民が自己自身の将来でもある東ドイツの今後のあり方について自らの手で方向を示す場にはならなかったことを意味していた。

　ザクセンのように戦前は SPD の牙城となっていた地域があることから，人民議会選挙の形勢は当初は SPD が優勢と見られていたが，これを憂慮したコール政権から通貨同盟の構想が流され，遊説の過程でコールは東西マルクの交換比率を1：1にすることをほのめかして，東の市民が抱いている，西ドイツ・マルクに象徴される豊かさへの憧れを利用した。これに加え，「ドイツのための同盟」は基本法23条方式による早期の統一を公約に掲げた。これらの影響で選挙戦の途中から形勢が逆転し，表1－1が示すように，選挙はコール首相の CDU・CSU に支援された「ドイツのための同盟」の圧勝に終わったのである。得票率は CDU が40.8％，DSU が6.3％，民主主義の出発が0.9％だった。一方，SPD は統一は掲げても基本法146条方式による新憲法の制定を唱え，緩慢な統一の立場をとったが，それが原因で劣勢に立たされ，得票率は21.9％にとどまった。民主化の推進力だった同盟90は2桁に遠く及

表1-1 1990年東ドイツ人民議会選挙の結果

| | 得票率(%) | 議席数 |
|---|---|---|
| 投票率 | 93.4 | |
| キリスト教民主同盟（CDU） | 40.82 | 163 |
| 民主主義の出発 | 0.92 | 4 |
| ドイツ社会同盟（DSU） | 6.31 | 25 |
| ドイツのための同盟（計） | 48.04 | 192 |
| 自由民主連合 | 5.28 | 21 |
| 社会民主党（SPD） | 21.88 | 88 |
| 緑の党・独立婦人同盟 | 1.97 | 8 |
| 同盟90 | 2.91 | 12 |
| PDS | 16.40 | 66 |
| 民主農民党 | 2.18 | 9 |
| 国家民主党 | 0.38 | 2 |
| 民主婦人同盟 | 0.33 | 1 |
| 左翼連合 | 0.18 | 1 |

ばず，僅か2.9%の得票率にしか達しなかった。この結果を受け，L. デメジエール（CDU）を首班とし，同盟，自由民主党，SPDからなる大連立内閣が4月に形成された。この政権は，DDRの旧体制の政権と違って民主的な手続きを踏まえていたが，民主化の担い手でありながら苦境に立たされた市民運動団体が予想以上の惨敗を喫し，政権に加わっていない点に特徴があった。人民議会選挙の実施に伴い，円卓会議は役割を終えたが，そこを舞台にそれまで民主化の主役だった市民運動団体は，民主化の頂点であるはずの選挙によって主役の座から降ろされたばかりか，一転して完全に後景に退く形になったのである。また，SEDの後身のPDSは残った組織を死守し，16.4%の得票率を上げたものの，市民運動団体と同様にやはり主役の座を奪われ，モドロウは退陣した。こうしてDDR変革過程で対峙した旧体制の代弁者と挑戦者の双方とも舞台裏に退場する結果になったが，そのことはドラマの主題がDDRの改革からドイツ統一に移ったことを見事に表現していた。

## 3　統一の国内的局面——人民議会選挙からドイツ統一まで

　上記のような主題の転換は，反体制派の市民運動団体とSEDの党内改革派で構成された円卓会議がDDR民主化のために遺した憲法草案が，新たに招集された人民議会で公式の審議の対象にもされず，棚上げされたことにも示

されている。人民議会が取り組んだのは民主化ではなく統一問題だったが，その点では新政権も同じだった。

基本法23条による統一，西ドイツ・マルクの導入などを掲げた「ドイツのための同盟」の勝利は，民主化より統一を優先する国民感情の表明と考えられたから，デメジエール政権の中心課題は，公約どおり早期に統一を達成することに置かれた。また，多数の市民の西への流出によって操業不能になった企業が続出した結果，旧体制の崩壊と連動して破綻状態に陥った東ドイツ経済の実情を踏まえれば，統一以外に残された選択肢は事実上存在せず，どのような形態でいつ統一を実現するかだけが現実問題になった。統一にはSPDなどが主張した，基本法146条による東西ドイツの対等合併という方式がありえたが，選挙での「ドイツのための同盟」の大勝は，迅速な統一を可能にする東ドイツの西ドイツへの加入という基本法23条による方式が選ばれたことを意味していた。つまり，人民議会選挙の時点で，対等ではあるが時間のかかるもう一つの統一方式は放棄されたのである。

ところで，民主的に選ばれたはずの人民議会には最初からシュタージの影が付きまとった。SPDの初代党首 I. ベーメはシュタージの非公式協力者だったことが発覚して辞任に追い込まれたし，シュタージ解体に当たった委員会は当選した400人の議員のうち1割がシュタージ協力者の容疑があると発表したのである。そればかりか，新首相に就任したデメジエールにすら容疑が浮かび，DDRの暗い過去が東ドイツの未来を語るべき議会を包み込んだのである。デメジエールはこの時はやり過ごせたものの，ドイツ統一後ほどなくして再度疑惑が浮上した時にはもはやかわすことはできず，CDU副党首の辞任を余儀なくされ，政治生命を絶たれることになった。このように解体されたあともシュタージは東ドイツを揺さぶり続け，その意味でDDRの負の遺産を清算することが容易ではないことを見せつけたのである。

それはともあれ，人民議会選挙を経てデメジエール政権が成立すると，西ドイツ政府はすぐに統一に向けての交渉に乗り出した。最初の，しかも最大のテーマになったのは，通貨・経済・社会同盟の構築に関する問題だった。選挙戦での西ドイツの政党の干渉から予想されたとおり，交渉過程では西ドイツ政府が主導権を握った。そして同盟の構築が錯綜した問題を含んでいるにもかかわらず，速いペースで合意に至り，1990年5月18日には東西両ドイ

ツの蔵相によってボンで国家条約が署名された。批准には一部に反対があったものの概ね順調に進み，7月1日に条約は発効した。

　通貨・経済・社会同盟の発足に伴い，西ドイツ・マルクが東ドイツでも唯一の正式な通貨になった。賃金や年金はそれまでの東ドイツ・マルクと1：1の比率でドイツ・マルクに切り替えられた。貯金と現金は成人の場合4,000マルクまでは1：1で，それを越える額は2：1の比率でドイツ・マルクと交換された。実勢では1西ドイツ・マルクは7東ドイツ・マルクに相当すると見られていたから，この交換比率が実勢から大きく隔たっていたのは明白だった。個人の家計の観点からはこれは東ドイツ・マルクの実質的切り上げを意味したので歓迎されたが，その反面，企業の立場からは極めて不利であり，賃金の高騰や価格競争力の喪失を意味した。そこから，通貨統一の前提として長期間をかけた経済格差の縮小を唱えたドイツ連邦銀行などの意見を無視し，もっぱら選挙対策として東ドイツ市民の歓心を買う意図でコールが無理な交換レートを決定したともいわれるようになっている。けれども，それが「実勢レート」から逸脱した「政治レート」だったのが確かだとしても，しばしば見られるそうした批判的見解は，もし通貨統一を先延ばしした場合，東ドイツからの住民の流入が続き，西ドイツの労働市場と社会秩序の安定が損なわれるばかりか，東ドイツ経済が崩壊する可能性があったことを見落としている。事実，東ドイツのデモのプラカードに記されていたように，「西ドイツ・マルクが来なければ，我々がそこへ行く」という表現が真実性を帯びて流布したのが現実だった。逆にいえば，実勢に合わない交換比率を設定したことで人の無秩序な移動を抑制し，統一に伴う混乱を防止するとともに，東ドイツ経済を辛うじて存続させえたともいえるのであり，この点を確認しておくことは，統一の困難さを理解するうえでも重要であろう。実際，通貨などの統合は西ドイツ経済と一体化することによって急速に進行していた東ドイツ経済の崩壊をくい止める応急的な処置という性格を有していた。そしてこの処置は，西ドイツ政府部内で提起されたいくつかの選択肢の中から慎重に検討する時間的余裕のないまま，政治的計算を込めてコールの決断によって選ばれたものだったのである。なお，通貨・経済・社会同盟のスタートにより，通貨統一と並び，国家条約によって西ドイツの社会的市場経済の原則が導入されるとともに，東ドイツのそれまでの社会保険制度は西ドイツの

それに合わせられることになった。さらに5月15日に行われた連邦と州の協議に基づき，同じ7月1日を出発点にして1994年末を期限とする総額1,150億マルクに上るドイツ統一基金が設けられ，これによって統一のコストが賄われることになったのも見落とせない。

通貨・経済・社会同盟に続き，7月中に東西両ドイツ政府間で第二の国家条約すなわち統一条約に関する交渉が始まった。デメジエール政権内部では経済危機への対応などを巡って対立が深まり，SPDなどが政権から離脱して大連立が崩れたが，8月23日には人民議会で10月3日に東ドイツが西ドイツに加入して統一することが決定され，8月31日には両政府間で統一条約が調印された。統一条約により東西ドイツの法的統一が果たされ，基本法は前文などの改正をしたうえで東ドイツにも適用されることになった。統一ドイツの首都はベルリンと定められた。条約では人工妊娠中絶の扱いのように条約作成までに調整のつかなかった若干の問題は統一後に先送りされたが，その他の点では条約により西ドイツの法制度が東に拡大され，両ドイツは法的に一体化したのである。

## 4　統一の国際的局面

こうして10月3日には新たな首都ベルリンで国民の歓喜に包まれて統一式典が挙行された。しかしベルリンから離れ，特に西ドイツ地域の地方レベルに視線を向けると，歓喜には温度差が大きく，全土が興奮に包まれていたわけではない事実が浮かび上がる。戦後生まれの世代，とりわけ青年層にとっては，統一したドイツよりも分断こそが既成事実になっていたから，統一はむしろ負担の心配を呼び起こし，感激には程遠い心境だったことが世論調査から確かめられる。そうした冷淡さは，ドイツ国内ではなく，周辺国に目を転じると一層強まり，表向きの外交辞令を別にすれば，むしろ強大なドイツが出現することに対する不安が優勢だった。

もちろん，ドイツ統一は東西ドイツ両政府の協議だけで実現されたわけではなく，こうした周辺国をはじめとする関係諸国の承認の下に達成された。東西ドイツの分断が東西ブロックの対立の端的な表現であったとすれば，その統一が冷戦構造の解体が伴わなければ不可能だったことは明白といえよう。その意味で，ベルリンの壁が開放されて間もない1989年12月に米ソ首脳が地

中海のマルタで会談し，冷戦終結の歴史的宣言を行ったことは重要である。国際面で見ると，ドイツ統一には依然として一定の権限を留保している戦勝4カ国の同意が不可欠だった。またNATO，全欧安保協力会議（CSCE, OSCEの前身）などでの了解の取り付けも必要だった。冷戦終結の大きな流れは，コールがこれらのハードルを越えるのを容易にしたのである。

ドイツの統一に目標を設定し，これに到達するための手順としてコールは2プラス4方式を提起した。戦勝4カ国が主導し，これに東西ドイツを加える4プラス2方式は，コールの目には危険なシナリオになりかねないと映った。なぜなら，4カ国の決定事項をドイツが飲まされる可能性が拭えなかったからである。この危険を避ける意図から，コールは両ドイツ政府が先に協議し，これに4カ国が後から同意を与え，最後に全欧安保協力会議で了承する2プラス4方式を打ち出すことで，統一過程におけるドイツの主導権を確保しようとしたのである。

この方式にはまずアメリカが支持を与え，1990年2月に開かれたNATOとワルシャワ条約機構との交渉の席で承認された。こうして国際面でもドイツの統一に向けて動き出した。ドイツ統一への次の重要なステップになったのは，1990年7月にモスクワとコーカサスで行われたコール首相，ゲンシャー外相とゴルバチョフ・ソ連共産党書記長との首脳会談である。アメリカのブッシュ大統領は対ソ戦略の観点からドイツ統一に前向きだったが，コールの盟友であるはずの隣国フランスのミッテラン大統領は統一による大国ドイツの登場に恐怖感を抱き，自国の安全保障という国益を優先する立場から，統一に反対のイギリスのサッチャー首相と諮って統一の妨害を画策した。89年12月に東ドイツを訪れてモドロウの条約共同体構想を支持するかのような発言をしてコール政権の反発を買ったのはその一例である。けれども，警戒心を抱きながらも表向きはドイツ国民の自由な選択を尊重することを表明せざるをえなかったから，妨害には最初から大きな限界があった。その意味で，ドイツ統一への最大の関門になったのはソ連だった。そのソ連では，書記長就任の初期からゴルバチョフはペレストロイカを推し進め，東欧諸国の民主的変革にも介入しなかった。そしてこのソ連の不介入こそ，東ドイツでSED独裁が崩壊し，人民議会の自由選挙が可能になった重要な条件だった。しかしドイツが統一し，中央ヨーロッパに大国が出現することは，NATOと対峙

してきたソ連にとっては安全保障面で重大な脅威になりかねなかった。統一は，ワルシャワ条約機構の一員である東ドイツの消滅と NATO の東への拡大を意味したからである。それゆえ，ドイツ統一の鍵はゴルバチョフが握っていたのであり，ゴルバチョフの政権基盤の弱体化を考慮すると，会談の時点で同意が得られなかったならば，ドイツ統一の時期が大きく変わっていた可能性も否定できない。

　既に1990年2月のコールの訪ソの際にゴルバチョフはドイツの自決権を承認することを明言し，ドイツ統一に反対しないことを表明していた。それにより，焦点は，ドイツの統一を認めるか否かという点から，ドイツの統一をいかなる形態で行うのかという点に移行した。この形態に関連し，ゴルバチョフは統一ドイツの出現による軍事バランスの変動を重視する立場から，統一の条件としてドイツの中立を望んでいた。戦後ドイツ史を知る者には，分裂克服の戦略としてのドイツ中立化構想は馴染み深いものといえるが，しかし，西ドイツの初代首相を務めたアデナウアーの孫を自認し，西側統合に忠実なコールにとってそれは到底受け入れられる内容ではなかった。中立案が無理と判明すると，ゴルバチョフから新たに条件として提示されたのは，ドイツがこれまでどおり ABC 兵器を保有しないこと，兵力を37万人に削減すること，東ドイツにソ連軍が駐留している間は NATO の軍事組織を東ドイツに拡大しないことであった。東ドイツの軍事的中立化にソ連が固執せず，30万の駐留ソ連軍が1994年末までにすべて撤退するとしたうえで，その間は同地域の NATO への編入を見合わせるという条件はソ連からみれば重要な譲歩であり，そうした妥協に漕ぎつけたのはコール，ゲンシャー外交の大きな成功だった。無論，見返りとして，ソ連に対する巨額の経済援助が約束されたのは当然だったろう。その内容は無利息の政府保証融資50億マルクのほか，ソ連軍の駐留経費，撤退後の住宅建設費150億マルクなどであり，総計で216億マルクに上ったが，その後に追加融資が行われたのに加え，返済の支払い猶予や東ドイツ時代の対ソ輸出債権の支払い猶予などの措置がとられた結果，1994年末の時点にはドイツの対ロシア金融支援の総額は約800億マルクに達したといわれる。その意味では，ドイツ統一は金で買い取られたという一面があるのは否定すべくもない。けれども同時に，コールが決断したこの巨額の支援が保守派の圧力に晒されていたゴルバチョフの立場を脅かさないよう

に望む西側指導者の希望をくみ取った配慮であったことも見逃せない。

　ドイツ統一にはソ連の同意だけでなく，ポーランドとの国境問題の最終決着も必要だった。第二次世界大戦開始の際にヒトラーのドイツとスターリンのソ連によって分割されて消滅し，戦争終結後にソ連圏の国家として復活したポーランドは，戦前の東部の領土をソ連に移譲した代償としてかつてのドイツ領土を併合したため，国境に不安を抱いていたが，統一による大国ドイツの出現はその不安を強め，ヨーロッパを揺るがす震源になることが懸念されたからである。このため，コールの訪ソ直後にパリで開かれた2プラス4会議にはオブザーバーとして隣国ポーランドが参加し，多年にわたり懸案となっていたポーランド西部国境問題に決着がつけられた。現行のオーダー＝ナイセ線については東ドイツは1950年のゲルリッツ条約でこの国境を承認し，西ドイツも1970年のワルシャワ条約で認めていたものの，平和条約で最終的に決定するものとされていた。このため不安を拭えないポーランドは統一に先立って国境の承認を求め，統一後のドイツの問題として処理するとするドイツ側と対立した。しかし結局，統一したドイツがポーランドとの間で統一直後にポーランド国境に関する条約を締結し，そのなかに国境の不可侵と領土要求の放棄を明記し，現状を固定化することが決められるとともに，統一前の90年6月に東ドイツの人民議会，西ドイツの連邦議会がそれぞれこれを認める決議を行うことで落着したのである。

　こうして1990年9月12日にモスクワで2プラス4条約が締結され，国際面でもドイツ統一が承認された。そして10月3日の統一により，戦勝4カ国はなお留保していた権利をすべて放棄し，ドイツは完全に主権を回復した。もっとも，厳密にいえば主権回復は統一の日より遅れる結果になった。ソ連が戦勝4カ国の最後に2プラス4条約を批准したのは1991年3月15日だったからである。同様に，4カ国の軍隊の戦勝に基づく駐留も，1994年6月18日にアメリカ，イギリス，フランスの軍隊がベルリンから撤退し，同年8月31日にソ連の後継の独立国家共同体（CIS）の軍隊が撤退したことによって終止符が打たれたのである。

　このようにして国際面から見るとドイツ統一の完成は正確には統一の日より遅れたが，実質的には1990年10月3日に達成されたといって間違いではない。ところで，ドイツ統一についてはしばしば再統一という表現も見受けら

れ，ほとんど同義語として使用されている。けれども両者の間には見過ごせない差異が存在するのも確かである。これまではドイツ統一という表現を用い，再統一という語を使わなかったが，その理由にここで簡単に触れ，ドイツ統一が何を意味するかを明確にしておこう。

　基本法の前文では「全ドイツ」の再確立という表現でドイツの再統一を要請しており，統一に伴い実状に合わなくなったとしてその文言が改められた。しかし，1949年に前文を定めたときに基本法の父たちが考えていたドイツの再統一は，1990年に実現された統一とは重要な点で異なっていた。父たちが基本法を制定した当時には，ドイツは東西に二分されているのではなく，ドイツから切断されポーランドに編入された東部領土を含めドイツは三分されているという認識が共有されていたからである。基本法の制定に携わった人物はもとより，関与した主要政党も東部領土の返還を求める点では一致していたのであり，基本法116条に登場する「1937年のドイツ帝国」を再確立することが統一という言葉の意味することであった。無論，それによってナチス支配の再建が容認されたのではないのは指摘するまでもない。「ドイツ帝国」の名称が用いられただけでなく，「1937年」という年が明記され，これが「全ドイツ」の内実になっているのは，ナチスの侵略による領土膨張以前のヴァイマル期の領土の回復が意図されていたからだった。基本法が暫定憲法とされたのも，「ドイツ帝国」が存続しており，西ドイツが変則的な形でこれを継承しているとの前提に立って，東西の合体だけではなく，三つに分かたれた「全ドイツ」を一体のものとして確立するという願望が根底にあったからにほかならない。つまり，再統一という場合には，ナチスの侵略によって領土が拡張される以前のドイツ国境に囲まれたドイツが考えられていたのであり，東ドイツとの統一のみではなく，失われた東部領土を回復することが含意されていたのである。

　この事実に照らせば，達成されたドイツ統一が再統一とは似て非なるものだったことは明白であろう。統一と再統一とは同義語のように用いられることが多いが，基本的な点で相違していることを見落とすわけにはいかない。この相違を決定づけたのは，ブラントの東方外交の一環である1970年のワルシャワ条約で西ドイツがオーダー＝ナイセ線をポーランドの西部国境として承認し，上記のように1990年6月に連邦議会と人民議会がこれを独ポ国境と

して最終的に確定する決議を行ったことであった。その背景には東部領土に関わる状況の変化がある。敗戦とともに失われた領土から流入した膨大な追放民の存在が戦争で疲弊した西ドイツ社会にとって重圧となった状況下では，再統一を求めた基本法の父たちの世代にとっては失地回復の要求は自明なものだった。しかし，統一の頃までには世代交代につれて東部領土に関する記憶は薄れ，ドイツ社会でも関心が低調になっていた。それどころか，追放民団体の関係者の目から見ると，東部領土問題に触れることはタブー扱いされるようにさえなっていたといわれる。統一したばかりのドイツが1990年11月に予定通りポーランドとの間で国境条約に調印し，現行のオーダー=ナイセ線を最終的で不可侵の国境として尊重することを表明したのは，このような変化があってはじめて可能になったし，また，東西ドイツの合体が実質は統一であるのに再統一の表現が同義語のように多用されるのは，東部領土問題が封印され，忘却の箱に入れられたことの証明になっているともいえよう。ともあれ，条約締結によってドイツは東部領土の回復要求を明確に放棄したのであり，そのことでドイツは同時に再統一とは異なる形で統一したことを内外に明示した。独ポ国境条約はこの点で1990年に達成されたドイツ統一の性格を端的に表す重要な意義を有していたのである。

## 4  1990年連邦議会選挙とその結果

ところで，誰もが予想もしなかったテンポでドイツ統一は実現したが，この過程で注目されるのは，東ドイツの民主化運動が統一につながったのに，統一について国民の投票による意思表示が欠如していたことである。その意味では統一の大事業は民主主義的手続きを踏まずに推進されたといわねばならない。換言すれば，ドイツ統一の歴史的偉業はもっぱらエリート主導で行われたのであり，東ドイツの市民には人民議会選挙で漠然とした形では統一への意思表示のチャンスがあったといえるにしても，少なくとも西ドイツの市民は一種の観客として統一のプロセスを見守るしかなかったのである。重大な政治的決定がエリートだけによって行われるのは戦後ドイツ政治の基本的特徴であり，後述するように，統一以後も主要な問題で度々再現されている。ドイツの安全保障政策の根幹に関わる連邦軍のNATO域外派遣問題や外交の基本であるマーストリヒト条約の締結と批准，成功した国民経済として

のドイツを象徴するマルクの廃止とユーロ導入,さらには国民国家としてのドイツの担い手を拡大する移民法制定の場合などがそうである。このような民主主義の不足は政治エリートの国民に対する不信感にのみ由来するのではなく,建設的不信任の制度で連邦議会の解散を厳しく制限することによって政治の安定を図る基本法の政治制度によるところが大きい。ともあれ,統一の実現という既成事実を受け,民主主義の不足を補うために,戦後初めての全ドイツ規模の選挙の実施が必要となり,選挙の時期が巡ってきたのに合わせ,事後的に統一の是非が国民に問われる形になった。

連邦議会選挙は12月2日に実施された。結果は表1-2の通りであり,大方の予想通り,「統一宰相」コールを擁して43.8％の得票を獲得したCDU・CSUの勝利に終わった。この結果には統一の功労に対する「統一ボーナス」が含まれていると評された。これにより統一は追認されたといえるが,しかし,東ドイツ地域での高い得票率にもかかわらず全体では同党が前回よりも得票率を減らしたことは,統一への支持が西ドイツで必ずしも広範に存在したわけではないことを示している。一方,性急な統一が引き起こす混乱を危惧して慎重論を唱えたラフォンテーヌを首相候補に立てたSPDは33.5％の得票率に終わった。これは1960年代以降経験したことのない低水準であるばかりでなく,CDU・CSUに10ポイント以上の大差をつけられてSPDは大敗を喫したのである。政権から転落した直後の1983年の連邦議会選挙では10％を越える差がついたものの,前回の1987年選挙では7.3％まで縮まっていたから,党内に生じた衝撃は大きかった。他方,これら二つの国民政党の得票率の合

表1-2　1990年連邦議会選挙の結果

|  | 得票率（％） | | | 議席数 |
| --- | --- | --- | --- | --- |
|  | 全国 | 西ドイツ | 東ドイツ |  |
| 投票率 | 77.8 | 78.6 | 74.5 |  |
| CDU・CSU | 43.8 | 44.3 | 41.8 | 319 |
| SPD | 33.5 | 35.7 | 24.3 | 239 |
| FDP | 11.0 | 10.6 | 12.9 | 79 |
| 緑の党 | 3.8 | 4.8 | 0.1 | — |
| 同盟90 | 1.2 | — | 6.2 | 8 |
| PDS | 2.4 | 0.3 | 11.1 | 17 |
| REP | 2.1 | 2.3 | 1.3 | — |
| その他 | 2.1 | 2.0 | 2.4 | — |

計は1980年以降低下する傾向にあったが，統一して最初のこの選挙でも継続し，前回87年選挙での81.3％から77.3％に大きく落ち込んだ。この国民政党の集票能力の低下は，同時に見られた投票率の低下傾向の進展とあわせ，統一がもたらした感激にもかかわらず，従来から西ドイツで問題になっていた政治倦厭が一段と深まったことを告げていた。

そうした二つの国民政党の後退を尻目に躍進したのはFDPである。同党は統一に大きく貢献したゲンシャー外相の個人的人気に支えられて得票率を10％台にのせたのである。これは1961年以降の同党で最高の得票率である。20年来内相，外相を務め，党内右派のラムスドルフとともに1982年のいわゆる「転換」を演出した立役者でもあるゲンシャーは，東ドイツのハレの出身で戦後西ドイツに移住した経歴の持ち主としてとくに東ドイツ地域で人気が高く，また各種世論調査によれば，凡庸，鈍重，権力志向と見られたコールを引き離してドイツで最も国民的人気のある政治家だった。そのようなゲンシャーの存在により，FDPは統一の最大の報償を受け取ったのである。

1990年のこの選挙に限り，連邦憲法裁判所の決定で，特例として東西それぞれに５％条項が適用されたが，これによって東の市民グループを糾合した同盟90が東ドイツ地域で6.1％の得票を上げて議席を確保した。けれども，その反面で，統一に冷淡だった緑の党の得票率は8.3％だった前回選挙の半分にも満たない3.8％にまで落ち込み，５％のハードルを越えられずに議席を失った。1983年に連邦議会に進出して以来，上げ潮に乗り，新しい社会運動の成長やニュー・ポリティックスの浸透で注目を浴びていた同党にとってこの結果が大きなショックになったのは当然であり，それまで度々演じられてきた路線闘争が党の建て直しに絡んで再燃するのは避けられなかった。しかし，問題はそれだけではなかった。緑の党の敗北は同時に，1989年に採択されたSPDのベルリン綱領に見られるように，政党の垣根を越えた共通テーマに上昇していた環境保護や男女の平等などの新しい問題が統一というナショナルなテーマによって押しのけられ，後景に退けられたことを意味していた。言い換えれば，分断に終止符を打ち，戦後に最終的な幕を引くという古くからのテーマが新しいテーマに対して優位を占め，一種の逆転が起こったことを緑の党の惨敗は物語っていたといえよう。

一方，SEDが衣替えした民主社会党（PDS）はベルリンの壁の開放以来党

員数が激減し,存亡の淵に立たされていたが,残留したSEDの中核部分に支えられて東ドイツ地域で11.1％の得票を獲得し,特例に助けられて議席を得た。ただ,SEDの後継という成立事情から,若手や中堅の党員が大量に離党した後に残ったかつてのSEDの古参党員は既に高齢の者が多く,そのためPDS党員の平均年齢は高齢化が進んでいる他の政党に比べてもかなり高くならざるをえなかった。実際,これを根拠にして,PDSは新規党員の獲得の困難に加重されつつ,党員の自然減によって事実上自然消滅に向かうという観測すらなされたほどだった。

　ともあれ,こうして戦後最初の全ドイツ規模の選挙により1983年以来の連邦議会の4党システムは5党に増えたが,これが過渡的な現象かどうかを占う意味でも,緑の党の復帰とPDSの生き残りの可能性が注目されることになった。統一とそれに伴うナショナルな興奮が静まるにつれて姿を現す新たな平常状態のなかで,緑の党に体現されるニュー・ポリティックスの流れがドイツにどこまで定着したかを前者は示すことになったからである。他方,後者は,SEDの過去を引きずる特殊東ドイツ的な政治状況がどの程度まで解消され,東西ドイツが政治的に均質化したかを表すからである。

## 参考文献

ラインホルト・アンデルト／ヴォルフガング・ヘルツベルク　佐々木秀訳『転落者の告白・東独議長ホーネッカー』時事通信社　1991年

大笹みどり「1989年東独革命についての一考察――党員革命と民主的社会主義党の成立」『国際公共政策研究』（大阪大学）3巻2号　1999年

グイド・クノップ／エッケハルト・クーン　望田幸男監訳『ドイツ統一――夢と現実』晃洋書房　1991年

ゲルト=ヨアヒム・グレースナー　中村登志哉・ゆかり訳『ドイツ統一過程の研究』青木書店　1993年

エゴン・クレンツ　佐々木秀訳『国家消滅』徳間書店　1990年

佐藤成基「忘れられた領土」『社会科学論集』（茨城大学）37号　2002年

高木浩子「ベルリンの壁解放と東独からの移住者の激増」『日本労働協会雑誌』1990年4号

高橋進『歴史としてのドイツ統一』岩波書店　1999年

坪郷実『統一ドイツのゆくえ』岩波新書　1991年

ホルスト・テルチク　三輪晴啓・宗宮好和訳『歴史を変えた329日』NHK出版

1992年
永井清彦『現代史ベルリン』朝日新聞社　1990年
永井清彦・南塚信吾・NHK取材班『社会主義の20世紀　第1巻』日本放送出版
　協会　1990年
平島健司『ドイツ現代政治』東京大学出版会　1994年
藤本建夫「決着の日——1989年10月9日，ライプツィヒ」『岡山大学経済学会
　雑誌』32巻4号　2001年
山田徹『東ドイツ・体制崩壊の政治過程』日本評論社　1994年
雪山伸一『ドイツ統一』朝日新聞社　1993年

# 第2章　統一後に残された課題

## 1　基本法改正問題

　統一条約までに東西ドイツで合意に至らず，あるいは統一に伴って解決すべきいろいろな問題が現れた。ここでは憲法制定ないし基本法の改正，首都の最終的決定，妊娠中絶法の制定，シュタージ文書の取り扱いの四つに触れておこう。

　最初に憲法の問題を見よう。

　統一までの西ドイツの基本法は，憲法という名称が使われていないことに示されているように，少なくとも制定当時は暫定的な憲法と見做されており，そのことを表す意味で，146条に，「この基本法は，ドイツ国民が自由な決定の下に決議した憲法が発効する日に，その効力を失う。」と定められていた。これに従えば，東西分断が解消した場合，新憲法の制定が課題として浮上するはずだった。しかし，1957年にザールラント州を編入した際のように，基本法23条に基づき，東ドイツ地域でそれまでの県に代えて州を復活させたうえでそれらの州の西ドイツへの加入の形で統一を行うならば，基本法の適用領域の拡大として処理することが可能であり，その場合には，新憲法の制定ではなく，統一に伴って必要となる部分的改正にとどめることもできた。野党の SPD などは前者の立場であり，後者の立場をとる与党 CDU・CSU などとの対立が生じたが，結局は後者の方向での妥協が成立した。その結果，統一条約には，統一に関連して生じた基本法の改正または補足について 2 年以内に対処すること，その際，国家目標に関する規定を設けることなどを求め

る条文が盛り込まれた。さらに改正手続きに関し，その承認のために国民投票を実施するかどうかという点についても意見が分かれたが，結果的には，憲法制定に近くなるような大幅な改正に消極的な与党の立場が貫かれた。改正作業を担当する機関の構成についても対立が見られた。大統領選出機関である連邦会議で選ばれた憲法評議会の設置を求めるSPDと連邦議会，連邦参議院の各16名からなる審議会に委ねる案のCDU・CSUとの対立は，後者の線にほぼ沿った形で，連邦議会と連邦参議院からそれぞれ32人ずつ選ばれた合同憲法委員会を設けることで決着した。法律学者で元国防大臣のR. ショルツ（CDU）とハンブルク州首相 H. フォシェラウ（SPD）を委員長とする同委員会は1991年末に設置され，2年以上たった1993年10月に最終報告書を提出した。これを受けて審議が行われ，改正基本法は1994年11月15日に施行された。

同委員会はドイツ統一に関連して必要になった改正を扱うはずだったが，実際の素案作りの過程では，同時期に問題となったテーマも含まれることになった。したがって，統一への対処だけでなく，国連やNATOへの協力のような，統一後に変化したドイツの国際社会における役割や，男女同権をはじめとする，21世紀を間近にした新時代に相応しい価値観を基本法に盛り込むことも課題になった。

まず統一に際して行われた1990年の改正では，基本法の暫定的性格を明示していた前文が改められ，「ドイツ国民は自由な自己決定によってドイツの統一と自由を完成した」ことを確認するものに変わった。これに続き，委員会が活動し始めた92年から94年までに6回の改正が行われたが，そこには委員会で合意が得られたものばかりではなく，緊急に改正が必要とされ，委員会とは別に成立したものも含まれている。また，労働，住宅，社会保障などへの権利を中心とする社会的基本権の導入のように，委員会で激しく対立し，決定に必要な3分の2の多数が得られずに葬られたテーマも存在した。

合同憲法委員会で合意された改正の注目点としては，第一に，かねてから強い要求があった男女同権の実現，障害者の保護を明文化したことが挙げられる（3条）。男女同権では従来からの規定に，国が同権の実現を助成し，不利益の除去に努力する旨が追加されたのである。第二の主要な改正点は，緑の党の進出以来，主要政党がイシューとして取り上げるようになっていた環

境保護を国家目標として新設し,「自然的生活基盤の保護」を謳ったことである (20a 条)。国家目標を定めることの是非を巡る議論に加え,環境に関する規定を追加することに関しては,人間中心的立場とエコ中心的立場との対立があったが,連邦議会での緑の党の不在も手伝い,前者の方向で決着した。他に例のないこの斬新な規定には,しかし,個人の請求権を直接に保障するものとはなっていないという限界などが指摘されている。

　第三の注目点は,統一の根拠規定となり,統一に伴って不要になったために削除されていた23条として,いわゆるヨーロッパ条項が新設されたことである。そこではヨーロッパ統合が国家目標に位置づけられ,統合を推進する立場が明記されている点と並び,EU への権限委譲に関連して州の権限の拡大と連邦参議院の地位の強化が打ち出されているのが注目される。また同時に,EU 加盟国の外国人住民に限ってではあるが,地方選挙権が認められたことも重要であろう。ハンブルクなどで企図された外国人の選挙権は1990年の連邦憲法裁判所の判決で違憲とされたが,マーストリヒト条約で EU 市民権が創設されたのを受け,国政選挙から切り離し地方選挙への参加に道が開かれた。一方,集団安全保障体制にドイツが参加し,ヨーロッパと世界の平和秩序のために主権的権利を制限し,国内法に対する国際協定などの優越を定めたことも注目されるが (24条),後述するように,連邦軍の NATO 域外派遣の是非については緊急性から連邦議会で議論され,連邦憲法裁判所の判決によって決着がつけられた。これと同様に,合同憲法委員会を経由せずに改正が行われた主要テーマに16条の庇護権条項がある。この問題についても後述するが,難民の流入が国内に不安を広げていたところから,その改廃は国論を二分するほどの激しい攻防の的になった。結果的には庇護権を実質的に制限する形での改正が93年5月に行われ (16a 条),開かれた人権保障の観点からは後退と評価されるものに変わった。

　このように基本法の改正は必ずしも合同憲法委員会の手を経たものばかりではなかったが,その一方で,同委員会で議論されながらも,葬り去られたテーマがあることも忘れてはならない。その代表例は社会的基本権の創設と直接民主主義的制度の導入である。基本法には「社会的な国家」という表現は見られるものの,その内容は定められていなかったが,共同決定などの仕組みと整備された社会保障制度は西ドイツの誇りともなっており,社会国家

のこの成果を東ドイツの遺産と統合することが論議された。SPD は社会的基本権ではなく，社会的国家目標を基本法に書き込むことを提案したが，具体的請求につながらない形の基本権や国家目標を定めることの意味が問われ，結局，改正案に盛り込まれなかった。同じく，直接民主主義的制度についても，市民運動団体が主要な役割を演じた DDR の平和的変革の経験を念頭に置き，国民表決や国民投票などの導入の是非が議論されたが，直接民主主義に否定的だった基本法の父たちと同じ論拠が持ち出され，代表制に対する補完機能よりはマイナス作用への警戒心が障害になって葬られた。そして無論，焦点の基本法の改正自体も，国民投票を実施することなく，通常の改正手続きで完了した。委員会の構成がよりオープンであり，日の目を見なかったこれらのテーマが改正案に盛り込まれていたならば，結果はどうであれ，世論の関心をもっと惹き付けることができたかもしれないが，全体的にみて改正が小幅であり，委員会の狭い空間では白熱した論戦があったにせよ，社会全体として熱い議論はほとんど起こらなかった。深刻な対立を招いた庇護権条項の改正問題を除けば，こうして改正は平穏に行われ，西ドイツの基本法はほぼそのままの形で統一ドイツの憲法になったのである。

## 2　首都問題の決着

次に首都問題について一瞥しよう。

統一したドイツの首都には，統一条約でベルリンがなることが確認されていた。西ドイツの首都ボンは基本法と同様にもともと暫定的な首都であり，そのことはライン河畔の小さな大学町が首都として選ばれたことにも表れていた。しかし統一条約では首都とは別に首都機能つまり政府と議会の所在地は未決定であり，統一後に新たな連邦議会で決めることとされていた。そのため，ベルリンが名実ともに首都になるには議会や政府機関を移転することが必要であり，この問題を巡って活発な論議が展開された。

ボンの首都残留を唱える論拠となったのは，第二次世界大戦後の西ドイツが享受した繁栄と平和と民主主義はなによりも西側結合によるものであり，統一ドイツの西端に位置するボンが再びドイツが独走しないことのシンボルとして相応しいということであった。さらに移転には巨額の費用を要するということも理由に付け加わった。これに対し，ベルリンへの移転を主張した

のは，首都という条約の定めから当然ということに加え，第三帝国の崩壊までベルリンが首都だったという理由からである。この論拠には，ロシア・東欧世界に近接するベルリンが長期的には政治的・経済的に有利という考慮のほかに，本来の首都はベルリンというドイツ史の連続性の意識が強く働いていたことも見逃せない。そのことは，国民的信望の高い大統領ヴァイツゼッカーやSPD名誉党首ブラントをはじめ，コール，ショイブレ（CDU院内総務），ゲンシャー，フォーゲル（前SPD党首）など要職にあるか長老格の政治家のほとんどがベルリン派に属していたことから看取される。それだけではない。政治的中立を守るべき大統領のヴァイツゼッカーがかつて市長を務めたベルリン支持に熱心なあまり，首都論争の先頭に立ったのは，前後して政党不信が高まる状況下で政党批判の急先鋒になったことと並んで異様な光景を呈したし，また論議の中で例えばブラントは，戦時期にナチスに占領されたフランスになぞらえつつ，ボンをヴィシーに，ベルリンをパリに見立てて，占領が終われば首都がベルリンに戻るのは当然だと発言して顰蹙を買いさえした。なぜなら，解釈の仕方によっては，その発言は，統一までの連邦共和国をずっと戦勝国の占領状態にあり，戦勝国はその点ではナチスと同列であったかのような理解もできたからである。

　連邦議会では1991年6月に採決が行われたが，それに先立つ討論には歴史的決定になるという意識から多数の議員が発言を通告し，終日テレビ中継された討論が深更に及ぶなど異例づくめになった。結果は，337票対320票の僅差でベルリン派が多数を制した。採決にあたって党議拘束はなされなかったが，そのために東ドイツ地域選出の議員が所属会派を越え一丸となってベルリンを支持したことが結果を大きく左右した。また政界の長老たちによる若手議員への働きかけが目立ったのも異例といえよう。このことは，裏返せば，若手議員の多くがボン支持派だったことを示しているが，この点を考慮するなら，緑の党が議席を確保していた場合にはボンが議会と政府の所在地になる公算が小さくなかったことを推測させる。この意味で首都問題は歴史意識に見られる世代差を反映していたといってよい。

　ところで，首都問題の決着と同じ頃，ホーエンツォレルン家の出身地に安置されていたフリードリヒ大王の遺体が遺言に従い，ベルリン郊外のポツダムに移され，荘厳な式典の中，サンスーシー宮殿に改めて埋葬された。また，

第二次世界大戦末期に台座を残して破壊されたコブレンツのドイッチェス・エックにドイツ帝国初代皇帝ヴィルヘルム１世の巨大な騎馬像を再建する計画が持ち上がり，募金運動が展開された。さらにドイツ史の歴史博物館の建設を巡って専門家を中心に議論が展開され，連邦共和国史の博物館をボンに設置する一方で，ドイツ史のそれがベルリンに建設されることになった。これらの建設構想自体はコールが首相に就任した1982年から持ち上がり，各方面から意見を聴取して内容が具体化されたが，連邦共和国史の博物館の運営に当たる財団の設立が決定したのが統一の年である1990年，開館が1994年にずれ込んだことから推し量れるように，その展示は西ドイツの成功を誇示する性格が強いのは否みがたい。そのことは戦後ドイツ史の出発点に重なるナチ支配の崩壊が僅かしか取り上げられておらず，全体として影の部分が希薄な点から読み取れる。またベルリンの博物館はドイツ史を長い歴史として描くことによってナチ時代をその一齣にし，ドイツ史の連続性を前面に押し出すだけでなく，ドイツ史を見渡すのはプロイセンとドイツ帝国の首都だったベルリンが相応しいという意識を暗黙の土台にしていた。こうした動向に首都問題を重ね合わせると，ベルリンを本来の首都と見做す意識にはプロイセン・ドイツのナショナル・ヒストリーを正統なドイツの歴史とする感覚が色濃く滲み出ていたと考えざるをえないであろう。プロイセン解体はドイツを占領した戦勝国の主要な占領目的の一つだったから，戦後生まれの世代にはプロイセンは歴史教科書を除けばサッカー・チームなどごく僅かな場に名をとどめるだけの希薄な存在であり，ボン民主主義なきドイツは考えられなくなっているといってよいが，それより高齢の世代にとっては民主主義がなくてもドイツは存在するのであり，好むと好まざるとにかかわらずその中核にプロイセンが位置するのがドイツの本来の姿と感じられたといえる。別言すれば，前者の多くが帰属するのは連邦共和国であるのに対し，後者では依然としてプロイセンを中心に形成されたドイツに属しているという感覚が支配的だった。ベルリンへの首都機能の移転決定は，そうした世代的な亀裂を背後にもつナショナル・ヒストリーの観念がドイツ統一を契機に勢いを増したことの一つの帰結にほかならなかったと考えられるのである。

　それはともあれ，連邦議会がベルリンに移る決定をしたのを受け，連邦政府も国防省など一部の官庁をボンに残す形で移転を決定した。これにより東

西ベルリンの合体に加え，連邦議会・連邦官庁をはじめ在外公館，各種団体，報道機関などの移転と多数の公務員とその家族の移住が行われることになったから，ベルリンは建設ラッシュに沸き返った。一方，住民が激減するボンには国際機関の誘致が行われることになった。議会と政府の移転は1999年夏に実施され，前年に移転していた大統領府に加え，当初はボンに残留するとしていた連邦参議院も結局はベルリンに移った。これにより，「ボン民主制」と呼ばれたドイツは姿を消し，統一ドイツはあらためて「ベルリン共和国」としてスタートすることになったのである。

## 3　妊娠中絶問題

　新たな妊娠中絶法は，統一以前の東西で法制が大きく異なっていたために調整が必要とされたが，統一条約締結までには決着がつかず，統一後に解決が持ち越された。調整が難航したのは，子供の保育施設の完備と並んでDDRで認められていた事実上の妊娠中絶の自由が男女同権の最高度に実現された国という国際社会でのDDRのイメージの柱になっていたばかりでなく，女性の立場から見て，産むか産まないかを決定する譲り得ない権利と考えられていたからである。そのため，西ドイツ並に改めることは論外とされたばかりか，DDRで確立された中絶に関わる法制を西ドイツのそれと擦り合わせることも女性の地位の切り下げに直結せざるをえないと見做され，調整に対する強い抵抗が引き起こされたのである。

　女性の労働力率を高める意図を込めて男女同権を謳ったDDRでは，1972年に妊娠12週以内の中絶は自由化され，妊娠中絶は女性の意思に委ねられた。一定の期間内であることを条件に中絶を認めるいわゆる「期間規制」の導入によって産まない自由が保証されたのである。これに対し，西ドイツでは中絶は刑法で厳しく制約され，違反した場合には刑罰が科せられた。そのため，中絶手術を受けるために西ドイツの女性は隣国オランダなどに赴いたといわれている。こうした事情から帝国創建を機に制定された刑法典に堕胎を禁じる218条が定められて以来，同条は女性運動による抗議の的になっており，とくに1971年に400人近い堕胎経験のある女性が週刊誌『シュテルン』に名を連ねるなどA.シュヴァルツァーを中心とした反対運動が高まってからは内政面の一つの争点にもなっていた。こうした状況で社会リベラル政権下の1974

年に妊娠12週以内の妊娠中絶を処罰しないとする刑法改正が行われたものの，連邦憲法裁判所により，生命の尊厳の保護を国の義務とする基本法の規定に基づき違憲とされた。これは第一次妊娠中絶法違憲判決と呼ばれる。その結果，西ドイツでは妊婦にとって危険がある医学的事由や胎児に病気がある優生学的事由など一定の適応事由が存在することを条件にして中絶を認める「適応規制」の方式がとられ，妊娠中絶は厳しく制限されてきたのである。東西間にこのようなギャップが存在した背景には，東ドイツが労働力としての女性の活用を必要としたところから，社会主義の国是に立脚して「女性の解放」を謳ったのに対し，西ドイツでは伝統的家族観が根強く維持されるとともに，教会がこの種の道徳問題で無視しがたい社会的影響力を有していたことがある。

ともあれ，統一に伴い，東ドイツの西ドイツへの編入という法的形式をとったところから，西ドイツの法制度が広範に東ドイツに拡張されたが，妊娠中絶に限っては東ドイツ側の抵抗でその適用は暗礁に乗り上げ，統一条約で新たな妊娠中絶法の制定が課題として残された。このため，連邦議会では各政党から法案が提出されたが，中心的争点は，期間規制と適応規制の妥協点を見出すことにあった。党派を横断して女性議員が前面に立つ形で激しい論争が展開され，首都問題と同様に党議による拘束を外して採決した結果，医師によるカウンセリングを義務づけたうえで中絶を容認する新法が1992年7月に制定された。これは相談義務を付した期間規制方式の妊娠中絶合法化といえる。しかし，これに反対するCDU・CSUの議員やバイエルン州政府などの提訴を受け，翌年5月に人工妊娠中絶を原則として違憲とする連邦憲法裁判所によって無効とされた。この判決は1975年のそれに対し第二次妊娠中絶法違憲判決と呼ばれる。そのため，1992年に制定された法律に若干の修正を加えたうえで1995年に改正法が成立した。もっとも，修正の過程で改めて妊娠中絶禁止の強化を求めるCDU・CSUの保守的なグループが強硬に反対し，妥協を重ねた経緯から，この改正には広く不満が残る結果になった。ともあれ，これにより期間規制が主軸に据えられ，妊娠から12週間以内であり，かつ医師のカウンセリングを受けた場合には，妊娠中絶はこれまでどおり保険の適用は受けられないものの，刑法の定めにかかわらず刑事責任を問われず，処罰されないことになったのである。

## 4　国家保安省（シュタージ）文書の扱い

　最後に，国家保安省（通称シュタージ）文書の問題について，東の市民を動揺させた一因であり，その点から心の壁にも関連するので，やや詳しく触れておこう。

　東の市民のデモの中でベルリンの壁が崩壊し，東ドイツは解体に向かったが，デモが真っ先に押し寄せたのは支配の中枢だったSEDの本部や地方の支部ではなく，シュタージの建物だった。1950年に僅か4条からなる任務も権限も曖昧な設置法に基づき，2千人ほどの人員でスタートしたシュタージは，E. ミールケのもとで「SEDの盾と剣」という自己規定をして増殖し続けた。そして「ミールケ帝国」とも呼ばれ，一種の国家内国家に成長したシュタージは，DDR末期には8万5千人にも及ぶ職員とこれを大きく上回る大量の非公式協力者を抱えていた。組織のこの巨大さは監視網が市民の間にくまなく張り巡らされていたことを意味していたが，それを支える非公式協力者の獲得には利益や便宜の供与ばかりでなく，脅迫も常套手段として使われた。これに加え，シュタージはSEDの幹部党員に対する監視も行い，その弱みを握ることによって党内におけるミールケの発言権を支え，党にも従属しない自立した権力を獲得するに至っていたといわれる。つまり，シュタージはDDRを支配するSEDも必ずしも意のままにできない一種の独立王国を築いていたのであり，DDRを監視網で包み込むことによってDDRにおける人権抑圧のシンボルになっていたのである。シュタージが市民の憎悪の的になり，デモ隊が真っ先に押しかける目標ともなったのは，シュタージがDDRの権力構造の最大の暗部と映っていたからにほかならない。

　もっとも，シュタージの役割は市民の挙動の監視と摘発に尽きなかった。シュタージがモデルとしたのはロシア革命に際して反革命勢力を根絶するために創設された通称チェカと呼ばれる秘密警察であり，それは後にGPU，NKWD，NKGBなどに名称を変えてスターリン時代に弾圧の猛威を振るって恐怖の対象になったが，これに倣い，自らを「チェキスト」と称していたシュタージは，顔のない男として恐れられたM. ヴォルフに率いられた対外的スパイ組織を抱え，また国内での防諜活動にも従事した。この任務に合わせ，監視網にかかり政治犯とされた人々を収容する独自の拘置施設も各地に有し

ていた。通常の刑務所と違い，運動のための空間がなく，取調室と地下の独房を備えたホーエンシェーンハウゼンの拘置施設はその代表例である。さらにシュタージはDDR要人の身辺警護や国境での出入国審査のほか，A. シャルク゠ゴロドコフスキーをトップに据えて隠し資産を築いた秘密の対外貿易なども行った。こうしてシュタージはDDR指導部でさえ十分には目の届かない多彩な活動を展開し，DDR体制の中核に闇の世界を作り上げていたのである。

　統一に伴い，そのようなシュタージが解体されたのは当然だが，しかしシュタージが秘密に収集した個人情報ファイルの扱いが問題として残された。ファイルは600万人分もあり，並べると200kmにも達する膨大な量に上った。問題はしかし量だけではなかった。DDRでは普通の市民であってもSEDや伝導ベルトと呼ばれるSED傘下の様々な組織となにがしかのコンタクトをもって生きなければならず，レジームとの関係を拒み通すことはほとんど不可能だった。換言すれば，出世を志す人々はもちろんのこと，少なからぬ市民も生き延びるためには心ならずもシュタージとも関係をもつことを強いられ，否応なく後ろめたい過去を抱えこまされたのであった。そうしたDDRの普通の市民やDDRと関係のあった西ドイツの政治家と市民にとって，残されたファイルは，露見しては困る不都合な事実を含んだ爆弾のような性質を有していたのである。

　こうした事情から一時はファイルをコブレンツの連邦文書館に移管して事実上封印することが検討されたが，市民運動を中心に激しい反対があり，統一までには決着がつかなかった。そして1991年末にようやくシュタージ文書法が成立し，連邦政府によって文書管理の責任者に任命されたロストックの牧師で市民運動にも加わったJ. ガウクが率いる文書管理機関（通称ガウク庁，2000年から後任に同盟90・緑の党の初代代表を務めたM. ビルトラーが就任）で，1992年初頭から申請に基づき自分に関するファイルが閲覧できるようになった。また議会による調査の場合や東ドイツ出身者の公務員としての再任に当たっての審査などにもシュタージ文書が利用された。ジャーナリストや研究者にも閲覧が認められているが，公表については個人が特定されないなどの条件でのみ許されている。閲覧が始まった1992年には一般市民から52万件の閲覧申請が提出され，また同年に公的機関による審査請求も同じく52万

件提出された。その数は翌年から少なくなったものの、2003年に公表されたシュタージ文書管理特別代表の報告書によれば、2002年末までに個人による申請は総数で194万件、公的機関からのそれは161万件を数える。

こうしてシュタージ文書の閲覧や審査が行われた結果、ショッキングな事実が続々と明るみに出て、人心を動揺させた。ドイツ統一時の東ドイツの首相だったデメジエールがシュタージ協力者の疑惑で政治生命を絶たれたことは前述したが、特に目立ったのは、州レベルの政治家などでシュタージへの協力が発覚して辞任に追い込まれる者が相次いだことである。なかでも大きなセンセーションを巻き起こしたのはシュトルペ事件である。ブランデンブルク州首相として東の市民の間で高い人気のあった M. シュトルペ（SPD, 第二次シュレーダー政権で交通・建設・住宅相として入閣）は DDR 時代に教会法律家として反対派の人権を守るために奔走したことで知られるが、その裏側でシュタージの非公式協力者として情報を提供していたという疑惑が表面化したのである。

無論、波紋は政治家に限られなかった。閲覧により、職場の同僚やスポーツのチーム・メートなどはもとより、信頼していた身近な知人・友人がシュタージの協力者として監視報告していたことが明るみに出るケースが頻発したばかりでなく、極端な場合には夫婦で相手を監視していたケースがあることさえ判明し、密告社会の暗黒面が次第に白日の下に晒されたのである。そのため、東の市民の間では疑心暗鬼が強まり、そうした風潮を憂える知識人の間から、ファイルを廃棄し、あるいはその閲覧を打ち切るべきだという声が上がるようになった。メクレンブルク゠フォアポンマーン州で1998年にPDSがSPDと初めて連立を組んで州政権に参加した際、PDSが公務就任者と州議会議員のガウク庁による審査の廃止を連立協定でSPDに認めさせたのは、その延長線上にある出来事と見ることができよう。

こうした背景の下で論議が続く中で、1999年にコール前首相の不正献金疑惑が発覚し、戦後史上最大級の疑獄事件に発展したが、2002年に連邦行政裁判所がコールに関するシュタージ文書の利用を不許可としたことから、改めて文書法の見直しが行われた。5回目になる同年の改正の要点は二つある。一つは、これまではシュタージによって情報収集された者の申し立てがある場合、特別代表はそのファイルを廃棄もしくは匿名化しなければならなかっ

たが，シュタージ文書の全容がいまだ解明されていないことを踏まえ，その義務規定を削除して保存を優先したことである。もう一つは，公職にある者や現代史上重要な役割を果たした者のファイルであっても本人の同意がなければ利用が不可能だったのを，本人の保護と文書公開との利益衡量によって利用の可否を決定することに改め，公開の可能性を広げたことである。このように論議が絶えず，度々法改正が行われている事実から看取されるように，シュタージ文書は，東ドイツが崩壊し，組織としてのシュタージが解体してからも東ドイツの大きな負の遺産になっており，その余震はいまなお続いている。

　因みにシュタージ文書については，ガウク庁の研究部門により長くヴェールに蔽われてきた多数の資料が公刊されているほか，各州に設けられたシュタージ問題特別代表部の手によっても SED 支配の内幕を暴いた驚くべき内容の関係者の手記などがファイルの記録を交えて冊子などの形で作成されている。ガウク庁の研究部門の刊行物の多くは Ch. リンク社から出版され，書店でも購入できるから目につきやすいが，州の代表部のそれは部数も少なく，市販されていないために入手経路が限られていて目に触れにくい。しかし，例えば1989年の市民運動の台頭に対して各地でそれを阻むためにどのような工作が行われたか，あるいは溯って1953年の労働者の蜂起に地方ではどのような弾圧が加えられたか，ドイツ内部国境が厳重化される過程で国境地域からの強制立ち退きがどのように進められたかなど地域レベルの封印されていた事実が証言とともに掘り起こされている点で重要なものが多数含まれている。

　さらにこの関連では，連邦議会に DDR 抑圧体制の解明のための調査委員会が設置されたことも指摘しておくべきであろう。委員会ではいずれも DDR の反体制派に属した牧師出身の議員 R. エッペルマン（CDU）と M. メッケル（SPD）が共同で委員長の座に就き，各地で公聴会などを開いて精力的に調査活動を行ってきた。その成果はズーアカンプ社とノモス社の共同で膨大な量のシリーズとして公刊され，DDR 研究にとっての貴重な資料の一つになっている。もっとも，DDR を「全体主義的独裁」とした最終報告書の採択に PDS が反対したことから窺えるように，委員会の活動には政治的思惑が込められているのは否定できない。とはいえ，そこに盛り込まれた証言など

の集成が隠された事実を暴き，それを通じてDDRにおける人権抑圧の過去の克服を目的にしているのは間違いない。

　これに対し，壁や鉄条網を越えてDDRから逃亡しようとした市民を射殺した国境警備兵に対する裁判では，報復という政治的動機が歴然としており，結果は執行猶予付で有罪となったものの，後味の悪さが残った。また，モスクワに逃亡し，チリ大使館に匿われていてドイツに連れ戻されたホーネッカーや，あるいは多年に亙りシュタージの長官として君臨したミールケに対する裁判は，結果的には一方は病気により中断となり，他方は有罪とされたものの，かつての内部国境の越境者の射殺命令のほかに50年も前の政治的殺人を容疑事実とするなど一種の見せしめのショーであり，クレンツやケスラーDDR国防大臣など有罪判決による刑務所への収監で終わったDDR要人の裁判も余りにも政治色が濃厚に出ていたのは否定すべくもない。さらにこの関連では，トップクラスではなく中堅幹部によってなされた政治的犯罪に対する訴追時効期間が一旦は1993年3月に延長され，1997年12月に連邦議会の圧倒的多数で再度延長されて，容疑が固まればいつでも起訴できる態勢になっていることも指摘しておくべきであろう。

　司法的手続きをとって行われたこうした見せしめのサイクルは一通り完結し，他方でシュタージ文書のもつ衝撃力も弱まってきているが，ナチスとの類比の当否はともあれ，DDRでシュタージを支えにした独裁と人権抑圧があったことは紛れもない事実である以上，その解明は今後も進められていくに違いない。たしかに世論調査ではかねてから「DDRの過去との取り組みには幕を引くべきである」という意見が西ドイツのみならず東ドイツ地域でも多数派になっており，2000年秋に調査機関IPOSが実施した調査でも，東ドイツで「幕を引くべき」が56％だったのに対し，「幕を引くべきではない」は42％にとどまった。それにもかかわらず，DDRの実態解明が進められるのは，抑圧による犠牲者と加害者が存在している限り，隠蔽や沈黙は許されないと考えられているからにほかならない。もちろん，この種の解明作業には，明らかにされる事実がいまだに生々しさをとどめているだけに，絶えず政治的利用の影が付きまとわざるをえず，今後もそれが公表される成果の信憑性に対する疑念を増幅させるのは避けられないと思われるのである。

## 参考文献

ティモシー・ガートン・アッシュ　今枝麻子訳『ファイル』みすず書房　2002年

アルビン・エーザー「試験台に立つ新妊娠中絶刑法」『同志社法学』44巻3号　1993年

同「比較法的視点から見たドイツ妊娠中絶法の改革」『同志社法学』48巻2号　1996年

熊谷徹『ドイツの憂鬱』丸善　1992年

同『新生ドイツの挑戦』丸善　1993年

桑原草子『シュタージの犯罪』中央公論社　1993年

ライナー・クンツェ　山下公子訳『暗号名「抒情詩」』草思社　1992年

斎藤純子「ドイツにおける妊娠中絶法の統一」『外国の立法』201号　1997年

初宿正典「最近のドイツの憲法改正について」『自治研究』71巻2・3号　1995年

広渡清吾「ドイツにおける基本法改正を巡る問題（1）・（2）」『法律時報』67巻8・9号　1995年

森英樹「ドイツ統一に伴う基本法改正の一断面」『法律時報』67巻9号　1995年

森千春『壁が崩壊して』丸善　1995年

山口広文「ドイツにおける首都機能移転」『都市問題』87巻9号　1996年

カール・フリードリヒ・レンツ「ドイツ連邦憲法裁判所の第二次妊娠中絶判決について」『ジュリスト』1034号　1993年

# 第3章 「産業立地」問題の浮上

## 1 深刻化する失業問題

　ドイツ統一後，東ドイツ地域のインフラ整備などの必要から統一特需が生じたが，それは短期的なブームに終わった。その後，ドイツ経済は急速に後退局面に入り，1990年代半ば以降の回復にもかかわらず，全体として低成長が基調となっている。実質GDP成長率でみると，1983年から89年までの旧西ドイツの年平均は2.4％だったのに対し，1993年から98年までの全国の年平均は1.2％であり，丁度半減した形になっている（表3－1参照）。

　ドイツでは1992年まではプラスの成長が続いたが，93年にはマイナスに転じ，92年の2.2％はマイナス1.1％になった。高い成長率をなお維持していた東ドイツ地域を除き，西ドイツ地域だけに限ると実質成長率はマイナス1.9％であり，戦後最悪の記録となった。この落ち込みは多くの国民が統一の喜びに浸っていただけに衝撃が大きく，それとともに様々な問題が焦点に押し出されて社会の雰囲気は一変した。主要先進国の中での経済大国ドイツの特徴は，産業全体における製造業の比重が大きいこと，その製品輸出を中心とした貿易の占める比率が大きいこと，貿易相手国の主軸がEU加盟国で

表3－1　ドイツの実質経済成長率

単位：％

| 年　度 | 1992 | 1993 | 1994 | 1995 | 1996 | 1997 | 1998 | 1999 | 2000 | 2001 | 2002 |
|---|---|---|---|---|---|---|---|---|---|---|---|
| 成長率 | 2.2 | −1.1 | 2.3 | 1.7 | 0.8 | 1.4 | 2.0 | 2.0 | 2.9 | 0.6 | 0.2 |

（出典）Aktuell 2004, Dortmund 2003, S. 289.

あることなどにあるが、不況の主因は貿易相手国が景気後退局面に入ったことよりも、ドイツ産業の国際競争力の低下にあると捉えられた。事実、世界輸出に占めるドイツの輸出のシェアは1991年の10.2％から下降を続け、93年8.9％、96年8.3％、99年8.4％となっている。このシェアの縮小は競争力の低下によるとされ、高い賃金と高い社会負担で知られるドイツ経済の構造自体に原因があると考えられた。こうして官民一体となって「産業立地ドイツの確保」というスローガンが叫ばれ、産業立地の再構築が立場の違いを超えた共通課題になったが、それを根底で支えていたのは、これまで享受してきた豊かさを失うまいとする生活保守的な姿勢だった。

　経済の低迷はなによりも失業率の上昇として現れた。1992年からは倒産件数が増大するとともに、主要企業で軒並み大規模な人員整理が始まった。主軸である旧西ドイツ地域の失業率を見ると、1990年に7.2％だったのが、93年の7.3％を経て、95年に8.3％となり、1997年の9.8％をピークに10％近いレベルで推移している。また図3－1が示すように、登録された全国の失業者数も1992年には300万人程度だったのが増え続け、1996年以降は400万人を越すレベルに達したまま、このラインを前後する状態が続いている。失業で特に憂慮されたのは、若年失業者と長期失業者の増大である。例えば1993年に西ドイツ地域には227万人の失業者がいたが、そのうちで1年以上職のない人は59万人を数えたばかりでなく、前年比で43％も増加していた。25歳以下のいわゆる若年失業者に関しては、他の先進国に比べればその比率はそれほど高くはなく、全体の失業率をやや上回る程度にとどまるものの、増加傾向は軽視できず、デュアル・システムとして知られるドイツの職業教育制度に主要な問題点がある。このシステムの下では職業訓練を受けない若者の就職は難しいが、競争の激化のために実地訓練を受け持つべき企業の余力が乏しくなり、職業訓練生の選別を厳しく行うようになった結果、分野により訓練ポストが不足し、学業を修了せず安定した職に就けない若者に加えて、望みどおりの職業資格を取得できない若者が増加して失業率を押し上げるようになったのである。他方、長期失業については、就職を巡る競争が全般的に激しくなり、しかも産業構造の高度化につれて全般的に不熟練労働に対する需要が減少しつつあることも加わって、短期間で再就職することが困難になっているほか、低賃金労働よりも失業手当のほうが高額になるケースもあるよう

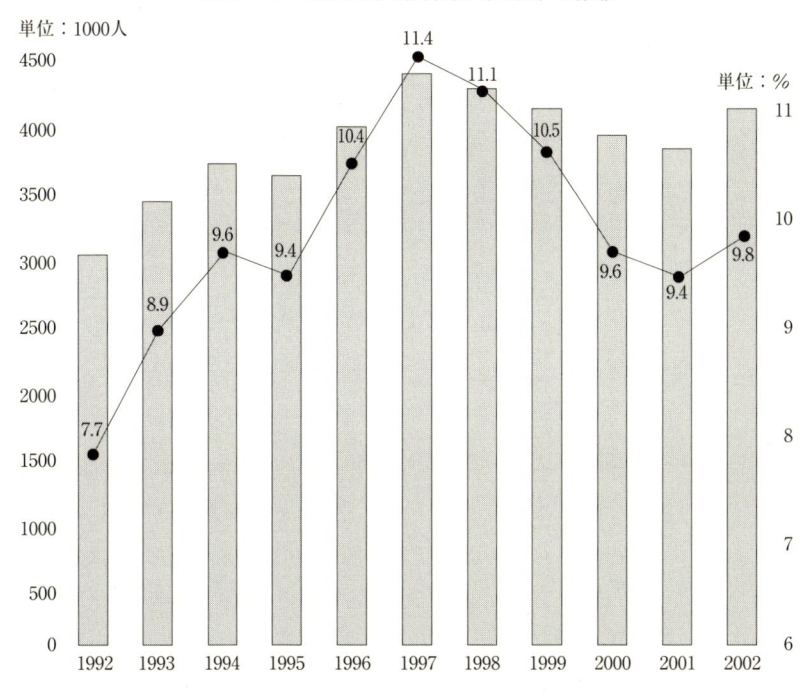

図3−1　全国の失業者数と失業率の推移

（出典）Bundesministerium für Wirtschaft und Arbeit, Jahreswirtschafsbericht 2003, Berlin 2003, S. 34.

に，整った社会保障制度のために就業意欲が殺がれていることが長期失業者を増大させている。なお，後述するように，東ドイツ地域では失業問題は一層深刻であり，公式統計では把握されない潜在的失業者が大量に形成されている。職業再訓練，雇用創出措置などの対象となった人々がそれである。そのほかにも就職の希望がもてずに労働市場から引退した人々も少なくないが，正確な数は明らかではない。

　もとより社会国家ドイツでは失業は直ちに貧困への転落を意味しない。しかし，失業率の上昇につれて，自分の職場の確保に関する雇用不安が拡大するとともに，低成長が一時的な現象ではないという広範に浸透した見方から，自分の将来について現在以上のレベルの生活は期待できないという意識が広がった。また他方では，貧困に関する調査結果が大々的に報道され，連邦政

府も貧困報告書を公表するまでになっていることが示すように，豊かな社会ドイツにも社会的上昇を望めない貧困層が存在しており，貧富の格差が広がって社会が二極化する傾向にある事実が浮かび上がっている。実際，「平準化された中間層社会」を目指したドイツ社会で分配の不平等は拡大基調にあり，活動報酬と資産からなる企業家の純所得は勤労者所得を大きく上回る伸び率を示し，労働分配率は低下の一途を辿っている。また国民総所得の面でも民間家計の下層3分の1のシェアは上層3分の1のそれを遥かに下回り，その格差は拡大し続けているのが実情である。

　確かに1980年前後から「新しい貧困」に注意が向けられ，「3分の2社会」について語られてきたことに見られるように，貧困自体は新しい問題ではない。しかし1980年代には豊かな社会の実現とともに社会が全体として一段高く引き上げられたという「エレベーターの喩え」が広く受け入れられたことに見られるように，貧困は基本的に解決され，生活機会の格差も縮小する傾向にあると見做されて，差異化，多元化，個人化，多様性の増大などのトレンドに関心が移り，その陰で社会の垂直的不平等が軽視され，あるいは覆い隠される傾向にあったのが現実だった。この点を踏まえるなら，統一以後で注目されるのは，貧困が改めて深刻な危機感を持って受け止められ，社会の行方に暗い影を投じるようになった事実である。このことは，2001年に連邦政府が『ドイツにおける生活状態』と題した貧困と富に関する第1回報告書を公表したことから窺うことができるが，それだけでなく，報告書のなかで，対象期間の終わりである「1998年までのドイツにおける発展の分析は，社会的排除が拡大し，再分配の公平が低下していることを示している」と明記されているのをみれば明白になる。実際，社会の底辺への貧困層の堆積は，なによりも社会保障の最後のネットとされる社会扶助の受給者が増加しつつある事実が確証している。現に，西ドイツ地域に限定したうえで施設外生計扶助の実態を見ると，1985年に117万だった受給世帯数が1990年になると158万世帯に増大し，1993年には181万世帯に膨張している。需要者への近接性を重視するドイツでは社会扶助は自治体の固有事務に属しているが，財政支出の大きな割合を占める社会扶助費は，受給世帯数の増加に比例して1985年の208億マルクから1990年に318億マルクに増大し，95年には451億マルクに達している。同じ期間に自治体の収入は1.3倍に伸びたにとどまったから，社

会扶助を中心とする社会給付が自治体財政を強く圧迫しているのは明白であろう。ドイツのみならずヨーロッパの金融センターでもあるフランクフルトで市民が多年にわたって誇りとしてきた美術館や劇場などの公共施設の統廃合が進められたのは，貧富の分極化がもたらした市財政の悪化の帰結だったのである。

それはともあれ，国際競争力の低下という「産業立地」ドイツの衰退は，普通の市民の目にはなによりも深刻な失業問題という形をとって顕在化した。産業立地問題は1990年代後半にはグローバル化の問題として捉えられるようになるが，ドイツの場合，単なるグローバル化ではなく，EUの市場統合や共通社会政策に見られるように，これとの共振と摩擦をはらむ形で同時にヨーロッパ化のレベルが重なっている点に注意する必要がある。例えば前者のEU市場統合はEU域内でこれまでの国境の障壁を取り除き，生産諸要素の自由な移動を可能にするものであり，それによって企業はもっぱら最大利潤を目指して域内の地域を自由に移動し，拠点を移すことができるようになり，併せて規模のメリットももたらされた。しかし他面でそれは，国民経済の観点からは産業の空洞化や雇用流出のような問題をはじめ，農業のような土着型産業がより安価な国による競争に晒される事態を招来するものであり，ヨーロッパに限定してではあるが，グローバル化を先取りし，その問題点を先鋭化した性質を有している点で，共振と呼ぶことができる。他方，ヨーロッパ化には，労働政策や福祉政策のような政策領域が従来の国民国家を超えたレベルで担われるようになり，各国が有する福祉国家的機能が調整され，EUレベルで共通化されることによって域内における市場原理の貫徹に枠をはめる面があることも見落とせない。「社会的なヨーロッパ」作りを目指すこの動きはグローバル化に対してヨーロッパ化が制約を加えることを意味し，必然的に摩擦を生じさせることになる。こうしたグローバル化とヨーロッパ化という二重の地殻変動の中で，ドイツの産業立地問題は大量失業問題として現出したのである。

第二次オイル・ショックを契機とする景気の後退により，失業は1980年代からほぼ一貫して西ドイツの抱える重大問題だった。しかし統一後の一時的なブームが去ると問題の深刻さは一段と加重された。ドイツでは1994年2月についに失業者数が400万人の大台にのり，以後，戦後最悪の記録を度々塗り

替えるまでになって，失業問題は危機的様相を呈するに至ったからである。こうした状況を前にして，1995年11月に最大の産別労組 IG メタルの委員長 K. ツヴィッケルが賃上げ抑制の代わりに雇用創出を目的とした「雇用のための同盟」を労使が締結することを提案し，経済界の中心人物であるドイツ産業全国連盟（BDI）会長 O. ヘンケルもこれに同意するシグナルを直ちに送った。このような展開を踏まえ，コール政権は1996年初頭に「雇用と立地確保のための同盟」の名の下に政労使の代表による協議の場を設け，2000年までに失業者を半減させることを目標として立てた。これを具体化したのが1996年1月に策定された「投資と雇用のための行動プログラム」である。このなかで政府は租税と社会負担の軽減や職業訓練の拡充を推進することを約束した。他方，労使は協調して賃金抑制，労働時間の弾力化，職業訓練ポストの拡大などに努めることになったのである。

　こうして具体的施策について合意を得るために政労使の協議が重ねられたが，しかし既得権を守ろうとするそれぞれの立場の調整は難航した。「雇用と立地確保のための同盟」は，K. シラー経済相の名前とともに記憶されている1960年代末からの「協調行動」を想起させるが，しかし経済危機乗り切りに向けた政策形成の今回の方式は奏功せず，効果的な対策を打ち出すには至らなかった。その主要な原因は，行動プログラムを具体化した政府の「より高い成長と雇用のための計画」を巡り激しく利害が対立したからである。「財政緊縮パッケージ」という通称をもつ同計画は，「よりダイナミックな成長を可能にし，追加的雇用を創出し，社会国家の経済的基礎を安定させる」ことを目的にしており，1996年4月に発表されたが，まず連立与党の FDP が難色を示した。FDP は州レベルの選挙での相次ぐ敗北をくい止めるために経済自由主義路線を強化し，「財政緊縮と減税の党」というプロフィルを鮮明にする立場から，計画では緊縮も減税も不徹底だとしたからである。他方，計画を立法化するのに同意が必要な連邦参議院では野党が多数を占めていたが，最大の SPD は需要サイド重視の立場をとるラフォンテーヌ党首の指導下に政府との対決路線を強め，独自の改革構想をまとめるとともに，供給サイド重視の色彩の濃い計画に反対する姿勢を打ち出した。また同時に，指導部とは距離を置く同党所属の州政府首脳との協議を進め，連邦参議院で政府案を阻止する方向に動かした。一方，「雇用と立地確保のための同盟」の一翼を担

う労働組合は，計画を労働側の既得権を奪い，大きな犠牲を強いるものだと批判し，同盟の提唱者であるツヴィッケルも計画が強行されれば重大な社会的紛争を招くとして撤回を要求した。さらに労働側の最大のナショナル・センターであるドイツ労働総同盟（DGB）の委員長 D. シュルテも計画は成長と雇用のためではなく「社会的冷酷の計画」であると断じて反対を表明した。そして DGB はカリタスやディアコニーなどの主要な社会福祉団体と連名で「野放しの市場経済」から社会国家を守るための「社会憲章」を発表し，計画に反対する運動の輪を広げていった。こうしてコール政権が試みた「雇用と立地確保のための同盟」は破綻し，政労使の協調による合意形成の道は閉ざされたのである。

　ところで，計画に対するこのような姿勢にもかかわらず，産業立地の衰退という現実を前にして労働組合は既得権の防衛に固執していたわけではなかった。1993年の公務・運輸・交通労働組合（ÖTV）のストや1995年の IG メタルのストがあったものの，その後は労働運動は全体的に見ると物価上昇率程度の賃上げで妥協する穏健な姿勢をとったといえるからである。こうした姿勢に切り替わったのは，失業増大が労働者の間に呼び起こした危機感を受け，賃上げや労働条件の改善よりも雇用の確保を優先せざるをえなくなったからにほかならない。もとより，その背景には，組合員の減少による組織力と資金力の面での弱体化という労働運動が抱える構造的問題があった。事実，最大のナショナル・センターである DGB の場合，加盟する16の産業別労働組合のうち，1991年と95年の間に七つが４分の１以上，三つが３分の１以上の組合員を失い，統一に伴う東ドイツ地域の組合員の加入で増大した1991年半ばの1190万人は98年末には831万人にまで縮小している。ドイツ労働運動の危機を表すこれらの数字は，それ自体，失業の拡大を反映しているといえるが，このような状況のもとで労使双方から熱い注目を浴びたのは，フォルクスワーゲン社の対応である。同社では労使交渉により，雇用の維持を最優先した結果，1994年１月からワーク・シェアリングの形で労働時間を20％短縮して週休３日制を採り，賃金の10％カットを労働側が受け入れるかわりに，人員整理は見送られた。無論，この方式は生産の合理化が伴わない限り労働コストの上昇と生産性の低下を招くという問題を抱えているから単純な模倣は困難だが，それでも注視の的になったのは，雇用を守る労使の強い意思が

働いていたからだった。

## 2 「産業立地」再構築を巡る争点

ところで，産業立地の立て直しを巡っては多岐にわたる論点が浮かび上がった。高賃金による労働コストの高さ，それをさらに押し上げる賃金付帯費用の大きさ，この負担に付け加わる企業活動に対する重い課税，雇用関係や労働条件の硬直性とその原因でもある複雑で多岐にわたる規制，技術開発力が問われる中での研究開発の立ち遅れなどである。これらがドイツの国際競争力を衰弱させた構造的要因とされたが，その改革を巡る議論でとりわけ焦点に押し出されたのは，社会保険料をはじめとする賃金付帯費用と呼ばれるコストの比率が大きいことだった。ドイツの賃金付帯費用はわが国でいう企業の福利厚生費に類似したものであり，大きく法定レベル，労働協約レベル，企業レベルの三つに大別される。法定レベルの賃金付帯費用としては，失業，年金，介護，健康の各種社会保険料のほかに病欠時の賃金継続支払い，休日分の賃金支払いなどがあり，労働協約レベルのそれには休暇手当，クリスマス手当のような特別手当が該当する。さらに企業レベルでは企業年金，従業員に対する財産形成促進給付などが賃金付帯費用に含まれている。

賃金に生計費を考慮するという考え方はアメリカやイギリスなどにはみられないが，ドイツには生活給的な考え方から家族手当や休暇手当のように生活保障という性質の濃厚な様々な手当が存在している。さらに労働者が加入する年金，失業などの社会保険料が労使折半となっているところから，労働コストが高くなる構造が存在している。これにより，当然の帰結として生産コストが高くなり，品質競争力はあってもドイツ製品の価格競争力が押し下げられているために，ドイツ企業が苦境に立たされているとされたのである。実際，表3－2に掲げた連邦経済省のデータによれば，主要国との比較で見た時間当たりの労働コストは極めて高い水準にあり，とりわけ日米との落差の大きさが際立っている。こうした現状から，協約自治と共同決定を支柱とし，労使が負担する費用を主たる財源とする社会保障制度を軸にして国民生活の安定と適正水準を確保しようとするドイツ型福祉国家すなわち「社会国家」の見直しが急務だとする主張が強まった。それまでは右肩上がりの経済発展を前提とし，労使間で合意を形成する協調的システムの下で産業平和が

表3-2 時間当たり労働コストの国際比較

単位：ドイツ・マルク

| 国名 | 1990 | 1995 | 1998 |
|---|---|---|---|
| ドイツ | — | 29.85 | 30.31 |
| 　賃金本体 |  | 16.97 | 18.17 |
| 　賃金付帯費用 |  | 12.88 | 12.14 |
| フランス | 25.64 | 29.28 | 33.04 |
| 　賃金本体 | 13.36 | 15.19 | 17.16 |
| 　賃金付帯費用 | 12.29 | 14.09 | 15.88 |
| イギリス | 21.30 | 20.90 | 31.09 |
| 　賃金本体 | 15.28 | 14.92 | 22.02 |
| 　賃金付帯費用 | 6.02 | 5.98 | 9.07 |
| スウェーデン | 34.64 | 31.20 | 39.45 |
| 　賃金本体 | 20.11 | 18.29 | 23.38 |
| 　賃金付帯費用 | 14.53 | 12.91 | 16.07 |
| アメリカ | 24.10 | 24.65 | 33.34 |
| 　賃金本体 | 17.50 | 17.74 | 23.73 |
| 　賃金付帯費用 | 6.60 | 6.91 | 9.61 |
| 日本 | 21.48 | 35.70 | 33.16 |
| 　賃金本体 | 12.74 | 20.85 | 19.47 |
| 　賃金付帯費用 | 8.73 | 14.85 | 13.69 |

（出典）Bundesministerium für Wirtschaft und Technologie, Wirtschaft in Zahlen 2001, Berlin 2001, S. 16 より作成．

保たれてきた。それが可能だったのは分け合うべき成長の果実が存在したことであり，そうしたシステムを象徴するのがシュミット政権の唱えた「モデル・ドイツ」という標語だった。戦後復興を経て築かれた西ドイツの繁栄のシンボルと見做されるのは，一般には強い通貨に育ったドイツ・マルクだとされるが，「モデル・ドイツ」もまた戦後西ドイツの成功の代名詞だったといえよう。けれども，統一から間もなく，国際競争の高波を受けて労働側の既得権はもはや維持できなくなり，ドイツが輸出立国として国際競争の場で生き残るには，その抜本的な見直しが不可避だとされたのである。

　強い危機感を背景にしたこうした論調の高まりの中で，社会国家を巡る議論の軌道が大きく転轍された。社会国家の危機という問題提起はオイル・ショック以降存在したものの，他方には社会国家の根強い擁護論があったが，失業率の急速な上昇に伴い，それまでのような社会国家の拡充を求める声はほとんど消え，「社会国家の解体か改造か」という形で議論が展開されるよう

になったのである。そのことは社会国家拡充の先頭に立ってきた二人の人物,すなわち, SPDの社会政策の責任者であるR.ドレスラーとCDU左派の重鎮で連邦労働社会相のN.ブリュームが守勢に回り,ときに孤軍奮闘の観さえ呈するようになったことにも示されており,また国民レベルでも,西ドイツ地域でより多くの負担を伴う場合には社会保障の拡充に反対する市民が42％を占め,賛成は30％でそれまでとは逆転する結果になった1994年の世論調査にも表れている。もちろん,社会保障制度は国民の間に定着しており,社会国家の役割に関する基本的一致が存在するから,その解体は論外だった。したがって,論議で本当に問題にされたのは,国際競争が激化する趨勢に合わせ,何をどこまで個人の責任と市場の論理に委ねるかという点であり,あるいは不要もしくは不効率な要素を除去する選択的縮小の幅だった。

一方,国民の側でも高負担・高福祉の社会国家は重荷と感じられるようになってはいたが,同時に,もはや拡充は望まなくても,大幅な縮小は避けたいという姿勢が広く見出され,迷いとためらいが色濃く滲み出ていた。1991, 1994, 2000年の世論調査結果を比較すると,例えば,「病気,困窮,失業,老齢の際にも十分な収入が得られるように国は配慮すべきか」という設問では賛成の回答が80％台後半から90％台前半に達する高いレベルで継続している。また,社会給付の全般的削減を支持するのはかなり少数であり,受給者数が限られている個々の給付については削減支持の声が比較的広く存在するのが現実だった。これらの点から,ドイツでは社会保障面で国家の役割に対する期待が一貫して大きいことが看取されよう。いずれにせよ, 1995年に社会保険の第四の柱として新設された介護保険の負担も加わり,勤労所得に占める各種社会保険の負担率は1982年のコール政権の登場によって一旦はやや下がる傾向を見せたものの,統一後は1990年の35.5％から95年の39.3％, 98年の42.0％へと上昇を続けており(表3－3参照),明らかに増大基調にある。また,これに税負担を加えた国民負担率も, 1980年代後半には45％のレベルにまで低下する傾向を見せていたのが統一後に反転し, 1995年に50.6％にまで上昇したまま50％に近い水準で推移しているのが実情であり, 1998年以降2002年に至るまで48％から49％の間の数字が続いていることに見られるように,下がる気配が見られない。この現実にドイツが世界の先頭集団に属している少子・高齢化の趨勢を重ね合わせて考えるなら,社会国家の

表3-3　各種社会保険の負担率の推移

単位：％

| 年　度 | 1970 | 1980 | 1990 | 1995 | 1998 | 2000 | 2002 |
|---|---|---|---|---|---|---|---|
| 年　金 | 17.0 | 18.0 | 18.7 | 18.6 | 20.3 | 19.3 | 19.1 |
| 医　療 | 8.2 | 11.4 | 12.5 | 13.2 | 13.5 | 13.5 | 14.0 |
| 失業など | 1.3 | 3.0 | 4.3 | 6.5 | 6.5 | 6.5 | 6.5 |
| 介　護 | — | — | — | 1.0 | 1.7 | 1.7 | 1.7 |
| 計 | 26.5 | 32.4 | 35.5 | 39.3 | 42.0 | 41.0 | 41.3 |

(出典) Bundesministerium für Wirtschaft und Arbeit, Jahreswirtschaftsbericht 2003, Berlin 2003, S. 27 より作成.

抜本的な改造は産業立地問題がなくても早急に着手すべき課題になっていたといえよう。

　社会国家の改造に関しては，年金，医療，失業のそれぞれの保険財政の悪化が問題になったのはいうまでもない。しかし，さしあたって主要な争点に押し出されたのは，賃金継続支払いと呼ばれる病気休業の賃金保障の見直しである。1957年にIGメタルが6週間に及ぶストによって勝ちとって以来，1969年に賃金継続支払法が制定されたことに見られるように，病欠については賃金が満額保障され，戦後労働運動の大きな成果の一つとされていた。しかし，経営側から病欠の頻発が目に余るとされ，満額を廃止して20％の賃金カットに切り替えることが提起されたところから，既得権を守ろうとする労働側とその削減を巡って激しく対立する形になった。また労働市場政策の面では，1996年に廃止された悪天候手当がある。この手当は，1959年に冬季の人員解雇の防止を目的として建設業界における操業短縮手当の特殊形態として導入され，冬季の悪天候による一時休業の際に連邦雇用庁から支給されたものであり，労働側の既得権の代表例だったといえる。これらの問題に続き，上記の「雇用と立地確保のための同盟」の協議の場では女性に対する老齢年金の支給開始年齢の引き上げ，解雇からの保護の緩和，医療保険での薬剤一部負担の引き上げ，クアなどの医療給付の縮減など多数の論点について論議されたが，労使の合意が得られず，改革は進まなかった。1997年の「年の言葉」としてドイツ語協会によって「改革の停滞」が選ばれたが，そこには1997年後半に450万人にも達した失業問題の深刻化を背景とする国民の関心の高さと失望感の広がりが反映されている。

　社会国家の改造と並び，産業立地を巡る議論では，企業に対する課税が他

の先進国に比べて重いことも問題になった。重い法人税が事業の積極的な拡大や外国企業の投資を阻害しているとされ、またドイツ企業による国外への直接投資の増大と国外での雇用の増大を踏まえつつ、企業の逃避が国内での産業の空洞化に拍車をかけているとされ、法人税の軽減を中心とする税制改革の実施も産業立地立て直しに不可欠だと主張された。この供給面重視の政策は前述の「投資と雇用のための行動プログラム」に盛り込まれ、翌年には営業税の改革などが実現したが、賃金税や付加価値税の改定を含む包括的な税制改革は与野党の対立で挫折した。しかし部分的にせよ財政赤字が膨らむ中での法人税減税は、コール政権の新自由主義的一面を示すものであった。

またこの関連では労働市場の硬直性が産業立地を弱めているとの認識から、規制緩和によるその柔軟化が進められたことや、同時に市場の機能を強めるために民営化が推進され、「スリムな国家」への改革が着手されたことも重要である。規制緩和については、日曜・祝日労働禁止の緩和、閉店法改正による強制的閉店時間の延長、民間職業紹介事業の解禁などが挙げられるが、なかでも解雇保護法の適用除外事業所の範囲の拡大が注目される。ドイツでは1951年の解雇制限法に基づいて従業員組織との協議や合理的理由の存在が解雇の条件とされている。また福祉の観点から、解雇に当たっても独身者や子供のいない夫婦など相対的に影響の少ない者から行うことが定められているほか、勤続10年以上や50歳以上の労働者にはさらに厳しい解雇制限が設けられているなど雇用を守る仕組みが構築されている。アメリカやイギリスには見出されないこうした雇用システムは、企業を株主中心に考えないドイツの経営風土の構成要素になっているが、そうしたシステムがいまや硬直的であるとされ、解雇保護法の改正によって見直しが着手されたのである。

一方、民営化では、コール政権の登場以来、様々に進められてきた施策が統一後に山場を迎えることになった。旧西ドイツの政府持ち株の民間売却による公企業の民間企業化、航空管制行政の有限会社化などに続き、コール政権によって連邦鉄道、連邦郵便の株式会社化が実施されたのである。例えば帝国鉄道以来の長い伝統をもつドイツ連邦鉄道は1994年からドイツ鉄道株式会社に再編された。しかし長期的には民間資本の参加による完全な民営化の可能性も排除されないとはいえ、当分はドイツ鉄道の株式を民間投資家に売却する予定はない。また郵便事業と通信事業でも民営化により連邦郵便が消

減し，代わって1995年にドイツ・テレコム，ドイツ・ポスト，ドイツ・ポストバンクの三つの株式会社が誕生した。これに伴い，1871年のドイツ帝国建設以来126年間にわたって帝国ないし連邦政府の一角を占めてきた連邦郵便・通信省が廃止された。上記の規制緩和に加え，これらの民営化の点からもコール政権の新自由主義的傾向を語ることは可能だが，その場合にも民営化がドイツ的特徴を帯びていることを看過することはできない。それは一口でいえば「社会的に許容できる民営化」という点にある。すなわち，ドイツでは，民営化に伴う職員の雇用の維持や，民営化後の当該業務自体についての国の保障義務を明確にしたうえで，公共性の確保に配慮しながら民営化が行われている。例えば連邦鉄道の場合，12万人の官吏と28万人の被用者が，連邦郵便の場合には30万人の官吏と30万人の被用者が民営化の影響を受けたが，彼らの雇用は基本的に確保されたのである。

　なお，これらを含む行政改革の一環として行政機関の減量化も着手された。民営化が一段落した2000年の時点でもドイツは成人の14人に1人が公務員という官僚国家であり，かねてからその非効率を指してドイツは「書類の山の国」と評されてきた。行政から独立した専門家からなる審議機関として「スリムな国家」委員会が連邦政府によって1995年9月に設置されたのは，そのように肥大した行政機関を圧縮する目的のためである。同委員会は1997年10月に最終報告を提出し，官僚国家ドイツを支える「法律の洪水」の是正策と並んで，行政手続きの簡素化と迅速化や市民に対するサービス強化の態勢づくりをはじめ，各種の国家事務の削減策を提示した。しかしこの課題に取り組むコール政権の姿勢が消極的だったのに加え，その後選挙戦が本格化した影響もあり，コール政権期には行政の減量化では見るべき改革は実施されないままになった。

　産業立地問題に関しては，さらに，ドイツ産業の国際競争力の低下は技術革新の遅れにも原因があるとされた。従来，ドイツ製品は価格に難点はあっても品質面で強い競争力を維持してきた。しかし，技術革新の立ち遅れのため，この面でも優位が崩れかけていることが危機感を強めた。これをよく示しているのは，経済大国であるにもかかわらずGDPに占める研究開発投資の比率が日米に比べて低いこと，特許申請件数で日米に大差をつけられていること，とりわけ情報通信分野を中心とするハイテク部門が大幅に立ち遅れ

ていることなどだった。先端産業の振興は，後発国の追い上げで苦境に立たされている在来型産業に代わる雇用の受け皿としても重要視された。この視点は産業構造に関する認識の変化を伴っていた。石炭や鉄鋼のように補助金依存体質の強い産業が温存されていることに象徴されるように，ドイツでは産業構造調整のスピードが遅かったが，このことが付加価値の高い新規産業の育成を不十分にし，新たな雇用機会の創出を阻害しているという認識が立場の違いを超えて共有されるようになったのである。

同時に，この関連で研究開発体制自体にも関心が向けられた。そして，研究と人材育成の機関としての大学の旧態依然たる仕組みが問題視された。なかでも重視されたのは，古典的学問が中心に据えられるとともに，研究優先で学生に対する教育が軽んじられているために，新しい分野の専門知識をもった質の高い人材を送り出せないことだった。1994年の連邦議会選挙後の組閣に当たり，教育科学省と研究技術省が合体され，CDU のホープと目される J. リュトガースが新大臣に任命されたのは，こうした認識に立つコール政権の本腰を入れた取り組みを示すものだった。後述するように，2000年にはIT 専門技術者の不足が顕在化したのを契機に大学は改めて集中砲火を浴びる形になったが，社会の変動から遊離し，社会的に必要なマン・パワーを育成できない大学の構造改革が日程に上っていたことが背景になっていたのである。

そのほかに産業立地に関わる精神面も議論の俎上に載った。ドイツ人が戦後の高度成長の成果である大量消費社会に埋没し，勤勉の美徳を忘れ人生を享楽する姿勢に傾斜していることが産業立地の衰退を招いたとされたのである。主要先進国で最も短い年間労働時間，最も長い有給休暇，最高レベルの賃金，手厚い社会保障などは一般にドイツの労働の特徴と見做されているが，それらはいずれもドイツ人が働くことを厭うようになった証拠とされた。同様に，各種の調査でドイツ人が休暇をはじめとする自由時間に多大の関心をもっていることが実証されたが，これもまた怠惰がはびこっていることを裏付けるものと解釈され，国際競争に生き残るためには勤労の精神を取り戻すことが必要だとされた。技術開発で遅れをとっているのも進取の気性を失ったからであり，その根底には怠惰な心性の蔓延があるとされて，「働かないドイツ人」に的を絞った一種の道徳論がジャーナリズムを賑わせたのである。世論調査で先駆的役割を果たしてきたアレンスバッハ研究所は1984年に労働

意識に関する調査を行い，実際のドイツ人の仕事に対する意識と「ドイツ人は勤勉実直という神話」との乖離を白日の下に晒したが，その当時は所長のE. ネレ=ノイマンはドイツ人は仕事熱心というステレオタイプに固執する人々から批判を浴び，弁明に努めなければならなかった。この出来事を想起するなら，10年の時間の隔たりで社会の空気が一変したことが一層鮮明になるであろう。

　以上のように，産業立地問題には多くの論点が含まれていたが，深刻な失業問題を招いた低成長から抜け出し，その原因である衰弱した産業立地ドイツを立て直すという自らに課した難題をコール政権は解決できなかった。その一因は，東ドイツ地域の経済再建のために巨額の支援を行わねばならず，低成長による税収の伸び悩みとあいまって財政赤字が拡大したことにある。事実，連邦の財政赤字は1990年には5,420億マルクだったが，1995年に7,540億マルク，1999年には1兆3,850億マルクに膨張した。その結果，コール政権は財政再建問題に本腰を入れて取り組まねばならず，政策選択に対する財政面からの制約がきつくなったのである。統一に当たり，コール政権は増税なき統一の公約を掲げたが，統一直後にこれを撤回して増税に踏み切り，付加価値税の税率引き上げ，連帯賦課税の導入などを実施した。しかし，それに加えて公債の増発も避けられず，その規模は次第に膨れ上がった。1990年にはGDPに対する政府全体の財政赤字の比率は2.1％だったが，93年には3.2％に上昇し，その後も拡大基調が続いた。またこれに並行して累積赤字の対GDP比も上昇した。すなわち，1990年に43.8％だったのが，93年になると48.2％になり，95年には58.1％にも達したのである。

　一方，コールがフランス大統領ミッテランとともに主導したEU統合はマーストリヒト条約を経て通貨統合が当面の主要目標になっていたが，とりわけ強い通貨ドイツ・マルクを手放すドイツの立場からすれば新たな通貨が強く安定したものになることは必須の条件だった。このため，マーストリヒト条約では共通通貨の導入にあたり，その価値を安定させるために収斂基準が定められ，これを満たした国だけに参加資格を認めることにしたのである。財政赤字の対GDP比3％以内，累積債務の対GDP比60％以内など財政赤字の厳しい抑制を主眼とする条件がそれである。けれども当初の予想を超えて財政が悪化の一途をたどる中では，ドイツがこれらのハードルをクリアする

のは決して容易ではなく，通貨統合を実現し，ドイツが統合ヨーロッパで主導的地位を保つには，財政再建を強力に推進することが不可欠であった。つまり，コール政権は自らが道筋を描いたEU統合路線によって縛られつつ，産業立地の強化を財政再建と併せて行わねばならないという困難な課題を背負ったのである。

前述のように，コール政権は「雇用と立地確保のための同盟」を構築して政労使の合意形成を目指したが，この二重の課題に向けた「より高い成長と雇用のための計画」を巡り利害が激しく衝突したために試みは頓挫した。けれども，インフレ抑制というドイツ政治の暗黙の前提に立てば，経済が低迷していても財政が急速に悪化する中では財政出動による景気浮揚策はほとんど問題となりえず，緊縮財政路線に基づいて財政支出の大幅な削減に踏み込む以外に選択の余地はなかった。その結果，コール政権は一方で，労働組合とこれに後押しされた野党SPDだけではなく，社会国家の擁護を唱えるCDU・CSU内のキリスト教労働者派（CDA）を中心とする左派勢力による抵抗を受けると同時に，他方では，徹底した緊縮財政と減税を旗印とするようになった連立与党FDPからの突き上げを受けることににになった。こうして自らが推進力となっているEU統合路線の帰結として厳しい財政規律を要請され，二重の困難な課題に直面しながら，とりうる政策的選択肢が狭められていたために，コール政権は苦境に立たされ，苦しい政権運営を強いられたのである。

## 3　環境政策の停滞

ところで，西ドイツでは1972年の国連人間環境会議の準備過程で1971年に環境プログラムが策定されてから環境問題への政治的取り組みが進められてきた。環境政策は多岐にわたり，その手法も関係する集団も多様であるが，西ドイツでは早い段階から事前配慮原則，原因者原則，協働原則が環境政策の土台に位置づけられてきた。けれども，1970年代にはオイル・ショックの影響もあり，全体としては見るべき進展はなかった。しかし1980年代に入ると環境の悪化が社会の関心を惹き付ける一方，緑の党が政界に進出し，SPDがベルリン綱領で「産業社会のエコロジー的転換」を前面に押し出したように，統一までには環境政策が既成政党の綱領の次元にまで浸透した。その意

味で，政治的な共通項になったともいえるグリーン・ポリティックスの今後の展開が内外から注目を集めるようにさえなったが，それでは，統一以後のドイツで環境政策にはいかなる動きが見られたのであろうか。

　上述のように，統一以降，経済情勢が悪化し，産業立地の再構築が政治的な最優先課題となったが，そうした状況では，環境政策が重視されなくなり，停滞を余儀なくされたのは不思議ではない。1990年に行われた連邦議会選挙での緑の党の敗北は，ドイツ統一のナショナルなテーマによって環境保護をはじめとするニュー・ポリティックスの中心的イシューが後景に追いやられるとともに，推進力が弱まったことを意味していた。さらに1994年には同党が連邦議会に復帰し，同年の基本法改正によって環境保護が国家目標として明記されたが，にもかかわらず，統一に代わって産業立地問題が政治の焦点に据えられたために，環境保護はその影に立つこととなり，全般的に環境政策の分野では停滞色が濃くなったといってよい。

　しかしながら，そうした逆風が吹くなかでも，いくつかの新たな動きが見られたことは忘れられるべきではない。それには1987年に連邦環境相に就任したK. テップァー（CDU）の貢献が大きい。西ドイツではブラント政権の登場に伴う改革精神の高揚の中で1970年初期に環境政策が着手されたが，緑の党の進出に示される市民運動の台頭を背景にして，主として内務省が所管する警察的な規制から脱皮することになったのは，森林枯死やスモッグなどが問題になった1980年代に入ってからであった。この時期には経済界や労働界が環境保護を産業にとってのコストと見るだけでなく，環境保護が産業構造の転換の契機になり，また環境産業という新しい分野の創出によって失業問題の緩和に寄与しうるという認識が浸透するようになっていた。しかし，1980年代半ばまでは一般に西ドイツの環境政策は日本，アメリカ，スウェーデン，スイスなどより立ち遅れていたと評されている。このような状況を一変させる契機になったのは，1986年に発生したチェルノブイリ原発事故の甚大な影響である。これを受けて国民の間で環境問題に対する関心が急速に高まった。事故直後にコール政権によって素早く連邦環境省が設置され，それまで各省庁がバラバラに行っていた環境保護の課題が同省に一元化されたのはその帰結にほかならない。さらに翌年には環境問題の専門家であるテップァーが環境相に任命された。これにより環境政策を本格化させる態勢が整い，

テッパーのイニシアチブの下で環境政策は一気に前進した。同時に環境政策のスタイルも変化し，環境問題のアクターとして形成されていた市民団体との対話とネットワーク作りに重点が移された。その結果，他の先進国に対する遅れは急速に挽回されたのである。

こうして環境政策の政治的意義は高まりをみせたが，ドイツ統一を境にして国民の間で関心が薄れていったのは否定できない。そのことは，世論調査で環境保護が占める順位が低下したことに示されている。その結果，環境政策の分野では再び停滞の色が濃くなっていったが，それと同時に，基調に変化が生じたのも見逃せない。1992年にリオデジャネイロで開かれた環境と開発に関する国連会議などの流れを受け，「持続可能な発展」という理念が主軸を占めるようになり，汚染物質の排出を減らすことから物質循環の徹底化とエネルギー利用の効率化に重点が移っていったのである。

まず1991年には製造者責任原則を明記した包装廃棄物政令が定められた。これによって包装材を製造する者と流通で使用する者は，使用後にその包装材を回収し，再生利用することが義務づけられたのである。これを受けて1992年にはデュアル・システム社（DSD）が業界関係者によって共同で設立された。使用済みの包装材を回収して資源リサイクルすることが同社の業務であり，そのための費用は商品価格に上乗せし，消費者の負担で捻出されることになったのである。また1996年には循環経済・廃棄物法が制定された。これは従来の廃棄物処理から循環経済に基本的な考え方を転換することを主眼とするものである。すなわち，同法では，生産と消費のサイクルを循環型に切り替えることを目標に据え，資源を効果的に節約し，廃棄物の少ない製品を開発するとともに，最終廃棄物は環境に配慮して処分することが原則とされた。これにより循環型社会への転換が開始され，包装材はもとより，廃車，廃材などのリサイクルが強化された。もっともその裏ではデュアル・システム社の深刻な経営危機やマテリアル・リサイクルの固執がもたらした廃棄物輸出スキャンダルなどが表面化した。けれども全体として見れば，その効果は上がってきているといってよい。

一方，温暖化対策の面でも進展があった。統一の年にはテッパーによって二酸化炭素の排出削減構想が公表されたが，それは世界の温室効果ガスの４％をドイツが排出している実情を踏まえ，1990年から2005年までに25％の

二酸化炭素排出量の大幅削減を骨子とする，国際的に見て最も厳しい目標を有するものだった。これに基づき，1999年までに15.5％の削減が達成されている。そうした実績を背景にしてドイツは気候変動枠組み条約での目標値設定に当たり高い削減率を掲げるEU諸国の主導的役割を果たし，同条約の実施に関し1997年に京都で開催された締約国会議での京都議定書の採択にもテッパーの後任のA. メルケル（CDU）が重要な役割を演じた。

これに反し，原発政策では見るべき成果は全くなかった。原発政策ではコール政権は基本的に肯定的な立場をとり，原子力発電の役割を維持することを方針としていた。しかし，現実には1989年4月のネッカーの2号機以降，新規の原子炉の運転開始の実績はない。同時期にミュールハイム＝ケーリッヒ原子力発電所が完成したものの，設計上の問題から州政府による運転許可が取り消されたまま停止状態が続いている。こうした結果は，コール政権の方針変更を示すというよりは，種々の事情の積み重ねによるものといえる。一つにはドイツでは電力が供給過剰の状況にあり，新規に発電所を設けるだけの需要が存在しないことが挙げられる。また，原発の稼働までには長い時間と莫大な費用がかかり，巨額の投資を回収する見込みが必ずしも立たないことが電力業界に消極的姿勢をとらせている。さらに，原発の建設と運転に関しては州政府に多くの権限が認められているが，ミュールハイム＝ケーリッヒ原発に見られるように，緑の党と連立を組んでいる場合も含めSPDが政権にある州ではブレーキがかけられていることもある。これらの事情によりコール政権の原発政策は，統一以降，方針のレベルでは建設に前向きではあっても事実上凍結された状態が続き，建設を巡る激しい紛争は生じなくなっている。なお，後述するように，東西ドイツの統一により東ドイツ地域の環境破壊の凄まじさが明るみに出てから，コール政権の手により環境浄化のために巨額の財源が投入されたことは付け加えるまでもないであろう。

以上のようにコール政権下では産業立地の立て直しという重い課題に直面し，環境政策は全般的に停滞を余儀なくされたが，しかしテッパーの環境相在任中には前進があり，見逃せない変化が生じていたといえる。その意味で停滞色が濃厚になったのは，産業立地問題の重圧が強くなった1990年代半ばからだといえよう。この時期には世論においてと同様に，政府部内でも環境政策の政治的優先順位は下降したと言わざるを得ないからである。

では，環境政策とは対照的に世論の関心が高まり，コール政権の問題解決能力が試されたもう一つの分野である治安対策ではどのような動きが見られたのであろうか。

## 4　治安悪化と犯罪対策

　産業立地ドイツの再構築という重い課題は，社会のあらゆる階層の利害に関わり，それだけに雇用不安に包まれていた社会全体の政治化と激しい利害対立を引き起こした。その結果，生活保守的な姿勢からもっぱら自己利益の防衛を図り，他者に関心を払わない傾向が強まり，社会には刺々しい雰囲気が立ち込めた。こうした風潮は従来は政治的テーマにはならなかったもう一つの問題を政治の場に引き込んだ。治安問題がそれである。

　治安の悪化はドイツ統一とともに始まったわけではなく，政治の場で焦点が当てられることもなかった。その意味では統一後に治安問題が重要な政治的位置を占めるようになったのは，単に治安悪化が深刻化したというだけでなく，雇用不安に見られる生活の安全に対する自信の揺らぎが犯罪に対する恐怖感と連動していることを示していた。つまり，治安問題の政治化は安全が政治のキーワードに加わったことを表しており，「モデル・ドイツ」の揺らぎは治安のよい国ドイツの揺らぎと重なりつつ，自由や公正に加え，安全と安心を政治的価値に押し上げたのである。

　「法と秩序」という標語に見られるように，治安問題は一般に右派政党の専売特許とされてきたが，それがドイツで左右を問わず政治的テーマとなったことを端的に示す例は，1993年のSPDヴィースバーデン党大会で主要議題に位置づけられたことであろう。この大会では三つの分科会が設置されたが，産業立地の再構築，東ドイツ地域の経済再建と並び，治安対策が三つの主題の一つとして論議されたのである。このように治安問題が重要性を帯びるようになったのは，世論調査で犯罪不安が上位を占め，国民の大きな関心事になっていたからにほかならない。実際，図3-2に見られるように，体感治安と呼ばれる犯罪の被害にあう不安感の高まりは見過ごせない現象になり，とりわけ監視国家ともいえたDDRで良好な治安状態に慣れていた東ドイツ地域の市民の間での急上昇が顕著だった。また世論調査機関IPOSが1990年から1995年まで一般市民に何を「極めて重要な」内政上の課題と思うかを尋

第3章 「産業立地」問題の浮上　69

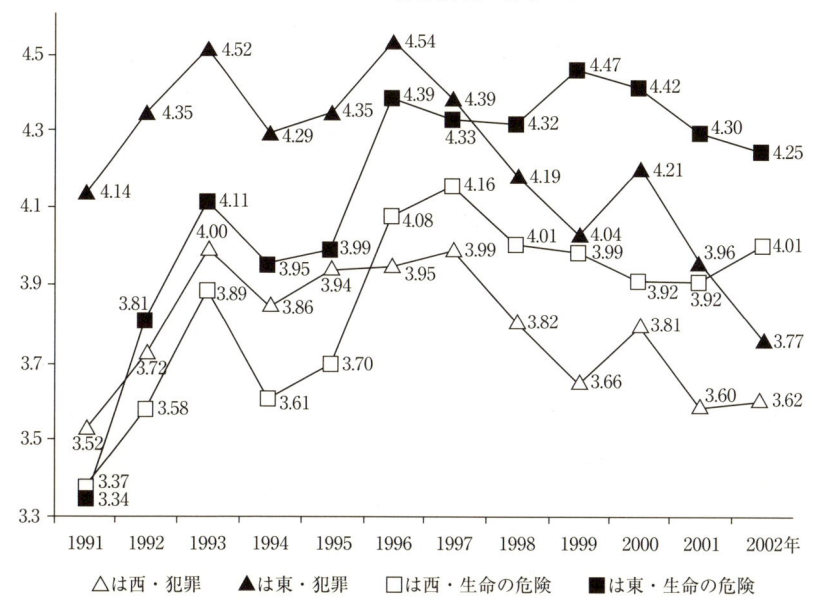

図3-2　体感治安の推移

△は西・犯罪　▲は東・犯罪　□は西・生命の危険　■は東・生命の危険

(出典) Helmut Kury und Joachim Obergfell-Fuchs, Kriminalitätsfurcht und ihre Ursachen, in: Der Bürger im Staat, 53. Jg., H. 1, 2003, S. 11.
1が完全に安全、10が著しく危険。

ねた結果では、雇用の創出に次いで犯罪が毎年トップ・クラスに入ったが、1998年に世論調査機関フォルサが行ったそれでもほぼ毎月犯罪が2位を占め、市民の間で犯罪対策が優先度の高い政治課題に位置づけられていたことが明らかになっている。もっとも、体感治安の高さと実際の治安悪化との間には直接的な因果関係が存在するわけではない点にも留意することが必要であろう。しかし表3-4が示すとおり、1990年代前半に犯罪が急増したのは確かであり、西ドイツ地域の人口10万人当たりの犯罪発生件数（犯罪発生率）は1990年の7,108件から93年には8,337件に上昇した。これと恰も反比例するかのように検挙率が下降線を辿り、警察に対する信頼が揺らぐ結果になった（表3-5参照）。このような状況を背景にして、普通の市民の日々の生活は犯罪に対する恐怖感に覆われることになり、その結果治安対策は政治に対する信頼感をつなぎとめるためにも差し迫った課題に浮上したのである。

こうしたなか、警察官による商店街のパトロールが強化されただけでなく、

表3-4 犯罪発生率の推移

| | 年度 | 人口 | 認知件数 | 犯罪発生率 |
|---|---|---|---|---|
| 旧西ドイツ | 1970 | 61,508,400 | 2,413,586 | 3,924 |
| | 1980 | 61,560,700 | 3,815,774 | 6,198 |
| | 1990 | 62,679,000 | 4,455,333 | 7,108 |
| ベルリンを含む西ドイツ | 1991 | 65,001,400 | 4,752,175 | 7,311 |
| | 1992 | 65,765,900 | 5,209,060 | 7,921 |
| ドイツ全体 | 1993 | 80,974,632 | 6,750,613 | 8,337 |
| | 1994 | 81,338,093 | 6,537,748 | 8,038 |
| | 1995 | 81,538,603 | 6,668,717 | 8,179 |
| | 1996 | 81,817,499 | 6,647,598 | 8,125 |
| | 1997 | 82,012,162 | 6,586,165 | 8,031 |
| | 1998 | 82,057,379 | 6,456,996 | 7,869 |
| | 1999 | 82,037,011 | 6,302,316 | 7,682 |
| | 2000 | 82,163,475 | 6,264,723 | 7,625 |
| | 2001 | 82,259,540 | 6,363,865 | 7,736 |
| | 2002 | 82,440,309 | 6,507,394 | 7,893 |

(出典) Bundesministerium des Innern, Polizeiliche Kriminalstatistik 2002, Berlin 2003, S. 3 より作成.

住宅地を住民からなる自警団が警戒のため巡回し，警備保障会社が売上を急伸させるようになったが，これらの事実はそれだけでドイツ社会の大きな変化を表している。犯罪の多発と体感治安の悪化を最もよく示しているのは，地下鉄でユニフォームを着用したガーディアン・エンジェルスがボランティアとして警備に当たり，駅の構内も警戒を呼びかけるビラなどが配布されるほか，見通しが利くように改築されたことであろう。また従来は工場やオフィスなど事業所の内部を主な活動の場としていた民間の警備員が，商店での万引き防止などのためだけでなく，物乞いなどを排除して商店街を「浄化」するためにも投入され，公衆の面前に登場するようになると同時に，警察の権限との関係の見直しが必要とされるようになっているのも目に付く変化の一つであろう。さらにバイエルンやメクレンブルク＝フォアポンマーンなど若干の州では，自警団と並ぶボランティアの一環として，腕章を着けた市民が「安全の守り」などの名称で警察によって組織され，短期の講習を受けた後，警察を補助する活動についているのもこれまでには見られなかった光景である。

表3-5　検挙率の推移

|  | 年度 | 検挙件数 | 検挙率 |
|---|---|---|---|
| 旧西ドイツ | 1965 | 951,115 | 53.2 |
|  | 1970 | 1,166,933 | 48.3 |
|  | 1975 | 1,306,865 | 44.8 |
|  | 1980 | 1,714,715 | 44.9 |
|  | 1985 | 1,988,478 | 47.2 |
|  | 1990 | 2,093,130 | 47.0 |
| ベルリンを含む西ドイツ | 1991 | 2,155,386 | 45.4 |
|  | 1992 | 2,333,578 | 44.8 |
| ドイツ全体 | 1993 | 2,957,135 | 43.8 |
|  | 1994 | 2,899,733 | 44.4 |
|  | 1995 | 3,068,379 | 46.0 |
|  | 1996 | 3,255,042 | 49.0 |
|  | 1997 | 3,335,016 | 50.6 |
|  | 1998 | 3,376,524 | 52.3 |
|  | 1999 | 3,329,124 | 52.8 |
|  | 2000 | 3,335,356 | 53.2 |
|  | 2001 | 3,379,618 | 53.1 |
|  | 2002 | 3,425,416 | 52.6 |

（出典）Bundesministerium des Innern, Polizeiliche Kriminalstatistik 2002, Berlin 2003, S. 12 より作成．

　治安問題で中心に据えられたのは，組織犯罪，青少年犯罪，外国人犯罪の三つといえる。外国人犯罪に関しては後でも触れるが，難民の大量流入による衝撃と重なり，パスポート不所持のような形式犯を含め実際にドイツ国籍を持たない者による犯罪が増加したために，すべての外国人を警戒する空気さえ醸成された。これが後述する排外暴力の土壌になったのは指摘するまでもないであろう。また青少年による窃盗や暴力などの犯罪も増大傾向が顕著になった。例えば14歳以下の少年による非行の認知件数を見ると，1993年に8万8,276件だったのが1995年に11万6,619件に急増し，さらに1998年には15万2,774件にまで増えてピークに達してからは微減の兆候を示し，2001年には14万3,045件で推移している。このような現実が危機感を募らせたのは当然であり，家庭，地域社会，学校による取り組みの強化を訴える声が高まる一方で，犯罪の低年齢化には社会規範の融解が反映されているとして，「価値の転換」ではなく「価値の没落」が主務大臣のM.カンター連邦内相（CDU）

など有力政治家を巻き込んで論議された。対策として与党側から提起されたのは，自由剥奪処分の回避と社会内処分の拡充を軸にしたそれまでの少年司法の流れを逆行させる厳罰化であり，具体的には最高10年となっている少年刑の上限の引き上げや刑事責任の年齢を14歳から12歳に引き下げるなどの要求が打ち出された。これに対しては野党によって少年犯罪への対応が刑罰強化に偏っている点が批判される一方，自由剥奪を避け社会内処分を用いた方が高い予防効果が得られるという「寛容は引き合う」実績を重視すべきことが強調され，与野党の歩み寄りが困難だった。その点から見ると，三つのうちでコール政権が重点的に取り組み，一定の成果を収めたのは，組織犯罪対策だったといえよう。他の二つに比べ，冷戦終結に伴う人の移動がドイツ国内で犯罪組織を増殖させたため，組織犯罪には新しさがあり，それだけに注目を浴びたからである。

　組織犯罪が関与するのは，麻薬取引，売春，人身売買，武器密売，自動車盗，不法移民の手引きなど広範囲にわたっており，ドイツには犯罪のボーダーレス化の最先端をいく形でイタリアなど国外からもマフィアが触手を伸ばした。特に目立ったのは，鉄のカーテンの障壁が消滅したロシア・マフィアの暗躍である。例えばドイツ車の人気が高いところから，ベルリンで盗まれた車が闇のルートで数日後にはオーダー川を越え，しばらくするとウクライナなどで走り回るのはよく知られた事実であり，その逆に甘言に釣られて送り込まれたロシアやバルト諸国出身の若い女性が組織の支配に脅えながら大都市の夜の街角に立つ姿も日常の風景の一齣になった。

　そうした犯罪組織を撲滅するため，コール政権は1992年と93年に組織犯罪対策法とマネー・ロンダリング法を成立させた。前者は国際的に協力して対策を講じるべきとする世論を受け，集団犯罪の構成要件を拡大し厳罰化することによって正面から取り締まりを強化するものである。一方，後者は背面から資金を枯渇させることを主眼としており，銀行での現金の振り込みと引き出し，有価証券，貴金属の売買に当たり本人確認を関係機関に義務づけるものである。これらは与野党間で論争の的になったとはいえないが，住居での盗聴を認めるいわゆる大盗聴工作法は基本法で保障された住居の不可侵や個人のプライバシーの侵害になるだけでなく，報道の自由などをも空洞化する危険性があることから活発な論戦が展開され，世論の関心も高まった。そ

して長い駆け引きの末，対象からジャーナリスト，医師，弁護士などを除外したうえで，プライバシー保護よりは治安回復を優先させることで合意に達し，基本法の改正を経て盗聴法はコール政権により組織犯罪撲滅の柱として1998年に施行された。これにより，殺人，強盗などのほか，人身売買，資金洗浄などの犯罪行為があったと疑うに足る理由がある場合に限り，3人の裁判官の合議に基づいて発せられる命令によって，期間を限定したうえで盗聴が許容されることになったのである。

これらの犯罪対策にどの程度の効果があったかは判然としない。しかし，連邦刑事庁のまとめによれば，犯罪発生率は1993年をピークにやや下がってきており，1999年に7,682，2001年には7,736になっている。しかしそれでも東西合わせた最初の犯罪統計である1991年のデータでは6,649だったから，高いレベルで推移しているのは明瞭であろう。犯罪不安も犯罪多発社会への一種の馴れから切迫感は幾分薄れてきているが，それには40％台前半の危険水準にまで落ちた検挙率が再び上向き，辛うじて50％台にまで回復したことも寄与していると思われる。他方，民間警備会社の進出は，治安に対する警察の責任との関係を曖昧にしただけでなく，事業者や住民が警備員に対する依存を深めたことは，「安全」が金銭で買い取りうる商品になり，公的に提供される公共財としての性格が薄まりつつあることを示している。換言すれば，社会的不平等の拡大は安全面にまで波及し，社会的下層に属する人々は犯罪と隣り合わせで暮らさなければならない傾向が強まっているといえよう。いずれにせよ，これらの点から統一後のドイツで治安の悪化がもはや座視できる状況ではなくなってきているのは確かであり，市民の安全の確保は政治的にも無視しえない重要なテーマの一つになっているのである。

**参考文献**

ヘルムート・ヴァイトナー「ドイツの環境政策」『環境と公害』30巻4号　2001年

風間信隆「ドイツの人事労務管理──『メード・イン・ジャーマニー』の社会的基盤」奥林康司・今井斉・風間信隆編『現代労務管理の国際比較』所収　ミネルヴァ書房　2000年

ライナー・ガイスラー「階級・階層と決別してはならない（上）・（下）」『賃金と社会保障』1341・1342号　2003年

加藤栄一「ドイツにおける公企業の民営化」『信州大学経済学論集』35号　1996年
川出敏裕「ドイツ犯罪対策法(上)・(下)」『ジュリスト』1077・1078号　1995年
同「ドイツにおける少年法制の動向」『ジュリスト』1087号　1996年
川名英之『こうして……森と緑は守られた』三修社　1999年
桜井徹『ドイツ統一と公企業の民営化』同文館　1996年
さくら総合研究所・ifo研究所『日本とドイツの経済・産業システムの比較研究』シュプリンガー・フェアラーク東京　1997年
武内謙治「少年犯罪の社会構造性と少年への援助」『九大法学』80号　2000年
竹内治彦「雇用のための同盟とドイツ労働運動の転機」『海外労働時報』1996年5月号
武田公子「ドイツ自治体財政における社会扶助費問題」『都市問題』90巻9号　1999年
中村邦広「ドイツにおける廃棄物対策の最近の動向」『レファレンス』1999年7月号
走尾正敬『現代のドイツ経済』東洋経済新報社　1997年
ロベルト・ハルニッシュマッヒャー　西原春夫監訳『ドイツの組織犯罪』成文堂　2002年
平澤克彦「ドイツ独占企業の『グローバル化』戦略──自動車産業を中心に」藤本光夫・大西勝明編『グローバル企業の経営戦略』所収　ミネルヴァ書房　1999年
布川日佐史「ドイツにおける社会保障改革」『賃金と社会保障』1200号　1997年
福島清彦『ヨーロッパ型資本主義』講談社現代新書　2002年
福田直子『大真面目に休む国ドイツ』平凡社新書　2001年
藤和彦『生活大国ドイツの幻影』金融財政事情研究会　1993年
藤沢利治「統一ドイツの政策選択」『商学論集』(新潟大学) 26号　1994年
ハンナ・ブリュックナー「ドイツにおける貧困(上)・(下)」『賃金と社会保障』1212・1213号　1997年
宮沢浩一「組織犯罪対策法の背景事情」『警察学論集』53巻3号　2000年
山内健生『ヨーロッパ統合時代の地方自治』日本法制学会　1999年
横井正信「第五次コール政権における財政・経済・社会保障構造改革とその挫折(1)・(2)」『教育地域科学部紀要』(福井大学) 55・56号　1999・2000年
米丸恒治「『社会的法治国』ドイツの国家改革論」『法律時報』70巻3号　1998年
同「ドイツにおける民営化と公共性の確保」浜川清ほか編『民営化と公共性の確保』所収　法律文化社　2003年

# 第4章　政権交代とシュレーダーの改革政策

## 1　コール政権末期の与野党

　各種の世論調査によれば，1993年を境にして国民の関心は圧倒的に失業の克服に向けられるようになった。そして，選挙での支持政党の選択も経済運営での業績の評価が中心になり，従来から進行していた固定的支持層の融解は一段と進んで政党支持は流動化した。統一の事業の進行中には一時的に薄れた「政治倦厭」が統一後に再び広がり，1992年には「年の言葉」に選ばれるまでになったのは，1992年にSPDの拠点であるブレーメンで発覚した事業団事件やクラウゼ交通相（CDU）の引責辞任につながった93年の掃除婦事件のような政治スキャンダルの頻発によるだけではなく，なによりも主要政党が国民の期待に応えられないと感じられたことに重要な原因がある。州レベルの選挙で極右政党が躍進した背景には，既成政党に対する幻滅感があり，それが抗議投票という行動に走らせる土壌になった。

　1994年は「スーパー選挙年」と呼ばれた。連邦議会選挙のほか，欧州議会選挙，大統領選挙，八つの州議会選挙が行われたからである。州議会選挙では極右政党の退潮が顕著だったが，それは直接的には前年の基本法などの改正によって庇護申請者の流入にブレーキがかかり，有権者の不満を動員する単一争点として極右政党に有利に働いた難民問題の政治的効果が低下したからだといってよい。これと並んで注目されるのは，東ドイツ地域でCDU，SPDとも支持を減らし，SEDの後継政党であるPDSが躍進したことである。特にザクセン＝アンハルト州で「マグデブルク・モデル」と呼ばれるPDSに

支えられた赤緑のヘプナー少数派政権が成立したことは連邦レベルで大きな衝撃を与えたが，その背景には，西の政党と見られた二つの国民政党からの離反が進み，党員数も減少する一方で，PDSがSED色を薄めて，東ドイツ地域の不満を吸い上げる地域政党として定着したことがある。つまり，PDSの躍進は，心の壁が強固になり，東ドイツ地域の有権者がドイツ人よりもむしろ東ドイツ人という意識をより強く持つようになったのとパラレルに生起した現象だったのである。

連邦議会選挙では，同年になって景気が持ち直し，失業者数も2月をピークに漸減したことに助けられ，辛うじてコール政権が勝利を収め続投することになった。連邦議会選挙の結果は表4-1の通りである。CDU・CSUは再び得票率を減らしたが，とくに落ち込みが著しかったのは連立与党のFDPであり，1992年にゲンシャーが外相を辞任してからゲンシャー人気の追い風が吹かなくなったために得票率は前回の11.0％から6.9％に後退した。FDPのこの低迷は，ドイツ統一を挟みゲンシャー在任中はほとんどの州議会に議席を占めるまでになっていたのが一転して1993年のハンブルクから始まってヘッセンを除くほぼすべての州議会選挙で惨敗を重ね，次々に姿を消すことになった点に表れている。その結果，連邦議会の与野党の議席差は10にまで縮まり，大量の超過議席が発生しなかったならば，議席の差は僅か2になっていたはずである。その意味で，この選挙では連邦共和国史上最多の16も生じた超過議席が目立ち，不利益を受けた形の同盟90・緑の党が投票の結果価値の平等の原則を侵すものだとして連邦憲法裁判所に提訴したことも加わり，

表4-1　1994年連邦議会選挙の結果

|  | 得票率（％） | | | 議席数 |
| --- | --- | --- | --- | --- |
|  | 全国 | 西ドイツ | 東ドイツ |  |
| 投票率 | 79.0 | 80.5 | 72.6 |  |
| CDU・CSU | 41.5 | 42.1 | 38.5 | 294 |
| SPD | 36.4 | 37.5 | 31.5 | 252 |
| FDP | 6.9 | 7.7 | 3.5 | 47 |
| 同盟90・緑の党 | 7.3 | 7.9 | 4.3 | 50 |
| PDS | 4.4 | 1.0 | 19.8 | 49 |
| REP | 1.9 | 2.0 | 1.3 | — |
| その他 | 1.6 | 1.8 | 1.1 | — |

その是正を含め選挙法改正を巡る論議が高まった。というのは，そのまま放置すれば，総得票数で敗退した政党が超過議席のために多数を占めるという不合理な事態が起こりうることが実感されたからである。

　ところで，連邦議会選挙の全体的評価としては，コール政権が勝ったというよりも，1982年に政権を降りて野党体質を強めていたSPDが敗北を繰り返したというべきであろう。野党としてのSPDは党内の求心力が弱く，政権を奪い取る態勢が欠落していただけではなかった。130年に及ぶ党史上はじめてB. エングホルム党首（シュレスヴィヒ＝ホルシュタイン州首相）がバルシェル事件に絡むスキャンダルで辞任に追い込まれる事態さえ生じ，落ちこんだ党のイメージ・アップを図るために窮余の策として事実上の党員投票で後継党首を選出せざるをえないところまで追い込まれたからである。戦後ドイツ政党史上初めての経験であるにもかかわらず，スキャンダルの後遺症と候補擁立を巡る露骨な駆け引きの影響で党首公選には熱気が感じられず，低い投票率になることを懸念する声が洩れさえしたが，ともあれ，その選挙で多数を得て当選したのは，ラインラント＝ファルツ州の州首相を務めていたR. シャーピングだった。けれども，急遽かつぎ出されたシャーピングには明快なビジョンも権力意志も希薄だったことから，公選という非常措置にもかかわらず党内の求心力は回復せず，1995年の党大会では事前に予定されていなかった党首の交代劇さえ起こった。これによりラフォンテーヌ（ザールラント州首相）が登板することになったが，繰り返し公然化する党内の混乱は政権を担いうる政党としてのSPDのイメージを大きく損なった。1996年に『シュピーゲル』誌がコール政権の無策を指摘しつつ，「これだけ多くの問題を抱えながら全く危なげない政権というのも珍しく，これだけ政策のない野党が政治的失策により与党を助けているのも珍しい」と評したのは理由のないことではない。

　一方，1990年の連邦議会選挙で惨敗を喫した緑の党は，党の建て直しを進めるとともに，1993年に東ドイツ地域の同盟90と合体した。規模で劣る同盟90の側には東ドイツ市民の声が反映されなくなるという懸念があったが，当面は2人の代表の1人に前ブランデンブルク州教育相で同盟90のM. ビルトラーをつけるなど名称のほかに役職面での配慮を保証することで合同に漕ぎつけた。94年の連邦議会選挙では，こうして他党より遅れて東ドイツ地域に

組織を広げた緑の党は議会への復帰を果たした。もっともその背景として，原理派と現実派の党内闘争が繰り返された同党で1990年から91年にかけて分裂が起こり，J. ディトフルトをはじめ，80年代の同党の指導的存在だったエコ社会主義者の T. エバマンや R. トランペルトなど前者の多くが新たな左翼の再結集を求めて離党したことも無視できない。これを受けて原理的反対の姿勢を緩めて議席獲得を重視する現実路線を明確にすることが容易になり，その結果，FDP を上回る得票率で第3党の座を占めることができたのである。ただ，その過程で長らく党のシンボル的存在だった徹底した平和主義者の P. ケリーが自殺する悲劇が生じたのも忘れられない。自殺の原因は明らかになっていないが，左派の離党を招いた党の変質に対する失意が一因になっていたと推測されている。

　他方，ドイツ統一の結果，早晩消滅すると見られていた PDS は，東ドイツ地域の州議会選挙における躍進を背景にして，4.4％の得票率で5％のラインには届かなかったものの，小選挙区での4議席獲得を基礎にして連邦議会に留まることに成功した。この成功は，PDS が生き残り戦略として東ドイツの利益を代表する地域政党の役割を強めたことのほかに，後述する東西ドイツの心の壁の顕在化と深い関係がある。というのは，東ドイツ地域で普通の市民が東ドイツ人という自己意識を強めたことが，同地域の地域政党に面目を塗り替えた PDS を支える土壌になったからである。もっとも，同党でも党の顔というべき G. ギジ党首にシュタージ協力者の疑惑が生じ，93年の党大会で急遽 L. ビスキィに交代する波乱があった。またそのほかにも，共産主義プラットフォームというマルクス主義に忠実な党内組織が結成され，憲法擁護庁の監視対象になるなどの出来事が生じた。SED の影を引きずっていること，共産主義グループを抱えていること，地域政党色が濃いことなどからどの側面を重視するかで PDS の性格が違って見え，研究者の間でも PDS については民主主義を尊重する政党に数えうるか否かなどを巡って認識にかなりの隔たりがあるのが実情といってよい。このことは一般市民レベルでは一層当てはまり，例えば『フランクフルター・アルゲマイネ』紙に掲載されたアレンスバッハ研究所の世論調査結果がイメージの懸隔の大きさを裏付けている。

　ともあれ，そうした PDS の残留により，外から観察する限りでは連邦議会

には 5 党制が定着するように見えた。けれども、PDS を無視し、一切の協力を拒否するという他の政党の暗黙の合意に変化はないし、SPD を牽制する意図から CDU は PDS を共産主義の政党だとする一種の赤攻撃キャンペーンを機会あるごとに繰り返してきている。こうした背景から東ドイツ地域で大きな勢力を擁する PDS が連邦議会では孤立を強いられているのが現実であり、他の政党とのイデオロギー距離が大きく、連立を形成する可能性の乏しい PDS が加わったという意味では変則的な 5 党制であるのも看過できない。

## 2　1998年連邦議会選挙と政権交代

　上記の 5 党制は1998年の連邦議会選挙によっても継続されたが、しかし重大な転換が伴った。1982年以来のコール長期政権に終止符が打たれ、SPD と同盟90・緑の党の連立によるシュレーダー政権が誕生したのである。これが前年のイギリス総選挙におけるブレア労働党の勝利やフランス国民議会選挙でのジョスパン社会党の勝利などに続いたことから、グローバル化の高波が押し寄せているヨーロッパでは社会民主主義の風が吹いているといわれ、1980年代から強まった新自由主義に対する社会民主主義優位の時代が到来したかのような論調も見られた。

　政権交代を引き起こした1998年の連邦議会選挙の結果は表 4 - 2 の通りであるが、そこにはいくつかの注目点が存在している。第一は、選挙での与党の敗北と野党の勝利による完全な形の政権交代は西ドイツの建国以来初めての出来事であることである。1969年に成立したブラント政権ではそれまでキ

表 4 - 2　1998年連邦議会選挙の結果

| | 得票率（%） | | | 議席数 |
| --- | --- | --- | --- | --- |
| | 全国 | 西ドイツ | 東ドイツ | |
| 投票率 | 82.2 | 82.8 | 80.0 | |
| CDU・CSU | 35.1 | 37.0 | 27.3 | 245 |
| SPD | 40.9 | 42.3 | 35.1 | 298 |
| FDP | 6.2 | 7.0 | 3.3 | 43 |
| 同盟90・緑の党 | 6.7 | 7.3 | 4.1 | 47 |
| PDS | 5.1 | 1.2 | 21.6 | 36 |
| REP | 1.8 | 1.9 | 1.5 | ― |
| DVU | 1.2 | 0.8 | 2.8 | ― |
| その他 | 3.0 | 2.5 | 4.3 | ― |

ージンガーの下でCDUと大連立を組んでいたSPDが主導する形になったし，コール政権が1982年に発足したのはSPDと連立していたFDPが連立相手を乗り換えた結果だったことにみられるように，過去の政権の交代はいずれも連立の組み替えという形で起こったからである。また，SPDがCDU・CSUに大差をつけたのも初めてのことである。過去に一度だけブラント政権時代の1972年の選挙でSPDの得票率がCDU・CSUを上回ったことはあるが，0.9%の僅差でしかなく，今回の5.8%のような決定的勝利には程遠かったといわねばならない。

　第二は，CDUの大敗が短期的な要因の結果であるだけではなく，社会変動に伴う長期的要因が作用していることである。ドイツの政治地図の基本は階級と宗派・宗教の二つのクリーヴィジの交錯にあると考えられてきた。政党が形成された19世紀以来，前者の面でSPD，後者の面で中央党が強力な組織と安定した固定的支持層を確保してきたのはその点から説明される。そして中央党の後身であるCDUも実際にカトリック信徒を主要な基盤としてきたのであり，政党システムの骨格が固まった1953年の連邦議会選挙ではCDUの得票の40%以上が信仰心の篤いカトリック信徒によって占められたのである。けれども社会の変動に伴って教会離れが進行し，都市と農村ではかなりの開きがあるものの，全体として定期的にミサに出席する信徒の比率は大きく低下してきた。そして信仰心が篤く，教会との結び付きの強い信徒が少なくなり，1998年の選挙では結果的にCDUに投じられた票のうちで篤信のカトリック信徒が占める比率は，ある調査によれば，僅か13%にとどまったのである。ここに表出している固定的支持層の縮小はSPDにも当てはまり，労働組合に組織された工業労働者に依存するだけではもはや政権の獲得は覚束なくなっているばかりでなく，党内でも労働者翼の勢力は低下してきているのが実情といえる。例えば若い労働組合員の一部に極右政党に対するシンパシーが見出されることが調査で明らかにされているが，その事実はSPDの支持母体のはずの労働組合の統合力の低下を示している点でも注目される。もちろん，政治意識の面でこのような変化が政党アイデンティフィケーションの弛緩として現出し，有権者の流動化を招いているのは指摘するまでもない。こうした背景から，支持を拡大するためには新たな戦略が必要とされるようになったのは当然であり，固定的支持層を重視するよりは，むしろ弱い支持

層をつなぎとめ，浮動的な有権者を引き寄せることに的を定めた選挙戦が展開されたのが今回の特色といえよう。

　第三に，コール退陣によって政治家の世代交代が起こったことも注目される。1930年生まれのコールは少年期に空襲や疎開を経験した現役最後の政治家世代に属しており，彼の退場は戦争世代の第一線からの引退を意味した。戦争で兄を失ったコールを圧倒したシュレーダーは戦争で父親を亡くしており，その意味で彼の人生に戦争が色濃い影を落としてはいるものの，1944年生まれの彼が成長したのは戦後の大衆消費社会にほかならない。したがって，彼自身は戦争の体験とは無縁であり，そうした彼の首相就任は戦後世代の本格的登場を告げるものでもあった。両人とも権力政治家というタイプの点では類似しているが，平和と安定への思い入れのような政治姿勢に相違が見られるのは，このような世代差に一因があると考えられる。後述するように，コソヴォ紛争で連邦軍を空爆に投入した際，シュレーダーはドイツの歴史的責任によってこの決定を正当化したが，それは未来の形成にドイツが積極的に関与し，経済力に見合わない小さな役割に閉じこもるのをやめるということを意味していた。しかし，もしコールがこの言葉を語ったなら，ナチ時代にはまだ子供だったという「遅れてきた者の幸運」を意識していたことから忖度して，ナチスの過去から生じるドイツの道義的負債が念頭に浮かべられたと思われる。ブラントの孫と呼ばれるシュレーダーと同世代のSPDの主要政治家たちを目して，彼らが好んで休暇を過ごす土地にちなんで「トスカナ・フラクション」と揶揄されるのも，彼らに共通しているがブラントやコールには見出されない快楽志向を指してのことである。

　第四に，1998年の連邦議会選挙では広告業者が公然と選挙戦に参入してキャンペーンなどを演出し，選挙のアメリカ化が問題視されたように，政策的な争点よりも政治指導者のシンボル化が顕著になったことにも特色があった。1994年の前回選挙の際にも具体的政策よりも統一宰相コールに対する信任か不信任かという形でそうした傾向は見られたが，コールとシュレーダーの対決となった98年には長期政権に対する飽きを背景にして，政権になおも居座るコールか，それとも若いシュレーダーによる刷新かという形で争点が人格化されたのである。こうした状況では，「改革の停滞」のイメージを拭えず，2000年までの失業者半減の公約の達成が絶望視されていたコールが不利にな

ったのは当然だった。コール自身は翌年に予定された通貨統合をステップとするEU統合の推進や統一の仕上げに意欲を燃やしたが，夢の船事件で失脚し光学会社社長に転じたL. シュペート・元バーデン＝ヴュルテンベルク州首相やK. ビーデンコップ・ザクセン州首相（元CDU幹事長）のような党内で有力な対抗馬になりうる政治家が潰されてきたために，不利なコールを首相候補から降ろすことが党内力学から不可能であり，それが結果的にCDU史上実質的に最大の敗北につながった。CDUはアデナウアーの時代にはその集票マシーンでありえたが，民主主義が確立した時代はもはやコールのマシーンであることを許さなかったのである。

　一方，SPDでは1995年の党大会における一種のハプニングでシャーピングに代わった党首のラフォンテーヌが首相候補として最有力だったが，党内実力者で国民的人気もあるG. シュレーダーが州首相を努めるニーダーザクセン州で1998年3月に行われた州議会選挙で圧勝し，これを背景に劣勢を挽回して首相候補の座を射止めた。この結果，SPDはラフォンテーヌとシュレーダーが二頭制を組み，前者が「公正」，後者が「刷新」をシンボル化する形で選挙戦に臨んだ。その際，イギリスで前年に保守党を破ったブレア労働党の「ニュー・レーバー」を模して「新しい中道」というキャッチ・フレーズが掲げられたが，その内容は明確とはいえない。そのことは「公正」が伝統的なSPD支持層向け，「刷新」が新たに取り込むべき新中間層向けであって，これらのスローガン自体が整合性を欠如している点に表出している。しかしそれでもコール長期政権に対する飽きと雇用対策を中心とする産業立地立て直しという経済政策での成果の乏しさは有権者をCDUから離反させ，大差によるSPDの勝利に導いたのである。

　新政権ではシュレーダーはSPD党首ラフォンテーヌを蔵相につけ，同盟90・緑の党と連立を組んだ。連立の選択肢としてはCDU・CSUとの大連立が考えられ，シュレーダーはその可能性を計算に入れていたと見られるが，予想以上のSPDの大勝のためにかえって大連立の余地は狭められた。そのほかにもSPDにとってはFDPとの連立政権樹立が考えられたが，FDPは選挙をコール政権の継続を唱えて戦ったので，実際にはその可能性は小さかった。この結果，FDPは1969年に成立したブラント政権でSPDと連立を組んで以来約30年ぶりに野党となり，長期に互り「要党」の役割を担ってきたFDPが政

権の座からおりたことで完全な形の政権交代が生じることになった。FDPが連立を乗り換えてコール政権が誕生した翌年の連邦議会選挙で緑の党が初めて議席を獲得して4党制が形成され，1994年以来は第3党の座を同盟90・緑の党に譲っただけでなく，後者がオルタナティブな運動の集合体から出発して次第に現実主義的な性格を強めていることを考慮すると，FDPが「要党」の役割を回復するチャンスは小さくなっていると考えられる。そのことは，いまだ理論上の可能性でしかなくても今では一部でCDU・CSUと同盟90・緑の党との黒緑連立が論じられるようになっていることが示している。

　同盟90・緑の党の政権入りは初めての経験である。1990年の選挙での敗北以後，同党は現実主義的な路線を強めていたが，政権につき統治責任を引き受ける地点まで到達したことについては，副首相格で外相に就任した現実主義派のJ. フィッシャーの指導力に負うところが大きい。しかし同時に，1990年の選挙での議席喪失が与えたショックの大きさと州を初めとする地方政治の場での経験の蓄積が政権入りする土壌になっていたことも見落としてはならない。フィッシャー自身，外相に就任するまではヘッセン州の環境相として活躍した人物であるが，タクシー運転手など職を転々としながら極左集団の母体になったいわゆる「スポンティ」の一人として街頭政治に関わった頃の急進的な行動からは変身とすら映る軌跡を描いてきている。実際，外相就任後，若い頃の街頭政治で警官を殴打した前歴が暴露される一幕もあった。この関連ではシュレーダーの政治的航跡にも興味深いものがある。シュレーダーは州首相を務めた地元のニーダーザクセン州で経済界の有力者と良好な関係を築き，その縁で2002年には経済・労働市場政策の方針を建議する諮問機関のトップに労働界の代表ではなくフォルクスワーゲン社の労務担当役員P. ハルツを起用さえしたが，かつては反体制のシンボル・マークの長髪とジーンズ姿でユーゾー (JUSO) の略称で知られるSPD青年部の委員長（1978～80年）として活躍し，社会主義を標榜して最左翼からSPD主流を攻撃した経歴の持ち主だからである。

　同盟90・緑の党はシュレーダー政権にフィッシャー外相のほか環境相と保健相の3閣僚を送り込むだけに終わったが，それは選挙結果が振るわず，前回の得票率をやや下回ったからである。そうした結果になったのは，選挙前に環境保護重視の立場から環境税を導入し，2009年にガソリン1リットルを

5マルクに値上げすることを骨格とする鉱油税などの大幅引き上げを掲げて国民の反発を買ったために，連邦議会選挙直前に選挙公約から外すなどした経緯があったことの影響が大きい。この案に対してはコール与党からばかりでなく，SPDからも非現実的という批判が浴びせられ，同党の政党としての未熟さを有権者に印象づけるのに利用された。こうした事情から，同党は政権を支えるものの大きな発言力を得にくく，そのことがシュレーダーの行動に対する制約を小さくすることになった点は重要である。事実，両党間で結ばれた連立協定は，同盟90・緑の党の側の譲歩が目立ち，例えば原子力発電からの撤退が書き込まれはしたものの，緑の党の基本的主張である原発の即時全面撤退ではなく，撤退の期限は明記されなかったのである。けれども同時に，そうした譲歩が政権に対する同党の意欲の表れであり，原理的反対の党，体制批判の党というかつての基本姿勢からの脱却を示すものでもあることも見落としてはならない。換言すれば，このような変化は，若者中心の党だった緑の党の主流が今では父母の世代になり，もはや型破りな反政党的政党ではなく，分別をわきまえた既成政党に近づきつつあることの反映であるといえよう。

## 3　シュレーダーの改革政策

　それでは1998年の選挙で誕生したシュレーダー政権はどのような政策を展開しているのであろうか。以下でその注目点を拾い上げてみよう。

　シュレーダー政権が発足して間もない1998年12月にアレンスバッハ研究所の副所長R.ケッヒャーは『フランクフルター・アルゲマイネ』紙に寄稿し，同研究所の直前の調査に基づいて，国民のコール政権に対する評価と新政権への期待について次のように記している。「旧政権は自らが推進している改革が経済の活性化と社会保障システムの負担軽減によって最終的にはすべての人の利益になることを国民に納得させることができなかった。国民は自分を政治の被害者だと感じた。受益者だと彼らが見做したのは，国家，企業，豊かな人々だった。新政権の下では誰が受益者になるのかの見方は全く違っている。それは被用者，国家，若い世代，失業者，社会的弱者である。キリスト教・リベラルの改革政治は一元的に経済の支援と促進の措置と見做されたが，社会民主主義の改革政治は国民の目には社会政策と映っているのであ

る。」ここには新政権のスタートに寄せられた期待が要約されており，ケッヒャーはこれを「社会国家信仰のルネッサンス」と呼んでいるが，この命名が幾分大袈裟に聞こえるとしても，新政権の登場が経済界偏重と感じられた前政権の軌道の転轍を予感させたことを捉えているのは間違いない。では，この期待はシュレーダー政権の政策によってどこまで充たされたのであろうか。

　シュレーダーは政権を発足させるとすぐに，労働組合から強く批判されたコール政権の労働者に厳しい政策を元に戻すことに着手した。その結果，減額された賃金継続支払いや緩和された解雇制限が旧に復し，廃止された悪天候手当も復活した。もっとも復活とはいっても，従前と全く同じ内容ではなく，労働側に有利な再修正という性質のものだった点にも注意を要する。これらの復活は選挙綱領や連立協定にも掲げられており，「刷新」と「公正」のうち後者を表すものだった。しかし間もなく，「刷新と公正」に内在する路線対立に絡んでラフォンテーヌとの個人的確執が表面化した。そうした対立は組閣人事の目玉としてシュレーダーが経済界出身者を経済相に起用しようとして潰されたときに既に兆候がみられたが，政権が動き出したことで顕在化したのである。そして1999年3月に権力闘争に敗れたラフォンテーヌは党首も蔵相も辞任して引退し，シュレーダーがSPD新党首の座についたのである。

　けれども，両者の権力闘争はこれで終わらなかった。二頭制の解消によって権力基盤を強化したようにみえたシュレーダーは，自己の政策理念の明確化に乗り出したが，その試みはかえって権力闘争を再燃させる契機になった。1999年6月にシュレーダーはイギリス首相ブレアと共同記者会見を行い，「欧州社会民主主義者の前進のための道」と題する共同文書を発表した。その骨子は，公正，自由，平等，連帯などの価値を社会民主主義は放棄してはならないが，客観的に変化した条件に適合させることの重要性を強調し，国家は自らを経済の代役と考えて市場に代わろうとしてはならず，そうした誤った考えが大きな政府をうみだし，創造性や業績能力，自己責任の精神を押し潰して画一化と停滞の原因になったとして，市場の重視と伝統的な社会民主主義的国家観との訣別を唱えたところにあった。シュレーダーの掲げる「新しい中道」の輪郭を提示したこの文書に対しては，発表されると即座に激しい批判が巻き起こった。社会民主主義の伝統的アイデンティティに挑戦する内容が反発を招いたのは当然だったが，その他に手続き面にも弱点があった。

文書は党内での十分な議論を踏まえないで公表されたからである。そのため，党内からの非難の矢面に立たされたシュレーダーは，文書作成の実質的責任者で腹心の B. ホンバッハ首相府長官を更迭せざるをえなかった。しかしそれでも余震は収まらず，一時的になりを静めたラフォンテーヌがまもなくシュレーダー攻撃の最前線に再登場し，シュレーダーの足元を脅かした。こうしてシュレーダーは首相と党首の地位を確保したものの，SPD 内部の亀裂が露呈し，シュレーダーの党内基盤が脆弱なことが白日の下に晒された。同時にまた，文書を巡る論争を通じて，社会民主主義とは何なのかがますます不分明になった。市場重視のシュレーダーのように社会民主主義の現代化を唱える立場もあれば，大きな政府を目指す伝統的社会民主主義者もおり，後者とは一線を画すラフォンテーヌのような別のタイプの近代化主義者も社会民主主義に含まれていたからである。

　それはともあれ，そうした SPD を率いつつ，シュレーダー政権が真っ先に取り組んだのは，雇用対策を中心とする労働市場政策だった。コール政権の末期には失業者数は400万人をかなり上回っていたから対策は急務であり，そのためにシュレーダーは政労使のトップ・リーダーの協議機関として1998年末に「雇用，職業教育，競争力のための同盟」を設置した。これは一般に「雇用のための同盟」と略称され，若年失業者と長期失業者を考慮した職業訓練，賃金付帯費用の削減を狙いとする社会保障制度の改革，ワーク・シェアリングやパートタイム労働の拡充に向けた規制緩和と税制改革，東の経済再建策，解雇制限の見直しなどがテーマとなった。「雇用のための同盟」は，首相，蔵相，経済相，労働社会相など7人の政府首脳と並び，ドイツ産業全国連盟（BDI），ドイツ使用者団体全国連合（BDA），ドイツ商工会議所（DIHT）など企業側の4人の代表，ドイツ労働総同盟（DGB）とその傘下の金属労組（IGメタル），公務・運輸・交通労組（ÖTV）など労働側の5人の代表が加わる頂上会合，教育，税制，年金など個別問題を扱う7つの作業部会，雇用のための同盟全体の運営と調整を担当する運営グループという政労使の3者から構成された3層の機関を有し，経済・労働問題を協議する常設的な機関として構想された。コール政権当時には例えば東ドイツ地域の再建のために首相が招集した3者協議が首相円卓会議の名称で問題ごとに時宜をみて開催され，さらに産業立地の再構築のために「雇用と立地確保のための同盟」の設

置も構想されたが，政策的な行き詰まりを打開するためのアド・ホックな協議の場という域を出なかったところに違いがある。

　政労使のこのような協調システムを背景に巧みな調整能力を発揮してシュレーダーは実績を積み上げた。注目される労働市場政策では，1999年にシュレーダー政権は非正規雇用の一形態である軽微雇用関係の新規制に関する法律を成立させた。1980年代以来コール政権の失業対策の特徴になっていたのは雇用規制の緩和であるが，これを受け継いでパートタイム労働や派遣労働に代表される非正規雇用を拡大し，多様な雇用形態をとりいれることによって失業者の削減が追求されたのである。1994年の改正雇用促進法で連邦雇用庁による職業紹介の独占が崩されたのもそうした労働市場政策の一環だったが，雇用の弾力化による非正規雇用の拡大という前政権の政策に対し新政権がとったのは，かつての一律禁止に回帰するのではなく，一定の条件を付した容認の政策である。軽微雇用は非正規雇用の一種であり，低賃金と社会保険料を負担しない点に特色があった。そのため，企業側からは雇用調整がしやすく，コストが抑えられるので歓迎されたばかりでなく，兼務したり副業として簡単に就労できるので労働者側にもメリットがあった。けれども，社会国家の見直しが避けられなくなるほど財政難が深刻化しているだけでなく，社会国家の主柱であるべき社会保険加入義務のあるフルタイムの標準的雇用関係（NAV）までもが浸食される危険が大きくなったところから，放任から容認政策に方向転換を図ったのである。その主眼は，一つには，軽微雇用関係の就業者を社会保険に加入させ，社会保障のネットに組み入れると同時に，その財政ベースを拡大することにあった。もう一つは，雇用の弾力化が不安定雇用を広げているところから，雇用を安定化し，標準的雇用関係の揺らぎに歯止めをかけることである。ここにはコール政権が行った規制緩和を全面否定するのではなく，一定の範囲で受け継ぐ柔軟さが表れていた。

　労働政策面ではさらに，経営組織法が2001年6月に改正された。この改正はドイツに特有な従業員参加制度の中核である経営協議会の権限の強化のほか，選挙手続きの簡素化と参加範囲の拡大を目指すものであり，組織労働者を主要な支持基盤とするSPDの立場が色濃く表れた政策だった。例えば100人以上の従業員を有する企業では経営協議会委員の数が増員され，経営協議会専従者を置ける企業の最低規模も300人から200人に引き下げられた。これ

に対し使用者側は運営費用がかさみ，外国企業のドイツへの進出が阻害されるなどとして抵抗したが，そうした反対論の根強い使用者側を説得して成立させたものである。これに続き，2002年1月からはジョブ・アクティブ法が施行された。同法の目的は長期失業者を減らし，失業者の再就職を迅速化することにあり，そのために様々な施策を効率的に運用することに主眼が置かれていた。職業安定所による職業紹介を強化し，失業者が提供された再就職先を正当な理由なく拒否した場合にペナルティを科すことをはじめ，従業員に職業再教育を受けさせている期間にその代替として失業者を雇った企業にはその賃金コストの50％から100％を連邦政府が補助するジョブ・ローテーション制度の導入，公共事業を請け負う企業に対し従業員の一定比率の失業者の雇用を義務づけ，発注する自治体に補助金を支出することで社会資本整備と雇用促進を結合する補助制度の新設などがその骨子である。

その一方で，シュレーダー政権は，不足が深刻化し，経済界からも要望の強かったIT専門技術者につき，野党CDU・CSUの反対を押し切り，当面は2万人を限度としてEU域外からの外国人雇用を認めるグリーン・カード制度を政令により2000年8月に導入した。これはドイツで就労する外国人IT技術者に限り5年間の期限付滞在許可を与えるものであり，企業側から歓迎された。その直前には，少子・高齢化が引き起こす将来の労働力不足を見据え，これを補うために移民に門戸を開く方策を審議する移民委員会が設置された。またグリーン・カードに先立ち，2000年1月からはドイツに居住している外国人のドイツ国籍取得の要件が緩和され，一定の条件を満たせば二重国籍も容認された。これらの政策は「ドイツは移民受け入れ国ではない」という歴代政権の公式の立場を表面上は否定しないものの，実質的にはドイツを移民受け入れ国に転換する一歩という重要な意味をもっている。

税制・社会保障の面では，シュレーダー政権は税制改革法をはじめ，年金改革法などを成立させた。2000年7月に成立した税制改革法は総額500億マルクの法人税と個人所得税の大幅減税を盛り込んだものであり，所得税では現行で25.9％から53％までとなっている非営業所得に対する課税率を2005年には15％から45％までに引き下げることが目標とされ，法人税も税率を統一したうえで25％に引き下げるものとされた。これにより連邦税である法人税に地方税である営業税を合わせた税率も38.6％まで下がり，アメリカ（ニュ

ーヨーク州) よりも低い税率になった。ここには所得税減税によって需要サイドから景気を刺激する意図と同時に，供給サイドから企業課税の軽減によって競争力を高め，産業立地の再構築を図ったコール政権の政策が一段と強化されていることが示されている。

　他方，2001年春まで成立がもつれた年金改革法は，年金財政の悪化を阻止し，少子・高齢化の進展に合わせて公的年金制度を維持することを目的とするもので，環境税の税収を充当し，公的年金に占める税財源比率を拡大することによって年金保険料率を引き下げるとともに，賃金付帯費用の抑制により企業の負担を軽減する狙いがあった。同時にこの年金改革では年金支給水準を現行の対実質所得比70％程度から2030年には62％まで引き下げることが予定されていた。そこから低下分を補うために公的補助を前提とした資本積立方式の付加的な個人年金を導入することが図られていた。税制にせよ年金にせよ，これらの改革は差し迫った課題になっており，いずれもコール政権が試みて挫折した前例があるが，年金に見られるように，新税の導入，支給水準の引き下げ，個人年金の新設で国民に負担増を求めるものであるところから利害関係者が激しく対立し，譲歩と妥協を重ねた末に成立に漕ぎ着けたものである。

　このようにシュレーダー政権は発足以来深刻化する失業問題に対する対策や税制と社会保障の改革を推し進めた。けれども軽微雇用などの低賃金部門で雇用を確保しようとした政策は裏目に出て，むしろ大量の離職が起こった。というのは，使用者にとっては社会保険事務が必要となったためにコストが膨らみ，メリットが薄れたし，労働者側でも低賃金労働を副業としたり複数を兼ねている場合には実質所得が減少する恐れがあったからである。またジョブ・アクティブ法についても，例えば公共事業による第二労働市場の形成は無駄な公共投資を増やすだけに終わる危険があり，同法に盛り込まれた派遣労働者の活用に関する制度も企業に有利とされたにもかかわらずほとんど利用されなかったのである。その上，2002年2月には職業紹介に関して虚偽の報告が行われ，その統計が不正に操作されていたスキャンダルが発覚し，連邦雇用庁の長官の辞任と大規模な機構改革が行われる事態に立ち至った。

　このように失業を巡る新政権の政策には効果の点で大きな問題が孕まれていたが，同様のことは社会保障面についても指摘できる。改革努力にもかか

わらず，年金，医療など社会保険の4分野すべてで財源不足が深刻化しつつあり，例えば上述した年金改革では実際には状況はほとんど改善されず，当座は種々の応急措置で問題点が糊塗されているのが実情といわねばならない。また医療についても2001年，2002年とも法定医療保険の総支出の伸び率は収入のそれを上回って約30億ユーロの赤字が出ており，その多くが薬剤費の増大に歯止めがかからないことが原因になっている。さらに多年にわたる論議をへて1995年に新設したばかりの介護保険では1997年までは10億マルクを上回る黒字を計上したものの，1999年には既に僅かながら赤字を計上し，その幅は拡大する気配が強まっているのが実情である。そのため，早晩，保険料率の引き上げや給付水準の引き下げなど国民に負担を強いる措置が政治的テーマとして浮上するのは避けられなくなっているが，利害が複雑に絡んでいるだけでなく，将来像が問われるだけにその舵取は極めて難しくなっている。仮に保険料率を引き上げれば，賃金付帯費用が押し上げられ，ドイツ経済の高コスト体質が再び強まって産業立地の再構築が困難になるのは確実であるし，他方，給付水準を下げれば国民の反発を買うばかりでなく，長年にわたって築かれてきた社会国家に対する信頼感がますます薄らぎ，生活に対する安心感が損なわれるのは不可避だからである。

　こうした状況の下，ラフォンテーヌの後任のH.アイヒェル蔵相のイニシアチブによる財政緊縮路線にもかかわらず，財政赤字の削減は遅々として進んでいない。確かに2000年までは景気の回復に支えられ，1999年1.5％，2000年1.4％と財政赤字比率は低下する方向にあった。しかしその後は景気の反転を受けて再び悪化し，2001年に2.8％，2002年には3.6％にまで拡大した。こうした結果になったのは，経済成長が当初予測を下回り，税収の落ち込みのために新規国債発行額を増額せざるをえなくなったからにほかならない。現に連邦政府のまとめでは，連邦の債務残高は表4－3のように推移し，2002年には7790億ユーロに達している。これによりシュレーダー政権が財政均衡

表4－3　連邦の債務残高

単位：10億ユーロ

| 年度 | 1982 | 1986 | 1990 | 1991 | 1992 | 1993 | 1994 | 1995 | 1996 | 1997 | 1998 | 1999 | 2000 | 2001 | 2002 |
|---|---|---|---|---|---|---|---|---|---|---|---|---|---|---|---|
| 残高 | 160 | 215 | 306 | 348 | 408 | 461 | 513 | 657 | 693 | 723 | 743 | 765 | 774 | 756 | 779 |

(出典) Bundesministerium für Wirtschaft und Arbeit, Jahreswirtschaftsbericht 2003, Berlin 2003, S. 26 より作成．

の目標年次としていた2006年は繰り延べざるを得ず，2002年にはEU委員会がEU蔵相会議にドイツに対する警告を発することを勧告する決定さえ行った。ドイツの面目にかかわる警告が出される事態は辛うじて回避されたものの，雇用情勢と並び，悪化する財政の再建がシュレーダー政権の重い課題になっていることに変わりはない。EU通貨統合に当たり，1997年のアムステルダム首脳会議ではドイツの主導で単年度財政赤字幅3％以下などの財政安定協定が決定され，コールの強硬な主張により罰則規定が組み入れられたが，こうした主張をした当のドイツが協定を順守するのが困難になっているのが21世紀を迎えたドイツの冷厳な現実なのである。

　以上のようにシュレーダー政権に代わってから雇用，財政，社会保障などでコール政権にはなかった新たな政策も打ち出されてはいるものの，全体としては目立った成果は生じていないといわねばならない。これに対し，環境政策の分野ではシュレーダー政権が誕生してから前進が見られた。1994年に発効した気候変動枠組み条約に基づき1997年の京都議定書で温室効果ガス排出量の数値目標が定められたのを受け，シュレーダー政権は1999年に環境税を導入した。環境税には様々なタイプがあり，炭素税は1990年代初期に北欧諸国やオランダで導入されたが，ドイツのそれはエネルギー税である点が異なっている。具体的には1999年4月から第一段階として電気税の導入と鉱油税の増税が実施され，2001年の第三段階までに税率の引き上げと課税対象の拡大が行われた。その結果，例えば年平均で見たガソリン1リットルの価格は1995年の1マルク50ペニヒから2000年には2マルク6ペニヒに上昇した。そのうち税額は1マルク39ペニヒを占め，そのコスト感でガソリン消費が抑制されることが期待されたのである。これによる増収分は，負担感の強まっている公的年金の保険料率引き下げに充てられ，一般国民だけでなく，それを分担する企業にも配慮した形になっている。事実，これにより1999年の年金負担率は前年の20.3％から19.5％に下がり，さらに2002年には19.1％に低下している。この点でシュレーダー政権の環境税はエネルギー消費の削減と同時に，企業負担の軽減による雇用の拡大をも狙いにしている点に特色があり，コール政権が2002年に21.5％にまで引き上げる計画だったことと対比すると相違が際立つ結果になっているといえよう。同様に石油消費を抑えることを主眼にし，シュレーダー政権が自動車から鉄道への交通の重心移動を促

すために都市近郊路線の整備を中心に鉄道に対する連邦の投資を拡大していることも付言しておこう。

とはいえ、その裏側では、大気汚染の抑制を大義名分に掲げ、環境税の効果により2005年の二酸化炭素排出量を1990年に比べて25％削減することを目標にしているにもかかわらず、石炭が課税対象から外されている点を見逃すことはできない。その背景にはドイツでは石炭が依然として重要なエネルギー源であるという事情がある。しかし、それだけでなく、SPDが従来から補助金の注入による国内炭採掘の維持と炭坑労働者の雇用確保を政策とし、同時にその組織票を主要な票田にするという利益共同体的な構造が存在する事実に目をつむることはできないであろう。

また、原子力発電についても進展が見られる。SPDは原発の段階的廃止、連立を組む同盟90・緑の党は原発の即時廃止を公約にしていたが、主務大臣で即時廃止を執拗に唱える同盟90・緑の党のJ.トリッティン環境相を抑え、電力業界との協議の結果、2000年6月に脱原発協定が締結された。その要点は新規原発建設の中止と国内に19基ある原発を稼働32年で補償金なしに全廃することであり、原子力発電からの段階的撤退は翌年12月の原子力法改正により法定された。もちろん、この法律が撤退を明記する裏側で、電力業界に対して長期間の原発稼働を保証するものであり、しかも単純に個々の原発の運転期間を32年とするのではなく、残余発電量に基づいて撤廃時期が決まる仕組みになっていて、電力業界にとってのダメージを弱める工夫が凝らされているのを看過することはできない。

ともあれ、段階的撤退の決定を受け、重点は代替エネルギーの開発に移り、水力、風力、太陽熱、バイオマスなど現時点ではエネルギー源としての比率が小さい再生可能エネルギーへの注目が一段と高まるとともに、1998年4月に電力市場が自由化されたのを背景に「エコ電力」の販売が拡大している。因みに連邦環境省の発表によると、2002年の風力など再生可能エネルギーの比率は、全エネルギー需要の2.9％、全電力需要量の8％を占め、年間5000万トンの温室効果ガスの排出が抑制されている計算になる。また、同省が公表した『2002年環境報告』によれば、全電力需要量に占める再生可能エネルギーの比率は表4－4のように推移しており、2010年に12.5％に引き上げることを目標に掲げるシュレーダー政権になってから着実に上昇してきている。と

表4-4 全電力需要量に占める再生可能エネルギーの比率

単位：％

| 年度 | 1990 | 1992 | 1994 | 1996 | 1997 | 1998 | 1999 | 2000 | 2001 |
|---|---|---|---|---|---|---|---|---|---|
| 比率 | 3.4 | 3.7 | 4.2 | 4.1 | 4.2 | 4.7 | 5.4 | 6.3 | 7.0 |

（出典）Bundesministerium für Umwelt, Naturschutz und Reaktorsicherheit, Umweltbericht 2002, Berlin 2002, S. 63 より作成。

くに風力発電は電力需要の5％近いレベルまで達しているが，低周波の騒音や日照など設備が及ぼす周辺住民の居住環境への影響が問題化し，さらに陸地では新たに発電機を設置する適地が見つけにくくなってきたところから，洋上に重点を移すことが計画されている。

　環境政策と並んで注目されるのは，男女平等政策の領域での動きである。傘下に多数の団体を擁するドイツ女性協議会の流れに加え，1970年代のいわゆる新しい女性運動の台頭にみられる幅広い女性運動の高まりを受け，1980年代には州や自治体レベルで男女平等問題担当機関が次々に設置されたが，これを背景に連邦レベルでは1986年に連邦青少年・家庭・保健省が青少年・家庭・女性・保健省に改組され，フェミニストとして知られるR.ジュースムート（CDU）が初代大臣に就任した。また1991年には再編により連邦女性・青少年省が分離独立し，家庭・高齢者省と統合されて家庭・高齢者・女性・青少年省が設置された。こうして女性政策への対応の仕組みが作られる一方で，統一後のコール政権下では，1994年の基本法改正の際に男女同権を謳った3条2項に「国は女性と男性の同権が実際に達成されることを促進し，現に存する不利益の除去を目指す」という第2文が追加され，男女同権の実現が国の責務として明確に位置づけられた。またこれに合わせ，妻を家事責任者とする規定を緩めて条件付きで稼得活動の権利を認めた1957年の第一次男女同権法以来の第二次同権法が同年に制定された。同法の中核をなすのは女性の地位向上法であり，女性が低賃金の職種や職域に集中し，あるいは下位ポストに固まっている現状を是正することを目的としていた。この法律にはポジティブ・アクションを含む様々な施策が盛り込まれていたが，しかし，民間企業に対しては女性の地位向上策は強制されず，連邦機関と連邦直轄の公法人で働く公務員にだけ適用されたところに大きな限界があった。事実，対象になった公務員は1995年の時点で67万人にすぎず，そのうちで女性は12万人にとどまった。そのため，女性政策に関係する人々からは「張り子の虎」

と揶揄される有り様であり、大きな効果は期待できなかった。そのことは、1998年に女性がアビトゥア取得者で55.7％、大学進学者では52.9％を占めて男性を追い越していたのに比べ、民間企業で指導的ポストにある女性の比率は10.5％であり、連邦官庁の幹部職員では10.6％にすぎなかったことにも表れている。

　また第二次同権法が制定される前年の1993年には民法典が改正されて夫婦同姓義務が廃止され、夫婦別姓が可能になったことも注目に値しよう。改正への直接の契機になったのは1991年の連邦憲法裁判所の判決であり、夫婦が結婚の際に姓に関して決定しない場合には夫のそれが採用されるとしていたそれまでの規定が男女同権に抵触し、違憲とされたのである。この判決を受け、夫婦同姓義務の存廃を巡って個人の自由な生活スタイルを尊重する立場と伝統的な社会秩序を重んじるそれとの対立があったが、結果的には夫婦別姓を許容する形で決着がつけられた。これにより、従来からの二重姓に加え、姓の異なるカップルが生まれることになったのである。けれども、その場合でも夫婦別姓はいわば例外として扱われ、夫婦同姓が原則とされた点で、この解決が与野党の妥協の産物であることにも注意する必要がある。

　これに対し、シュレーダー政権になった1999年に「女性と職業」という名の男女平等に向けた包括的プログラムが策定された。これに基づき、2001年から職業訓練、採用、昇進でポジティブ・アクションが強められ、育児による職業の中断や負担が不利益に扱われることが禁止された。また2001年7月に企業団体との間で「民間経済における男女の機会均等の促進のための協定」が署名されたが、それによって指導的ポストにつく女性の比率を引き上げること、将来性のある職種での職業訓練ポストをより多くの女性に用意すること、家庭と職業の両立の改善を民間企業も推進することなどが取り決められた。さらに同じ時期の経営組織法の改正によって、従業員で男女のいずれが少数派であっても、少なくともその比率だけは経営協議会の委員数を確保することが義務づけられた。1994年にドイツ全国には総計で22万人の経営協議会委員がいたが、そのうちで女性委員の比率は24％でしかなかったから、このクォータ制の導入によって状況が大きく改善され、これまでより強く女性の利益が人事と勤務条件の決定に反映されるようになるのは確実と考えられる。

こうした男女平等政策はコール政権のそれを踏まえつつ，大きく前に推し進めるものだったが，継承性がある点にも注意が払われるべきであろう。その意味では，斬新さの点からシュレーダー政権で特筆に値するのは，伝統的家族観と性道徳に対する挑戦という性格を有する同性婚法が2000年に成立したことである。正式には「登録生涯パートナーシップに関する法律」という名称を持つ同法が施行されたのは翌2001年8月であり，この間にCDUとCSUがそれぞれ政権を握っているザクセン州とバイエルン州の政府が連邦憲法裁判所に違憲として提訴し，これを却下する判決が7月に下された。ドイツでは1871年のドイツ帝国刑法典に男性の同性愛行為を処罰する175条が存在していたことに見られるように，同性愛は犯罪として扱われ，ナチ時代にはこれに175a条が追加されて刑罰が強化され，同性愛者には「反社会的」という烙印が押されて絶滅されるべき対象とされた。これらの例から分かるように，同性愛者はドイツでは長く社会的に差別され排斥されてきたのであり，そうした歴史を踏まえると，生涯パートナーシップ法は画期的な意義を有しているといえよう。しかし同時に，ゲイであることを公言したK.ヴォヴェライトがベルリン市議会でSPD院内総務の要職を務め，2001年にはベルリン市議会選挙でのSPDの勝利を受けてベルリン市長に就任した事実は，同性愛に対する社会の偏見と差別に変化が生じていることを示しているのも忘れてはならない。

　生涯パートナーシップ法の骨子は，同性同士の婚姻に対して男女のそれと同様に非婚のカップルには認められていない基本法上の「特別の保護」を与えることにあり，これにより同姓を名乗ること，医療保険などに一体で加入すること，遺産を相続することなどが可能になった。このような法律が成立したのは，同性愛に対して積極的な同盟90・緑の党が与党になり，しかも所管する法相の座にSPD左派のH.ドイブラー＝グメリーンがついていることを抜きにしては考えられない。同盟90・緑の党は同法を「緑の市民権政策の中核部分」と位置づけているが，同法が成立に漕ぎ着けたことに関しては，とりわけ同盟90・緑の党の連邦議会議員で自身もゲイであるV.ベックの貢献が大きい。西ドイツでは1970年代末から同性愛擁護運動が始まっていたが，その中では婚姻の特権を同性愛のカップルに広げることよりは，伝統的な性意識を打ち砕き，婚姻の特権の廃止を唱えるグループが主流を形成していた。

これに対し，ベックを中心とする改革派は性生活の規制を拒否するのではなく，同性愛を公認し，同性婚を異性婚と同格にすることを目指して，生涯パートナーシップ法制定に向けた運動を続けてきたのである。

　もっとも，生涯パートナーシップ法はドイツよりも先にデンマークで1989年に制定され，これを先頭に93年ノルウェー，95年スウェーデン，96年アイスランド，98年オランダと続いているから，ヨーロッパではもはや目新しくはなくなっている。また欧州議会が1994年にEU加盟国に対し，性的指向による差別を禁止するよう国内法を改正することを促す決議を行い，1999年のアムステルダム条約や2000年に公布されたEU基本権憲章にも性的指向を理由とする差別を禁止する条文があるから，生涯パートナーシップ法はその流れに沿っていることも見落としてはならない。さらに同法の制定問題がシュレーダー政権下で急遽浮上したかのように考えるのも正確ではない。コール政権当時の1996年に連邦法務省は専門家チームに調査を委託し，検討にとりかかっていたからである。その上，成立した生涯パートナーシップ法にはいくつもの問題点があることが指摘されている。家族を子育ての場と考えるならば，同性愛を否認するのではなくて，同性カップルに対して養子制度を認めることが首尾一貫しているが，同法では同性婚には養子縁組が認められていないし，納税に関しても通常の夫婦ならば受けられる税制上の優遇措置が適用されないことなどがそれである。その点から同法はデンマークやスウェーデンなどのそれに比べて穏健であるという評価も見られる。

　また関連してシュレーダー政権に代わってから売春に対する取り組みや麻薬対策にも変化が見られることも記憶されてよいであろう。売春に従事する男女は長らく社会の日陰の存在であり，衛生上の観点から管理の対象とはされても，事実上無権利状態にとどめられてきた。その数は連邦刑事庁によれば約20万人，売春者団体の推計では40万人にも上るが，2002年から彼らには約定された料金の請求権や社会保険に加入する資格が認められ，例えば医療に際して保険の適用が受けられるようになった。一方，毎年多数の死者が出て深刻な社会問題の一つにもなっている麻薬に関しては，ハード・ドラッグ中毒者にソフトなそれを与えて立ち直りを促進するソフト路線を前面に出す一方，飲食店には最も安価なアルコール飲料よりもさらに安いノン・アルコール飲料を備えておくことを2002年から義務づけた。またタバコ業界との間

で2007年までに総額1,200万ユーロを青少年向けの予防措置のために拠出することを義務づける協定を2002年3月に結んだほか，同年の年頭からタバコ税を引き上げたりしたのである。

　以上のように，シュレーダー政権に代わってから，コール政権では実現できず，あるいは考えられなかった新しい政策の展開が見られるようになっている。しかしその一方では，連続性が濃厚な政策分野も存在している。その代表例は外交・安全保障政策であろう。SPDと同盟90・緑の党との連立協定ではこれまでのドイツ外交政策の基本線の継続が確認されたが，これに加えてシュレーダーは国際社会の変化した諸条件への適応を図ることを唱え，外相に就任したフィッシャーは国際関係の脱軍事化を目指すことを表明した。このような了解の下に外交・安全保障政策の面でシュレーダー政権はコール政権のそれをたんに継承するだけでなく，ドイツのプレゼンスを強める方向に踏み出している。そうした変化を示す最大の出来事は連邦軍のNATO域外における武力行使であり，脱軍事化とは反対方向の決定である。

　新ユーゴスラヴィアのコソヴォ自治州では1998年初期からアルバニア系住民と政府側との間で戦闘が始まっていたが，このコソヴォ紛争を巡って1999年に国連安保理の決議がないままNATOが「人道的介入」と称して軍事介入し，空爆を行った。後述するように，連邦憲法裁判所は1994年に連邦議会の承認があればNATO域外への連邦軍の派遣を合憲とする判決を下していたが，これを支えにして連立協定が結ばれる直前に連邦議会はNATO軍の軍事行動への連邦軍の参加を決定していた。NATO域外での連邦軍の武力行使を認めるこの決議は投票総数580のうち賛成500，反対62，棄権18という圧倒的多数の支持によるものであり，反対はSPD21，同盟90・緑の党9，PDS29という内訳だった。連邦議会のこの決議を受け，シュレーダー政権は翌99年3月に連邦軍をNATOによる空爆に投入し，第二次世界大戦終結後初めて国外で武力行使を行った。

　政府のこの決定は予想通り与党内部で強い反対を引き起こした。SPDでは4月に開催された党大会で左派から空爆即時停止の動議が提出されて紛糾した。同盟90・緑の党では混乱はさらに大きく，重大な試練に晒された。NATO脱退と連邦軍廃止を謳った結党以来の反戦・平和主義が公然と踏みにじられたことから，指導部に対する激しい抗議が起こったからである。外相

として軍事行動参加に責任を負うフィッシャーは必死に説得に努め，５月の臨時党大会では空爆一時停止の外交努力を条件として空爆を認める妥協案が辛うじて可決された。こうした展開のゆえに同党では離党者が相次いだが，『フランクフルター・アルゲマイネ』紙が「急進的平和主義から現実政治への緑の党の長い道程」と題した記事で指摘したように，外交・安全保障政策で大きく舵を切ったことからすれば当然の結果だったといえよう。

　同盟90・緑の党の混乱はその後も続き，アメリカでの同時多発テロがNATO 史上初めて NATO に対する攻撃と認定され，条約５条による集団的自衛権が発動されたのを受け，2001年11月にシュレーダーがアメリカ主導のアフガニスタン攻撃への参加を決めると，連立離脱の主張すら噴き出した。連立政権のこの危機に当たり，連邦軍の派兵を内閣信任案と一体にして信を問う形でシュレーダーは同盟90・緑の党に対して圧力をかけるに至った。採決では賛成が336票で辛うじて半数を上回り，政権は危機を乗り切った。このように与党内での混乱を引きずりながらも，シュレーダー政権はコール政権がなしえなかった国外での武力行使を推し進めたが，そのことはアフガニスタンでのアメリカを中心とする「不朽の自由」作戦に連邦軍を投入するに当たって，国際社会の安全を維持するために軍事行動への参加を含む責任を果たすことはドイツの新たな外交政策の常識になったというシュレーダーの宣言にも示されている。こうして同盟90・緑の党からの容認を取り付けつつ，シュレーダー政権は，戦闘行動への不参加はもとより，連邦軍の NATO 域外派兵にも慎重だったドイツの控え目な姿勢と古い常識を払拭し，軍事面でも国際社会におけるドイツのプレゼンスを強めたのである。

　以上の検討を踏まえるなら，シュレーダー政権の政治的実績はどのように評価されるべきであろうか。シュレーダー政権の発足当時，「社会国家信仰のルネッサンス」が現出したことは先に言及したが，これまでの実績から判断する限り，この「ルネッサンス」は幻影のまま立ち消え，期待は不発に終わったといわねばならないであろう。なぜなら，経済界重視の政策から社会的弱者を視野に入れた政策への転換が望まれたにもかかわらず，経済・財政・社会政策の面でシュレーダー政権はコール前政権と同じ課題に取り組んでいるばかりでなく，基本的に同一の路線を推し進めているといえるからである。あるいは社会民主主義を社会的公正という語でシンボライズするなら，

公正が最優先価値として位置づけられておらず，従来の社会民主主義から変質ないし逸脱しているという意味で，「社会民主主義のキリスト教民主主義化」について語ることも可能であろう。もっともその場合でも，シュレーダーが「雇用のための同盟」を常設し，これを軸にした政労使の協調によって難局の打開を図ろうとしている点で，手法には相違があることも忘れてはならない。同じことは後述するEU政策をはじめ，外交・安全保障政策についても当てはまる。しかし，これらの分野でもコール政権から一歩進み，ドイツのプレゼンスを強める方向にあることや，内部に対立を抱えながらもこれを同盟90・緑の党が担っているのも見逃せない。他方で，シュレーダー政権になってから，環境政策，男女同権政策，さらには外国人政策などの領域では新たな段階を迎えるようになっている。これらについても実績と呼べるものの多くは妥協を重ねた末の成果であるから，原則的な立場からは高い評価を与えるのは難しいともいえよう。けれども，国籍法の改正による二重国籍の導入や生涯パートナーシップ法による同性婚の認知が保守政権では到底実現しえなかったことを考慮すれば，赤緑政権の誕生がやはり重要な転換につながったことを認めるべきであろう。こうした点から，これまでのシュレーダー政権の実績を総合的に観察するなら，主として物質主義的価値に関わる政策分野ではコール政権との連続性が濃厚であるのに対し，脱物質主義的な価値が問題となる政策分野では赤緑政権の特色が表れ，変化が前面に出てきているといえるように思われる。

　もちろん，このような把握が錯綜した事象を単純化したものであるのは指摘するまでもないであろう。また，コール政権と同様，シュレーダー政権にとっても最大の課題が依然として雇用問題にあることに異論はないが，その点からいえば，産業立地問題の浮上とともに脱物質主義的関心が後退し，政策評価における重心が全般的に物質主義的方向に逆戻りしている点にも注意が必要であろう。そしてそうした潮流の変化によってニュー・ポリティックスの争点が後景におかれる傾向が強まっているだけに，環境税の新設のように環境政策などで新機軸が打ち出されたことの意義を銘記しておくことは重要であると考えられる。

　それはともあれ，最重要課題である雇用問題に視線を向ければ，1999年後半から外需拡大による輸出主導で景気が回復したのに伴い，高止まりしてい

た失業者数は減少傾向を示した。400万人前後で推移しピークには450万人にも達したその数は，同年の年平均で388万人まで下がったのである。しかし，ITバブルの崩壊に加え，2001年9月にアメリカで発生した同時多発テロによる世界経済の冷え込みの影響で景気は減速感を強め，雇用情勢は再び悪化した。シュレーダーは1998年の選挙の際，2002年に予定される次回連邦議会選挙までに失業者を350万人以下に減らすことを公約し，労働市場の改善により一時はその達成が可能と思われたが，結局は2001月11月に公式に断念せざるをえない事態に追い込まれた。また失業者数も翌年初頭には400万人の大台に逆戻りした。

　このように雇用情勢に改善の兆しが見られない中で，企業は激化する競争に生き残るための変身を続けている。その端的な表れが名実ともにドイツを代表する企業であるダイムラー・ベンツが1998年にアメリカ自動車業界3位のクライスラーを合併吸収し，社名からベンツの文字が消えたことであろう。自動車業界ではさらに同年にフォルクスワーゲンがイギリスの名門ロールスロイスを買収した。無論，国境を超えた大型合併や企業買収は自動車業界に限られず，金融，鉄鋼，航空，情報通信などの他の主要産業でも進行している。例えばドイツ最大の保険会社アリアンツはフランス第2位の保険会社AGFを買収して拡大し，航空産業のDASAはイギリス，フランス，スペインの企業を傘下に収めた。また他面では，官民癒着の日本株式会社が崩壊しつつあるように，日本とは異なる内実を有する「ドイツ株式会社」が大きく変化しつつあるのも見逃せない。ドイツでは長らくメーン・バンク制を支えにして大手企業間の株式の持ち合いと監査役会への代表の派遣によって大企業が資金的にも人的にも結合し，相互に長期的安定を保証するとともに相互の利益を守り共存共栄を図るシステムが支配してきた。この見えざる障壁に守られたシステムは「ドイツ株式会社」の異名をとり，いわゆるライン型資本主義の重要な柱になってきた。けれども，ゼネコン最大手のホルツマンや巨大メディア企業キルヒの倒産に見られたように，生き残りに腐心する銀行をはじめとする大企業はもはや経営危機に陥った企業に対して救済策を取らなくなったのである。ドイツ株式会社の変質は，シュレーダー政権によって2002年に実施された株式の売却益に対する課税廃止によっても加速された。他社の株式を手放すことでより機動的な経営と本来の業務への専念が可能に

表4-5　ドイツ労働総同盟の人員

単位：10,000人

| 年度 | 1991 | 1992 | 1993 | 1994 | 1995 | 1996 | 1997 | 1998 | 1999 | 2000 | 2001 | 2002 |
|---|---|---|---|---|---|---|---|---|---|---|---|---|
| 人員 | 1,150 | 1,102 | 1,029 | 977 | 935 | 897 | 862 | 831 | 804 | 777 | 790(注) | 770 |

(注)　2001年以降は Verdi 所属の DAG を含む．
(出典)　Aktuell 2004, Dortmund 2003, S. 37 より作成．

なる一方，大株主の意向の配慮から迅速な意思決定がしにくかった状態が改善されるからである．こうした変化は激化する競争への対応である反面，シェアホールダーの利益の重視と労使間の対話と協調の軽視につながるところから，「ライン型資本主義」にひび割れを生じさせる可能性を孕んでいることを見落とすことはできない．

　その一方では，産業構造の変化と雇用形態の多様化の影響を受けて社会保険加入義務のある正規雇用の労働者の数が減少してきている．1992年にはその数は2,933万人だったが，1997年には2,730万人になっており，これに反比例する形でいわゆる非正規雇用に従事する者の数が増大傾向にある．例えばパートタイム労働者は1991年に被用者全体の14％だったが，2000年には20％に達したと見られている．こうしたなかで正規労働者を主力とする労働組合の構成人員は減少し，組織率も低下しつづけている．例えば最大のナショナル・センターであるドイツ労働総同盟（DGB）の人員は表4-5のように変化しており，1991年に1,150万人を数えたのが2002年には770万人になり，67％にまで低下している．その上，ドイツ職員組合（DAG）が2000年に DGB の傘下に加わらなかったならば，2001年には表に示された増加ではなく，前年よりも34万4千人の減少を記録していたはずだったことにも留意すべきであろう．これに対応し，DGB 以外の組織も含む労働組合全体の組織率では，1992年に40.2％だったのが，1997年には35.0％まで落ち，2000年になると30％の大台を割り込んで29.0％にまで下がっている．鉱山・エネルギー労組などいくつかの産別組合が合流して1997年に化学労働組合を結成し，公務・運輸・交通労組（ÖTV）などが2000年に IG メタルをも上回る300万人以上を擁する新労組 Verdi に合体したのは，衰退の危機感を背景に再編による組織力の強化を目的としていた．

　他方，労働条件を一律に規制する労働協約による拘束を回避し，競争力を高めるために経営者団体から離脱し，あるいは加入しない企業が増加してい

るのも見逃せない。事実，ある調査によれば，西ドイツ地域で労働協約を適用している企業は1995年から1998年までに53.4％から47.7％に低下し，1992年以降に新規に設立された企業では39.4％しか労働協約を適用していないのが実情といわれる。さらに労働協約法で例外規定として定められた開放条項から従来は除外されていた賃金決定にも開放条項を採用する事例が増大するとともに，業績の悪い企業で労働協約が順守されないケースも増えている。そのほか，開放条項を使って経営内協定に細部を委ねる形で協約を形骸化し，労働協約よりも経営内協定を優先する傾向も強まってきているといわれる。このような現実を総合するなら，共同決定と並んで長くドイツの産業平和を支えてきた協約自治の土台が脆くなり，その枠組みが弛緩してきているといって間違いないであろう。

　このようにして21世紀を迎えても失業問題は依然として統一ドイツが抱える最大の問題であり続けているばかりでなく，同時に，その解決の枠組みとなるべき労使関係自体が大きな変化を遂げつつあるのが実情といえよう。この変化がどこに行き着くかはいまだ不透明といわねばならないが，いずれにしても雇用形態の多様化を踏まえた労使関係の枠組みの再設計も新たな課題として重要性を増しつつある。これらがいずれも重く困難な課題であることを考えれば，たんにシュレーダーが率いる政権の真価が問われるというにとどまらず，史上初の赤緑連立の問題解決能力が根本から試されているといってよいであろう。

**参考文献**

網谷龍介「『ヨーロッパの顔をしたグローバル化』に向けて？」日本比較政治学会編『グローバル化の政治学』所収　早稲田大学出版部　2000年

雨宮昭彦「グローバリゼーションの衝撃とドイツにおける選択肢」秋元英一編『グローバリゼーションと国民経済の選択』所収　東京大学出版会　2001年

クリスティアーネ・オクス「ドイツでもパートは二級の仕事だった」国際交流基金編『女性のパートタイム労働――日本とヨーロッパの現状』所収　新水社　1999年

川田知子「パートタイム労働の法制度　ドイツ」『海外労働時報』331号　2002年

久保山亮「ドイツにおける企業保障と企業行動」武川正吾・佐藤博樹編『企業

保障と社会保障』東京大学出版会　2000年
斎藤純子「ドイツの男女平等政策　(1)・(2)」『レファレンス』1998年1月・2月号
斎藤哲「ドイツ夫婦別姓論議の行方」『島大法学』(島根大学) 37巻1号　1993年
谷口栄一「ドイツにおける同性愛解放運動とその課題」『言語文化研究』(大阪府立大学) 1号　2002年
坪郷実「ドイツ社会民主党の政権復帰」『国際問題』473号　1999年
戸田典子「人生パートナーシップ法──同性愛の『結婚』を認めたドイツ」『外国の立法』212号　2002年
富田哲「ドイツにおける夫婦別姓の導入」『歴史評論』636号　2003年
西田慎「シュレーダー社会民主党のジレンマ」『ドイツ研究』31号　2000年
同「変容する緑の党──左翼とリバタリアンの狭間で」『ドイツ研究』35号　2002年
長谷川弘子「ドイツ連邦共和国『同盟90・緑の党』の現状──反政党的政党から連立政権与党へ」『杏林社会科学研究』17巻2号　2001年
トマス・マイヤー「ドイツ社会民主党の転換」ドナルド・サスーン編　細井雅夫・富山栄子訳『現代ヨーロッパの社会民主主義』日本経済評論社　1999年
松丸和夫「ドイツにおける労働市場政策と雇用創出をめぐる若干の問題」『大原社会問題研究所雑誌』496号　2000年
同「ドイツにおける非正規雇用の展開」労務理論学会編『現代の雇用問題』所収　晃洋書房　2003年
丸山仁「統一ドイツにおける同盟90・緑の党の展望」『アルテス・リベラレス』(岩手大学) 61号　1997年
山本武信『ベンツの興亡』東洋経済新報社　1998年
横井正信「シュレーダー政権の改革政策　(1)・(2)」『教育地域科学部紀要』(福井大学) 57・58号　2001・2002年
同「シュレーダー政権の改革政策と2002年連邦議会選挙」『教育地域科学部紀要』(福井大学) 59号　2003年

# 第5章　東ドイツの経済再建と心の壁

## 1　旧東ドイツ地域の経済再建

　それでは統一以後，旧西ドイツに比べて失業問題がはるかに重大化した旧東ドイツ地域の再建はどのように進んでいるのだろうか。

　統一当時，コール首相は数年のうちに東ドイツ地域の経済は再建され，西ドイツ並の繁栄がもたらされるとのバラ色の夢をふりまいた。しかし，現実がそれとは反対の方向で推移したのは周知のとおりである。西の市民に約束された「増税なき統一」が守られなかったのと同じく，東の市民に告げられた「花開く土地」は荒廃から容易には立ち直らず，楽観的な公約によって幻滅や失望が強められる結果になったのである。

　統一以前の東ドイツ（DDR）は共産圏の優等生と呼ばれてきた。しかし西側の先進諸国と比較すると優等生には程遠く，西ドイツとの間に横たわる大きな落差が再建を困難にした。

　まず東では産業のインフラが予想以上に不備だった。高速道路とは名ばかりで高速走行が不可能な高速道路をはじめ，道路は整備されておらず，市民相互の連絡を困難にする思惑が手伝って電話などの通信網も極めて不十分だった。また電力を供給する発電施設として事故の危険の大きい原発が稼働しており，できるだけ早期の停止が必要とされる状態だった。そのうえ，エネルギー源として粗悪な褐炭が広範に使用されていたため，大気汚染が深刻であり，ビッターフェルトに代表されるコンビナートの周辺では喘息などに悩む住民が多数に上った。また工場からは未処理のままの廃棄物や排水が放出

されていたため，河川の水質や土壌の汚染も深刻な問題になり，それらの対策はいずれも統一後に持ち越された。

インフラの不備，環境破壊と並んで重大だったのは，東の産業の技術レベルが押しなべて低く，西の市場ではその製品に競争力がなかったことである。東では産業設備のメンテナンスが不十分だっただけでなく，老朽化したものが広く稼働し，戦前の機械が使用されている例も少なくなかった。それだけでなく，ロボトロンに代表される最新鋭の設備も西側に比べると旧式であり，ソ連・東欧圏の市場がコメコン体制の解体とともに縮小してからは販路がほとんど失われることになった。

また，東の経済の崩壊と社会的混乱を防止するために東から西への人の流出を抑制し，同時に選挙に向けて東の市民の支持を得るためにコール政権が一定の範囲で東ドイツ・マルクを西ドイツ・マルクと1：1で交換する方針を決めたが，この決定は事実上東ドイツ・マルクを実勢よりはるかに過大評価するものであったために，元来体力の弱い東の企業が西の企業との競争に晒され，西並の高賃金に圧迫されたことも，東の企業を破綻に追いこむ主要な原因になった。

DDR時代には東の市民が経験したことのない失業が深刻な問題になったのは，このような変動に起因する東ドイツ地域の産業の崩壊ともいうべき惨状を背景にしていた。この状態は「脱工業化」とも呼ばれている。無論，それはポスト工業社会への移行を指すのではなく，文字通り既存の工業の壊滅を意味している。事実，東ドイツ地域のGDPは統一から最初の3年間に40％も縮小したのである。そうした縮小にもかかわらず，統一からしばらくの間は西からの財政支援によって操業短縮や職業再訓練などの措置が適用されたほか，早期退職が促進され，これらによって失業が覆い隠されていたので，公式の失業率はそれほど高くはならなかった。1969年に制定された雇用促進法を根拠とする雇用創出措置（ABM）は積極的労働市場政策の最後の手段とされ，失業に強く脅かされている労働者が失業に陥るのを予防することを目的とするが，その適用対象になったのは，東ドイツで1992年に39万人に上り，職業再訓練や操業短縮を合わせると114万人が雇用に関わる措置の適用を受けたのであった。しかし，表5-1が示すように，それでもなお失業率は1992年に14.1％，1993年になると15.1％に上昇し，1998年には18.2％にも

表5-1　東ドイツ地域の失業

単位：1,000人

| | 1991 | 1992 | 1993 | 1994 | 1995 | 1996 | 1997 | 1998 | 1999 | 2000 | 2001 |
|---|---|---|---|---|---|---|---|---|---|---|---|
| 住民 | 15,910 | 15,730 | 15,645 | 15,564 | 15,505 | 15,451 | 15,405 | 15,335 | 15,267 | 15,120 | 15,066 |
| 就業者(注) | 6,785 | 5,943 | 5,796 | 5,936 | 6,048 | 6,008 | 5,936 | 5,950 | 5,983 | 5,917 | 5,799 |
| 失業者 | 913 | 1,170 | 1,149 | 1,142 | 1,047 | 1,169 | 1,364 | 1,375 | 1,344 | 1,359 | 1,374 |
| 失業率(%) | — | 14.4 | 15.1 | 15.2 | 14.0 | 15.7 | 18.1 | 18.2 | 17.6 | 17.4 | 17.5 |
| 操業短縮労働者 | 1,616 | 370 | 181 | 97 | 71 | 71 | 50 | 34 | 27 | 25 | 27 |
| 雇用創出措置 | 183 | 388 | 260 | 281 | 312 | 278 | 235 | 317 | 348 | 246 | 182 |
| 職業再訓練 | 207 | 383 | 311 | 217 | 219 | 207 | 160 | 147 | 141 | 138 | 134 |
| 早期年金受給者 | 365 | 295 | 214 | 126 | 33 | 0 | 0 | 0 | 0 | 0 | 0 |

(注)　就業者には東ベルリンを含まない。
(出典)　Jahresbericht 2002 der Bundesregierung zum Stand der Deutschen Einheit, Berlin 2002, Anhang, S. 16 より作成。

達して西ドイツ地域と比べれば統一の初期からかなり高い水準で推移したのである。

　社会主義という中央指令型経済システムの下では表向きは失業は存在しなかったから，東ドイツの市民には失業はそれを生み出す市場経済とともに初めての経験だった。しかしそれだけに彼らが感じる失業の心理的重圧は，単に生計手段が失われたことに起因するだけではなかった。経済的繁栄を土台に余暇社会に移行していた西ドイツと違い，「労働者と農民の国」DDR では社会主義の理想に基づいて労働の価値が称揚され，それはまた DDR で暮らす市民の自信と誇りの源にもなっていたが，失業は彼らが習得した技能に無用の烙印が押され，その産物にも無価値というレッテルが貼られたに等しかったからである。

　東ドイツでは企業倒産や事業縮小によって失業者の大群が生み出されただけではなかった。DDR 時代には完全雇用の政策的必要から企業が大量の余剰人員を抱え，「隠れた失業」が既に大規模に形成されていたが，それは経営の圧迫要因になり，それでなくても競争力の乏しい企業を苦境に立たせていた。そのため，統一に伴い，最初は外国人，次に女性を狙い撃ちにする形で解雇が強行される過程で，整理の対象として「隠れた失業」が顕在化し，失業率を押し上げた。他方，雇用創出措置などの様々な政策的手段で当座は形式的に就労していた人々も，措置の打ち切りによって失業者として労働市場に投げ出された。その結果，未経験の大量失業によって生活不安が社会全体を包み込み，統一の歓喜は急速に失意に変わっていった。そればかりか，

DDRでの暮らしの中では労働が単なる稼得の手段ではなく，人生の重要な意味を担っていたことから，失業の拡大は人心を荒廃させることになった。東ドイツ地域における排外暴力という形態でのアノミーの蔓延は，社会主義という教義の破綻と党，教師，親の権威失墜による社会規範の空洞化に加え，失業が引き起こした心理面の打撃を抜きにしては理解できないであろう。

このように強い心理的作用を引き起こす失業の増大を伴いつつ，通貨・経済・社会同盟を起点にして，東では社会主義の中央指令型経済システムから市場経済システムへの転換が短い期間に強行された。その主軸になったのは，人民所有企業という形態の国営企業の民営化であり，これを担当したのが1990年に設置された信託公社である。民営化のために同公社は国営企業の売却を行ったが，売却は多くの場合，事業の縮小と人員整理を伴ったためにしばしば怒りを買い，91年4月には信託公社初代総裁ローヴェッダーの暗殺事件が発生したほどだった。それ以外にも種々の障害のために売却・民営化は難航した。交通，通信，エネルギー供給など産業インフラの不備，生産性に比べ著しく高い賃金水準のほかに大きな障害になったのは，所有権や債務などの複雑な問題が残されていたことである。というのは，DDRで社会主義建設に向け国営化が強行された際，土地や工場施設の強制収用が行われたので，売却に当たって本来の所有権の確定が必要とされたが，文書の散逸などのためにその作業が困難を極めたからである。その上，この問題は連邦政府が市場経済の原則に従って補償よりも返還を優先する方針をとったために一層難しくなった。こうした困難を抱えながらもブロイエル総裁の号令の下，日本を含む外国企業にも買収を働きかけたりしながら信託公社は民営化を強力に推し進め，1994年末にその任を終えて解散した。当初はDDR企業の実力に対する過大評価から売却によって6,000億マルクの収益が出るものと見込まれていたが，結果はそうした楽観的な予想とは逆に2,560億マルクにも達する巨額の赤字の山が築かれ，閉鎖した工場の廃墟が残された。事実，清算された企業は全体の約30％に上ったのである。このため信託公社については東ドイツ経済の破壊者という手厳しい評価から民営化の有能な執行者という肯定的なものまで評価が大きく分かれている。

それはともあれ，以上のような事情を考慮すれば，東ドイツで企業を買収して操業するよりは，東ドイツを飛び越え，賃金がはるかに安く，市場とし

ても将来有望な東欧圏に進出する動きが現れたのは当然だったといえよう。国際競争が激化しつつある中では，生き残りをかけた企業の投資戦略にとって国境が持つ意義は低下し，自由に投資先を選択できることは最大の利潤が見込める場所に進出することを促すからである。冷戦終結後のこのような構造変動を見据え，内外の企業を東ドイツに引き寄せるために政府は所有権問題での紛争に備えた保証を与え，税制面などでも優遇措置を講じている。そしてこれらに助けられて東ドイツに投資する企業が増えてきている。アイゼナハに自動車メーカーのオペルが新鋭工場を建設し，ドレスデンにはフォルクスワーゲンやジーメンスが事業展開したことは比較的よく知られている。それ以外にも公害の震源地ビッターフェルトにはバイエルがアスピリン製造工場を建設し，ロイナでは1999年末に明るみに出たコールの不正献金疑惑で話題に上ったフランスの石油大手エルフが製油所を稼働させている。さらにブナのコンビナートは解体され，アメリカの化学大手のダウによって設備が近代化された。また，これらの工場の多くでは最新技術が導入され，しばしば西ドイツをも凌駕するヨーロッパ一の近代的工場として期待を集めるようになっている。

　けれども，それらの事例にもかかわらず，全体としては製造業の進出は活発とはいえず，また進出企業も大抵は最新鋭の省力型設備を投入しているので，雇用吸収力の小さいことが特徴になっている。国営企業の民営化に伴う清算や大規模な人員整理に加え，このように新規に展開した企業の雇用規模が小さく受け皿としては不十分なことを考えれば，東ドイツ地域で膨大な数の失業者が出たのは当然の帰結といえよう。これを反映して失業率は西ドイツに比べて遥かに高い水準で推移しているが，しかし公式に発表される失業者数や失業率が実情を正確には伝えていない点にも留意が必要であろう。就業の実態を伴わない操業短縮労働者のように計算上失業者から外されている人々が存在する一方，半ば強制されて早期に引退したり，失業した有子女性で託児施設の閉鎖や保育時間の短縮などのために求職を諦め，家庭に入った人が少なくないからである。その意味では，1989年に986万人だったのが，1999年には630万人にまで縮小した東ドイツでの就業者数の変化が労働市場の構造転換と失業問題の深刻さを推し量るうえで参考になる。また女性の失業率が男性のそれの2倍に上っていることも看過できない問題であろう。旧

東ドイツでは就業可能年齢の女性の9割近くが仕事に就いていたが，男女平等の建前にもかかわらず女性の職業資格が低かったことに加え，統一によって西ドイツの性差別的な雇用慣行が持ち込まれたために，男性の職域への参入が困難になったばかりでなく，もともと女性の職域だった商業や保険などの分野を男性が占めたために締め出される形になった。その結果，東ドイツ地域の女性の就職は極めて難しくなったのであり，例えばザクセン州の成人女性でみると，図5-1が示すように，就業による所得を主たる生計手段とする数が統一以降大きく下がるとともに，失業給付もしくは失業扶助を受給している数が少なくない状態が続いていることが分かる。こうした事実に加え，DDRで認められていた長期の産前産後休暇，育児休暇や育児期間中の職場保障などが廃止され，西ドイツの制度に合わされたことを考えるなら，東ドイツ地域の女性が「統一の敗者」と呼ばれているのは決して誇張ではないといえよう。

もちろん，東ドイツの経済再建のためにコール政権は様々な対策を講じて

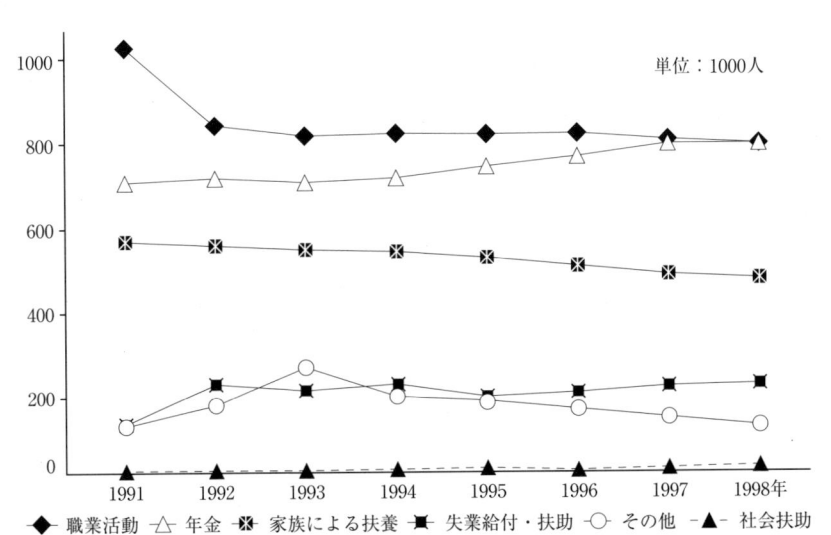

図5-1 ザクセン州の女性の主たる生計手段

（出所）Die Staatsministerin für Gleichstellung von Frau und Mann, 10 Jahre Gleichstellungspolitik in Sachsen: Entwicklung der Lebenslage von Frauen in den Jahren 1990 bis 2000, Dresden 2000, S. 90.

きた。1990年の通貨・経済・社会同盟の創設時点に早くも西ドイツ政府は「ドイツ統一基金」を設けて東ドイツの経済再建のために財政支援の枠組みを構築し，公的資金の東への移転を開始した。計画では1990年から1994年までの5年間で1,150億マルクの政府支出が予定され，950億マルクの半分を連邦と州がそれぞれ公債発行で調達し，残りの200億マルクは連邦が節減によって捻出するものとされた。その規模は東の惨状のゆえに見込みより大きく膨らんだが，統一基金の枠組みでインフラ整備に重点的に資金が投入された結果，東ドイツにはヨーロッパで最も進んだ通信回線網が整備されるに至り，改修された高速道路沿いの利便性のよい場所には広大な産業用地が造成されている。さらに1991年と92年の2年間で240億マルクに上った連邦，州などの共同事業「東の躍進」に代表される東への集中的な投資が行われ，統一条約で環境を西ドイツの水準にまで引き上げることが定められたのを受け，汚染土壌の撤去や河川浄化など環境汚染への取り組みが進められた。東ドイツでは河川の半分が飲料水に利用できないほどひどく汚染されていたが，改善努力の結果，例えば重金属の排出で死の川と化していたエルベ川の水質は1992年までにカドミウムは2分の1，水銀は3分の1になるなど著しく改善され，ライン川に劣らない水準に近づいている。また大気汚染に関しても，1989年に比べ大気中に排出される二酸化硫黄や窒素酸化物は1993年までに3分の1に減り，塵埃も14％にまで減少したので，青空が戻るようになった。無論，失業対策として職業訓練を実施し，労働者の技能を西ドイツの水準に引き上げ，雇用への道を開いてきたことも政府による努力の代表例の一つに数えられよう。また同時に，西ドイツの経済・社会制度ばかりでなく，例えば教育制度を移植し，東ドイツのそれを西に合わせる作業も進められてきた。この関連では高等教育の近代化が成果を上げているのも注目される。東の大学では最新設備が整えられただけでなく，教員1人当たりの学生数が少ないことなど勉学環境が良いために西の出身者が押し寄せ，大学の人気度ランキングで東の大学の多くの学部が西を制して上位を占めているのが昨今の現実にほかならない。

　しかしながら，再建に着手してから東の経済の荒廃と立ち遅れが予想を上回っていることが明らかになり，コールが約束した「増税なき統一」は早々と反故にされた。無論，それには湾岸戦争による戦費負担の影響も大きかっ

たが，早くも1991年に東のための連帯賦課税が導入されたのは明白な公約違反だった。連帯賦課税というのは，東の復興支援の目的で1991年7月から1年間に限り所得税と法人税に3.75％の追加分を上乗せする連邦税であり，その後も1993年に1年間に限定して再導入され，さらに95年からは期限を定めず，追加の税率も7.5％に引き上げて三度導入されたものである。この税率は1998年から5.5％に引き下げられたが，いずれにせよ公約違反という事態に立ち至ったのは，一つには当面の選挙を意識し，増税を避けることで人気をつなぎたい計算が働いたからであるのは確かであろう。けれども同時に，東の現状に対する甘い楽観論が広く存在していたのも否定できず，一部では敗戦後の西ドイツの復興のような「エルベの奇跡」すら市場経済への転換によって起こると夢想されたほどだったことを想起するなら，反コールの立場の人々の間でしばしば見受けられるように，実情を知りながらコールが意図的に国民を欺いたと断定するには慎重さが必要とされよう。

ともあれ，コール政権下で公約を撤回してまで財政的テコ入れに努め，1995年からは連邦と州とで合意した連帯協約に基づく支援が実施されたにもかかわらず，東の経済的自立は進捗しているとはいえない。例えば1999年の時点での東の価値生産全体に占める工業生産の比率は16.4％であり，西の26.8％を大きく下回っている。この落差は西より先に東がポスト工業社会の入口に立っていることを意味しているというよりは，むしろ，信託公社による国営企業の売却・民営化が引き起こした「脱工業化」がいかに深甚に及んだかを示している。その上，DDR時代には工業生産が優先され，第三次産業部門の育成が軽視された事実を想起するなら，工業生産の比率の低さは一層「脱工業化」の規模の大きさを際立たせているといってよい。一方，同年の全生産活動に占める建設業の比率は西では4％であったが，東では15％に上っており，統一以降一通りは完了したといわれるインフラ整備への依存が依然として大きいことが歴然としている。確かに1990年代前半と比較すればその比率は縮小しているが，それでも小さいとまではいえない事実は，主軸となる製造業の成長が緩慢であることを間接的に裏付けている。さらに労働生産性も伸びてきているとはいえ，西に比べて59％と低く，格差は大きい。そのため，既に西の74％に達している賃金水準との開きは単位労働コストが西より東で高くなる逆転現象を生み，東への投資を阻害する主要な原因にもな

これらの数字から読み取れる経済再建の遅れは，1997年以降東ドイツ地域の経済成長率が西ドイツのそれを下回るようになったことに端的に表出している。実際，表5－2に見られるように，巨額の投資でそれまで高いレベルにあった東の成長率は同年になるとわずか1.6％にまで下がり，西と同率という結果になったのである。こうした遅れが産業立地の衰退による経済低迷に苦しむ西ドイツに大きな重荷としてのしかかっているのは指摘するまでもないであろう。「ドイツ統一基金」による財政移転は1994年の終了までに当初の予定を大幅に上回って総額5,700億マルクに達したが，それを継承するものとしてコール政権の主導で連邦と州との間に1995年から2004年までの10年間にわたる「連帯協約」が締結され，その枠組みで1995年以降も引き続き西から東に様々な種類の公的資金が投入されている。その規模は毎年1千億マルクをかなり上回っており，ドイツの国内総生産すなわち全国で生産された財とサービスの総額の4％以上に相当する。また，1999年までの西から東への移転の総額は名目で1兆7千億マルクに達している。例えば統一10年後の1999年の実績で見ると，公的資金は1,440億マルクが移転され，一方，民間企業による東への資金流入は730億マルクに上っている。西ドイツの復興への足掛かりになったのは，周知のように，1948年から51年まで続いたアメリカによるマーシャル・プランだったが，その援助を受けなかった東ドイツはいわば半世紀遅れでマーシャル・プランを受けているといえるかもしれない。もっとも，西ヨーロッパを戦争による荒廃から立ち直らせたマーシャル・プランにアメリカが注ぎ込んだのはGNPの2.5％だったといわれるから，東ドイツが受け取っている援助がマーシャル・プランを凌いでいる点も見落としてはならないであろう。

　このような大規模な移転が連邦財政や社会保険財政の圧迫要因になってい

表5－2　東西ドイツの実質経済成長率

単位：％

| | 1992 | 1993 | 1994 | 1995 | 1996 | 1997 | 1998 | 1999 | 2000 | 2001 |
|---|---|---|---|---|---|---|---|---|---|---|
| 旧西ドイツ地域 | 1.5 | －2.6 | 1.4 | 1.4 | 0.6 | 1.6 | 2.2 | 2.0 | 3.4 | 0.7 |
| 旧東ドイツ地域 | 9.5 | 11.9 | 11.4 | 4.4 | 3.2 | 1.6 | 0.9 | 2.0 | 1.0 | －0.1 |

（出典）Bundesministerium für Wirtschaft und Arbeit, Wirtschaftsdaten neue Bundesländer, Berlin 2002, S. 4 より作成．

第5章　東ドイツの経済再建と心の壁　113

るのは多言を要しないが，失業手当などのように移転所得として個人の家計に入って消費支出に回る部分が大きく，経済再建に及ぼす効果が小さいことが問題点になっている。実際，ある試算によれば，投資的支出に回っているのは東につぎ込まれた資金の20％にも満たないとも指摘されている。このことは，裏返せば，東ドイツ地域の市民の生活状態が改善されていることを意味している。事実，東ドイツ地域の個人家計は収入面で西にかなり追いつき，2002年の時点での平均では1人当たりでみた西の16,972ユーロに対し，東は13,958ユーロになっている。またこれに対応して支出面でも類似した消費パターンが見出されるようになってきており，例えば2000年の年頭で乗用車を保有する世帯の比率は西は75.4％，東は70.1％であり，テレビで95.5％と97.5％，冷凍冷蔵庫で99.1％と99.7％，パソコンではそれぞれ48.2％と43.4％になっていることに見られるように，耐久消費財の普及率では遜色なくなっている。このようにDDR時代に比べ東の市民の生活は向上しており，それを反映して自分自身の経済状態に関する不満は意外と感じられるほどに少なくなっているのが現実である。例えば2000年6月に世論調査機関フォルサが行った調査では，東ドイツ地域の市民の67％が自分の生活状況は良くなったと感じており，悪くなったと答えたのは11％にとどまった。同様に，表5－3に掲げた世論調査・方法・分析センター（ZUMA）の調査結果によれば，10ポイントで測った生活満足度は2001年に西で7.6，東で6.9であり，開きはあるものの比較的高い値によって生活が向上したことが証明されている。

　けれども，その裏面にはもう一つの冷ややかな現実がある。東ドイツ地域では需要が生産を上回っており，投資や消費に向けられる額の3分の1は同地域で生産されたものではないからである。2002年の東西の1人当たり国内総生産は西では27,248ユーロだったが，東では17,077ユーロにとどまり，西の6割強にしか達していないし，東はドイツの人口の20％を抱えているのに，国内総生産で東が占める比率は12％でしかない事実がこれを裏付けている。こうした生産と需要のギャップが西ドイツ地域から移される財とサービスによって埋め合わされているのは指摘するまでもないであろう。これを財政面で支えているのが公的資金移転と民間企業の東への投資による資本流入なのであり，これらが途絶えれば西のレベルに近づいた市民生活は直ぐに崩落してしまうほど脆弱な基盤の上に立っている。こうした実情から，産業立地の

表5-3 東西ドイツの生活満足度

|  |  | 不満 | | 満足度（％） | | | | 完全に満足 | 平均値 |
| --- | --- | --- | --- | --- | --- | --- | --- | --- | --- |
|  |  | 0-4 | 5 | 6 | 7 | 8 | 9 | 10 |  |
| 西ドイツ | 1978 | 4 | 6 | 7 | 15 | 32 | 18 | 18 | 7.8 |
|  | 1980 | 4 | 8 | 8 | 18 | 30 | 13 | 18 | 7.7 |
|  | 1984 | 6 | 7 | 6 | 14 | 32 | 17 | 17 | 7.7 |
|  | 1988 | 3 | 5 | 7 | 15 | 34 | 19 | 17 | 7.9 |
|  | 1993 | 3 | 5 | 7 | 16 | 33 | 22 | 14 | 7.9 |
|  | 1998 | 4 | 5 | 8 | 18 | 35 | 19 | 12 | 7.7 |
|  | 1999 | 4 | 6 | 6 | 18 | 31 | 22 | 13 | 7.8 |
|  | 2001 | 4 | 6 | 7 | 23 | 33 | 17 | 10 | 7.6 |
| 東ドイツ | 1990 | 11 | 17 | 14 | 21 | 24 | 8 | 6 | 6.6 |
|  | 1993 | 9 | 12 | 13 | 24 | 27 | 9 | 6 | 6.9 |
|  | 1998 | 6 | 9 | 11 | 22 | 35 | 11 | 8 | 7.3 |
|  | 1999 | 11 | 8 | 10 | 21 | 29 | 12 | 9 | 7.1 |
|  | 2001 | 10 | 10 | 12 | 24 | 30 | 10 | 4 | 6.9 |

（注）　0は全く不満，10は完全に満足．
（出典）　Statistisches Bundesamt, hrsg., Datenreport 2002, Bonn 2002, S. 432 より作成．

　再構築と財政赤字の克服という重い課題を抱えつつ，政府は東ドイツ地域への巨額の援助を今後も続けなければならない状態にある。2004年で終わる連帯協約の後を受けるものとしてシュレーダー政権が2001年に第二の連帯協約を連邦と州との間で結んだのはこのような背景からにほかならない。そこでは2005年から2019年までに2,060億マルクを東の再建のために援助することが決められているが，経済の自立化が中途で挫折し，失業の抑制にも失敗したコール政権の東ドイツ地域再建政策の問題点を克服し，経済成長率が西ドイツ地域を下回るまでになった深刻な状況を打開できるかどうかは，シュレーダー政権のみならず，ドイツの政治が安定し，とりわけ東ドイツ地域で民主主義が軌道に乗るか否かを占う上でも今後の焦点になろう。

## 2　東西ドイツ間の心の壁

　統一時の予想を大幅に上回る西からの巨額の公的資金の投入にもかかわらず，大量の失業者の存在に見られるように，旧東ドイツの経済再建は難航しているが，これを背景にして東ドイツ地域の市民の間で西に対する不信感が強まり，東ドイツ時代を懐かしむ傾向さえ現れている。これはノスタルジー

と東を意味するオストを合成してオスタルジーとも呼ばれている。DDR消滅から時が隔たり，憧れだった豊かさの背後にある市場経済と競争原理の冷厳な現実が実感されるにつれ，記憶の中のDDRは好ましい面がますます輝きを増し，オスタルジーが薄れる気配はないという指摘も見出されるが，いずれにせよ，統一の美名で東ドイツが西ドイツによって植民地化され，あるいは占領されたという度々聞かれる議論はそうした心情と無縁ではない。ドイツ統一に際して，ベルリンの壁の建設を西ベルリン市長として経験した元首相のブラントは，感激の中で，「今こそ一体であったものが再び一つになる」と語ったが，西と東の市民が40年にわたる分断の後にも本当に一体であるのかどうかが問われたのである。

　統一初期には東ドイツ地域が早期に「花開く地」になるというコール政権の宣伝によっても影響されて，東西市民の融合は急速に進展するという楽観論が存在していた。「西暦2000年を迎えるころにはあたかもドイツの国家分断，再統一という歴史はなかったかのように，東西の融合は進んでいるだろう。」1996年になってすら，CSU党首でコール政権の蔵相の要職にあるT. ヴァイゲルは主として財政・税制面に目をやりつつこう語ったほどだった。しかし現実はそうした楽観論を容赦なく粉砕した。大多数の国民が近い将来に合体することなど想像もしていなかった二つの社会，異なる経済システムに基づく二つの社会，異なる政治体制，文化，価値観を有する二つの社会，こうした40年以上にわたって互いに隔絶し，それどころか敵対さえしてきた二つの社会の融合が短期間に達成されるというのは最初から幻想だったのであり，とりわけ二つの社会で生きてきた市民の内面的な統一は苦痛に満ちた困難な課題にならざるをえなかったのである。

　西ドイツの市民と東ドイツ市民の間の不信と反目が問題視され，心の壁が語られるようになったのは，統一から間もない1993年頃からである。当初は経済状態の改善に伴って解消する過渡的な問題として軽く考える傾向が強かったが，各種の調査で東ドイツ市民が「二級市民」という劣等感を抱いており，その根底に社会主義の下で育まれた価値観・社会観があることが明らかにされた。この問題を豊富なデータを示して最初に大きく取り上げたのは，『ドイツ人のプロフィル』と題した1991年の『シュピーゲル』特別号である。これに続き，学術的な研究も増大したが，ドイツ国内だけでなく国外でも尊

敬を集めていた大統領ヴァイツゼッカーが1993年に心の壁の克服を国民に呼びかけたこともそれを重要問題としてクローズアップするのに寄与したと思われる。ともあれ、「心の壁」の存在によって、制度や機構などの外的統一は達成されたものの、それを実質化すべき内的統一が果たされておらず、統一が未完であることが可視化されたのである。

　心の壁をあからさまに呈示することになったのは、1991年に「ヴェッシー」と「オッシー」という語が流行語になり、ドイツ語協会によって「年の言葉」に選ばれたことであろう。これらは相手を侮蔑する新たな造語であり、前者は尊大で思いやりの心に欠けた西側の人間という意味であり、後者は自分で働こうとせず西側の人間に援助ばかり要求する、怠け者で依存心が強いとされる東側の人間を指している。こうして統一からほどなくして東西ドイツのそれぞれで相手に関するイメージが固まり、市民相互の反目と不信が浮かび上がったが、これとともに統一の時点では自分を「どちらかというとドイツ人」と感じる市民が半数以上を占めた東ドイツで次第に「どちらかというと東ドイツ人」と感じる人々の割合が増大した。すなわち、この種の回答をする東ドイツ地域の市民は1990年春には36％だったが、1994年夏には60％にまで膨らんだのである。こうした数字は調査によって違いがあり、あまり信頼するのは適切ではないとしても、統一から10年が経過した2000年のある調査で、自分をドイツ人である前にまず東ドイツ人であり、同時に二級市民だと感じている人々が50％に上ったことは、心の壁が依然として東西間に聳えていることを示している点でやはり重視されるべき事実であろう。ドイツが外形上は一体化したにもかかわらず、東ドイツの市民の多くが差別されていると感じ、東ドイツ・アイデンティティをもち続けていることをこれらの数字は雄弁に語っているのである。

　ところで、心の壁を巡る様々な調査を通じて明らかになったのは、なによりも東ドイツ地域の人々が意識の深層に人生の深い断絶の体験を有し、その集団的な体験によって人生の意味が不確かになったという生活感情が支配的であるのに対して、西ドイツ地域にはそのような断絶やそれによるトラウマが見出されない事実である。もちろん、この相違は40年に及ぶ分裂の時期に異なるメンタリティが形成されなかったならば、それほど先鋭にはならなかったと考えられる。実際、メンタリティに関していえば、西ドイツの市民が

自由や自立を重んじるのに対し，東ドイツで重視されるのは平等や社会的公正であり，ドイツが統一してからも価値観に明白な隔たりが存在する。この点は例えば結果の平等と自己実現のどちらを重視するかに関する調査結果（図5-2）を一見しただけで明らかでり，同じことは2001年7月に『フランクフルター・アルゲマイネ』紙に掲載されたアレンスバッハ研究所の継続調査によっても確認される。社会主義の下では平等が主要な価値とされ，実際に所得格差は小さかったが，平等や公正の重視はそうしたDDRでの生活体験の反映といえよう。また西では個人を中心に物事を考え，その自己実現が追求されるのに対し，東では個人を包摂する集団が重視され，集団的規律に従うことが主要な社会的規範になっている。この点もまたDDRではピオニールや自由ドイツ青年団に見られるように，子供から成人に至るまで社会生活の主要な領域がことごとく組織化されていたことと深い関連がある。しかし同時に，物不足が慢性化していたDDR社会では職場や近隣社会での相互援助が活発であり，それらが連帯感に支えられた共同体という性格を具えていたことが一因であることも見落とせない。さらに余暇社会になった西ドイツでは労働は生計手段という意味合いが強くなり，勤労を尊ぶ気風は希薄になっているが，他方，既述のように東ドイツでは社会主義の下で労働の意義が称揚された背景から，労働それ自体に価値があり，勤労を美徳と考える傾

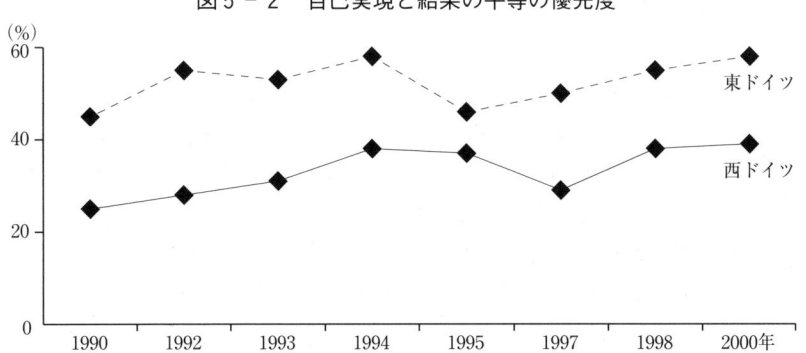

図5-2　自己実現と結果の平等の優先度

（注）「自由と平等のどちらかを選べと言えば，誰も不利にならず，社会的差異がそれほど大きくないようなできるだけ大きな平等が最重要と思う。」の回答

（出典）Heiner Meulemann, Werte und Wertewandel im vereinten Deutschland, in: Aus Politik und Zeitgeschichte, 37·38/2002, S. 16.

向が強いといえる。また市場経済の下で生活してきた西の市民は自由と表裏一体の個人の自己責任を重視し，不平等を容認するのに対し，東ドイツの市民は国家を頂点とする集団による個人の保護に重点を置いているが，その裏返しである個人の国家依存を当然視する傾向を含め，この点もDDR時代の経験からある程度まで説明できる。

　一方，政治面に関しては，1990年代半ばの調査で，ボン民主主義として確立された自由民主主義体制を最良の国家形態とは思わない東の市民は4割近くに達していたが，1999年のある調査でも，ボン民主主義を西ドイツでは70％が支持しているのに反し，東ドイツでは支持する者は半数を大きく割り込み，29％にすぎないという結果になった。この数字は，しかし，東ドイツ地域の市民が自由主義的民主主義に背を向けていることを表しているというよりは，彼らの民主主義理解に刻まれた特徴によると考えるのが適切であろう。彼らの意識にある民主主義は，SED独裁の装飾品であるプロレタリア民主主義か，あるいはそれを打倒した市民の行動による直接民主主義のどちらかであり，国民投票を欠落してはいるが自由な選挙に基づいて複数の政党によって運営される民主制は経験して日が浅いからである。換言すれば，ナチスの権力掌握から数えて50年以上も東ドイツの市民は独裁政治を経験してきたので，自己利益を目指す社会団体の自由な活動や，異なる意見の論争，選挙による平和的な政権交代，少数者の保護など西側の民主制の基本原理に習熟するには時間を要するのである。この点では西ドイツでも自由民主主義体制が定着するまでには建国からかなりの時間がかかり，それまでは「晴天民主主義」と揶揄されたように，経済的成功によって正当性の欠如を穴埋めせねばならなかったことが想起されるべきであろう。

　ともあれ，以上を要約すれば，西ドイツ地域では市場経済に適合したメンタリティと価値観が定着し，民主制も受容されているのに対し，東ドイツ地域では社会主義が崩壊してからも価値観・メンタリティのレベルではその刻印が色濃く残存し，民主制もなお十分に確立したとはいえない状況にあるといってよいであろう。統一から10年以上が経過した現在でもDDR時代の残影は随所に見出され，例えばマルクス主義の教義では民衆のための阿片とされた宗教に関し，信仰心を尋ねた調査の結果は図5-3のようになり，鮮やかな対照が浮かび上がった。しかし，それ以上に東西の意識の亀裂を端的に

図5−3 東西ドイツ市民の信仰心

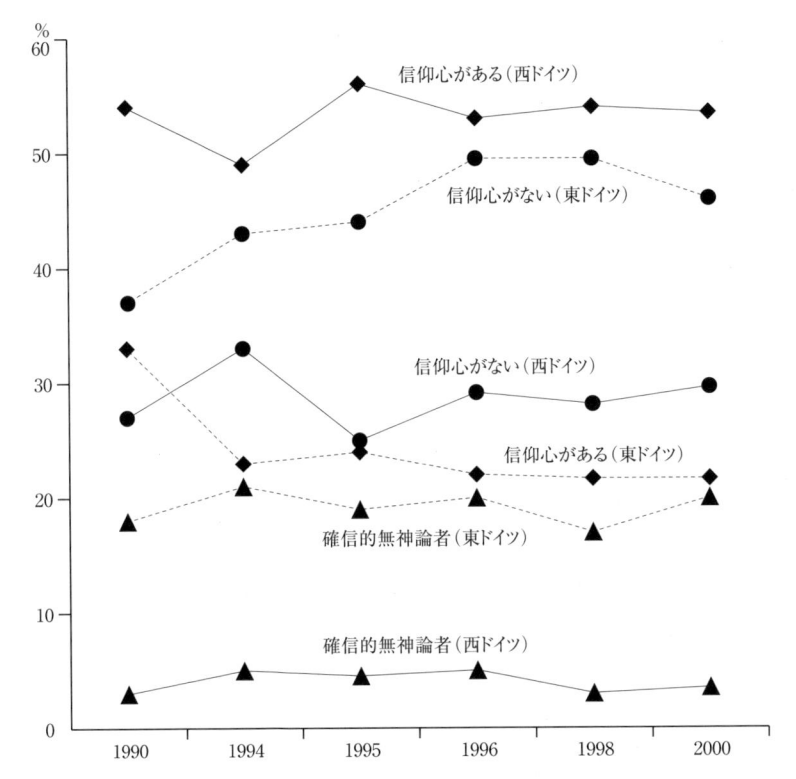

- 信仰心がある（西ドイツ）
- 信仰心がない（東ドイツ）
- 信仰心がない（西ドイツ）
- 信仰心がある（東ドイツ）
- 確信的無神論者（東ドイツ）
- 確信的無神論者（西ドイツ）

（出典）Heiner Meulemann, Werte und Wertewandel im vereinten Deutschland, in: Aus Politik und Zeitgeschichte, B37·38/2002, S. 20.

表現し，東ドイツ地域の将来を占ううえで大きな意義を有しているのは，PDSの存在であろう。東ドイツ地域では主要政党に所属する党員数は少なく，草の根レベルに政党が定着するのに困難を抱えているのに反し，地域政党色を強めたPDSが依然としてかなりの勢力を保持しているが，この事実はこうした面を視野に入れなければ説明できない。1994年にザクセン＝アンハルト州で赤緑の少数派政権がPDSの黙認という形の事実上の協力の下に誕生したことは連邦レベルに波紋を投げかけたが，その後もPDSは東ドイツ地域でCDUやSPDに匹敵するほどの勢力を保ち，2002年の時点ではSPDとPDSの連立政権が首都ベルリンを治めているだけでなく，メクレンブルク＝

フォアポンマーン州でも同じ構成の連立政権が統治している。この点で東ドイツ地域の政治地図が西のそれと大きく相違しているのは歴然としているが，その背景には東ドイツ地域で社会主義に対する共感度がほとんど下がっていない現実がある。実際，東ドイツ地域での世論調査では「社会主義はまずく実行されたがよい理念である」とする意見が統一直後の1991年に76％あったが，市場経済化が進み，社会主義が払拭された後の1994年には81％に増えたのであり，その後も1998年76％，2000年76％と高い比率を保っている。このような土壌を含め，PDSが大きな勢力を維持している原因を考えるとき，失業率の高さのような経済再建の難航に照準を定めて説明するのでは不十分といわねばならず，メンタリティの深層まで掘り下げて考究することが必要とされるのである。

　メンタリティのレベルにまで達する上記の相違を背景にして，西と東の市民は互いを「ヴェッシー」，「オッシー」と呼んで反目してきたのが統一の社会的現実である。けれども同時に，その反目も統一自体を否定するところにまではいかず，一定の限界のうちにあることを看過すべきではない。オスタルジーといわれるDDR回帰の心情もDDRの復活までをも望むものではなく，そのことは2001年8月の東ドイツ地域におけるフォルサの調査で，86％がベルリンの壁が崩壊したのは喜ばしいと答え，壁があったほうが良かったとするのは7％にすぎなかった点にも表れている。そればかりか，アレンスバッハ研究所が継続的に実施している調査でも，図5－4にみるように，「ドイツ再統一はあなたにとって喜びの源ですか，それとも心配の種ですか」との設問に対して東ドイツ地域では「喜びの源」とする回答が一貫して6割前後のレベルにあり，「心配の種」の比率を大きく上回っている。この設問では西ドイツ地域との相違が注目を引くが，東ドイツ地域の市民によって統一が押し戻せない既成事実として受忍されているのではなく，進んで受け入れられていることが読み取れよう。また他方では，統一からの時間の経過とともに若い世代では心の壁が低くなり，世代差が顕著になってきていることも見過ごせない。既述のように，大学生では西から東に行くケースが増大しているが，それは高等教育でも西による東の植民地化が進んでいるというよりは，東で勉学することに対する抵抗感が薄れてきている証明と解釈できる。統一から10年以上の歳月が隔たる間に分断を経験していない若い世代が成長して

図5-4 ドイツ統一の見方

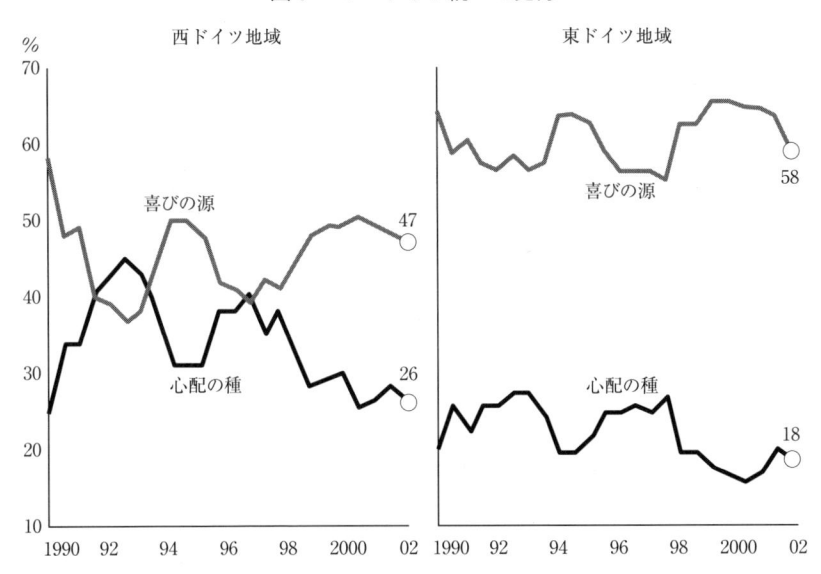

（注）「ドイツ統一は喜びの源か，心配の種か」についての回答。
（出典）Frankfurter Allgemeine Zeitung vom 27. 11. 2002.

きたのであり，東ドイツ地域でもDDRの記憶を持たない青少年が増大しているのである。

ところで，心の壁の問題にはこれまで様々な角度からアプローチがなされてきている。中でも重要なのは，次の二つであろう。一つは，工業社会とポスト工業社会の相違に着目するものである。それによれば，東ドイツは工業社会であり，そこでは集団としての活動が社会の基本的な型になっていたので，社会規範の中心は集団的規律化に置かれた。これに対し，西ドイツはポスト工業社会に達していたために個人の自主的な行動や自己責任が重視され，個人主義化が進行していた。その結果，二つの社会の間では社会規範の衝突が避けられなかったと捉えるのである。

もう一つは，当然のことではあるが，体制の相違を重視するものである。西の社会で重んじられるのは自由であるが，東ドイツでは安全が最優先される価値であり，生活に見通し，計画性，確実性を与えるものに関心が向けられた。例えば西で人権といえば言論の自由のような自由権的基本権が思い浮

かべられるが，東では労働権や住宅権のような生活保障に関する権利が考えられた。しかも安全は個人が自己の責任と努力によって確保すべきものではなく，公的に提供されるのが当然視され，国家に依存するメンタリティが作り出された。この点で市場経済と競争原理の下で個人の自由がリスクと自己責任と不可分であることが自明な西の社会とは異なる価値観・メンタリティが東の社会に存在したというのである。

　心の壁に関してはこのような見方があるが，それが形成されたことについては，さらに二つの事情に考慮を払う必要がある。一つは近代化ショックと名付けられる。東の市民は統一によって新しい自由を享受したが，同時に統一に伴う生活の激変は大きな不安をももたらした。その最大の例が東ドイツでは経験したことのない失業であり，多数の市民が直撃を受けたのは上述したとおりである。けれども，彼らには市場経済をはじめとする新たな生活関係に徐々に習熟していく時間的余裕は与えられず，統一によって手に入れることが期待された自由と豊かさの半面である厳しい労働規律や競争に馴染む以前にその渦中に投げ込まれる形になった。その意味で統一の名で「近代的なるものへの跳躍」が強行されたのであり，そうしたハード・ランディングによるショックが心理面での自己防衛の機制を強めたのである。

　それ以上に重要なもう一つの事情は，統一の非対称性と呼ばれるものである。統一が西ドイツへの東ドイツの加入という形で実現したことは，破産した東に対する西の勝利という優越感をもたらし，勝利した西は何も変える必要はなく，変わるべきは東の社会と市民であるという姿勢が広範に形成された。このことはDDRに存在したものはすべて無価値だと断定することを意味したから，その中で人生を送ってきた人々の自尊心を傷つけ，屈辱感を生まないでは済まなかった。実際，DDRのすべてが全否定されるべきかどうかは本来慎重な考慮が必要であり，西から眺めればカラクリがあるにしても，好ましく映る諸々の遺産があることは確かだった。行き届いた保育制度の下で子供をもつ女性が安心して就労でき，高い就業率を達成していたことをはじめ，比較的所得格差が小さく，西に比べれば慎ましい生活であっても相互の助けあいが広く行われたこと，失業の不安がなく，西ドイツの都市にはどこにもいる物乞いが存在せず，また治安も良好で犯罪に怯える必要がなかったことなどがその例である。DDRで生きてきた人々の目にはそれらはDDR

の好ましい側面であり，西ドイツと合体してからも継承するに値する正の遺産と感じられたのは不思議ではなかった。にもかかわらず，統一はDDRの歴史と社会を顧みる契機にならなかったばかりか，西ドイツの市民の間にDDRのすべてを一括りにして一掃すべき負の遺産と決めつける姿勢を広げたのであった。さらに東ドイツの民主化と経済再建の先頭に立ったのが西ドイツから送り込まれた人材であり，彼らが良き遺産の解体を指揮したことも，ドイツ史上初めて自力で民主化に立ち上がったという東ドイツの市民の誇りを損なう結果になった。2000年秋に行われた世論調査では，「DDRではいわれるほどに何もかもがひどかったわけではない」と思うかどうかという問いに対し，西ドイツでは「全くその通りと思う」と「どちらかといえばその通りと思う」の合計は21%にすぎなかったが，これに反し，東ドイツ地域ではその合計は60%に上った（表5－4参照）。このようにDDRの積極面を意識に刻んでいる市民が東で半数以上を占め，西ドイツ地域とのギャップが依然として大きい現実は，統一があたかもDDRの全否定であるかのようにして遂行された事実を抜きにしては理解できないであろう。つまり，統一で現出した東西の非対称性が東の人々の間に屈辱感を生みだし，これによって東西を隔てる心の壁が強固になったのである。SEDの後継政党であるPDSが東ドイツの地域利害を代表する地域政党色を強めたことは既に触れたが，西ドイツ地域には殆ど支持者がいない同党が東ドイツ地域で大きな勢力を維持しているばかりでなく，1990年代後半にはザクセン州とテューリンゲン州の州議会選挙でSPDを上回る得票を獲得して第2党の座を占めることさえでき

表5－4　DDRの評価

単位：%

| | 全体 | 西ドイツ | 東ドイツ |
|---|---|---|---|
| 完全に賛成 | 10 | 6 | 27 |
| どちらかといえば賛成 | 18 | 15 | 33 |
| どちらかといえば反対 | 29 | 31 | 22 |
| 完全に反対 | 28 | 32 | 13 |
| わからない | 14 | 16 | 5 |

(注)「DDRでは言われるほどに何もかもがひどかったわけではない」という意見への賛否。
(出典) Wilhelm Bürklin und Christian Jung, Deutschland im Wandel, in: Karl-Rudolf Korte und Werner Weidenfeld, hrsg., Deutschland-TrendBuch, Opladen 2001, S. 680 より作成。

たのは，心の壁がいかに高いかを証明しているといえよう。

このように心の壁については種々の角度から説明することが可能であり，いずれか一つを妥当と考えるのではなく，相互に補完しあうものと位置づけるのが適切であろう。そのいずれを重視するにせよ，心の壁の解消までにはかなりの時間を要するという認識では概ね議論は共通している。しかし，それが再び先鋭化するかどうかという点に関しては，経済再建の成否が及ぼす影響がやはり決定的な重みを有しているといえよう。統一後にドイツ経済が低成長の局面に入ってからは，公的資金の移転の規模に関する正確な知識なしに西ドイツ地域では東ドイツへの援助を重荷と感じる市民が増え，現在の苦境の責任を東に押し付ける傾向が広がっている。一方，東ドイツ地域では西からの十分な援助が行われていないことに経済再建の遅滞の原因があるとして，同胞に対する支援を渋る酷薄さを難詰する空気が澱んでいる。そうした実情に照らせば，東の経済が自立化し，失業問題の深刻さが薄らげば，生活への自信を回復し，西に対する劣等感は弱まるであろうし，西でも経済が低迷状態から抜け出せば，市民に広がった既得権防衛から生じる自己利益の優先が抑制され，東への経済援助の負担感も和らぐと考えられる。実際，心の壁が顕在化したのは，西ドイツで衰退した産業立地の立て直しが重い課題になり，東ドイツの実情に関心を注ぐ余裕が失われたことによるところが小さくなかった。その意味で，産業立地の再構築は心の壁の行方にも深く関わる問題だといってよい。DDRの社会主義という計画経済を市場経済に移行させ，同時にこれと並行して産業立地を立て直し，社会的市場経済を近代化する——他のどの国も直面したことのないこの二重の困難な課題が心の壁を先鋭化したのであり，この課題が解決に向かえば壁が低くなるのは確実だと考えられるのである。

### 参考文献

ヴォルフガング・グラッツァー／ハインツ＝ヘルベルト・ノル編　長坂聡・近江谷左馬之介訳『統一ドイツの生活実態』勁草書房　1994年

近藤潤三『統一ドイツの変容——心の壁・政治倦厭・治安』木鐸社　1998年

斎藤瑛子『世界地図から消えた国』新評論　1991年

白川欣哉「東ドイツ経済の崩壊と東西統一後の市場経済化——国有企業の解体と私有化」林昭・門脇延行・酒井正三郎編『体制転換と企業・経営』所収

ミネルヴァ書房　2001年

林昭「旧東ドイツ国有企業の民営化政策の展開と特徴」『経営学論集』（龍谷大学）37巻2号　1997年

平野洋『伝説となった国・東ドイツ』現代書館　2002年

フリッツ・フィルマー編　木戸衛一訳『岐路に立つ統一ドイツ』青木書店　2001年

松丸和夫「ドイツの雇用創出政策」『経済学論纂』（中央大学）35巻5・6号　1995年

百済勇『ドイツの民営化』共同通信社　1993年

カトリン・ローンシュトック編　神谷裕子他訳『女たちのドイツ　東と西の対話』明石書店　1996年

#  第6章　外国人問題と極右勢力

## 1　外国人問題とコール政権

　ヨーロッパの多くの国々では多数の外国人が暮らしているのが今日では常態となっている。ドイツも例外ではなく，EU加盟国の国籍を有する人々を始めとして，トルコや解体したかつてのユーゴスラヴィアなど様々な国籍の人たちが生活している。一般に外国人に関わる問題はかつて植民地を領有していた各国の歴史と深い関係がある。フランスにアルジェリアなどのマグレブ諸国出身の移民が多いのは，その代表例といえよう。このことは形は違うにしてもドイツの外国人問題にも当てはまる。ドイツの場合，植民地領有の点では問題は小さいものの，国境を越える移民の大規模な移動がドイツ近代史の重要な一面を形成している。その意味で，ドイツ国籍をもたないという意味での外国人に視線を向けるだけでは不十分であり，外国人問題を論じる場合には，ドイツが19世紀まではアメリカやロシアなどに大量の移民を送り出していた事実や，戦後のドイツには外国人と並んで種々の「ドイツ人」が流入した事実を想起する必要がある。
　第二次世界大戦終結後のドイツは領土が縮小しただけでなく，1949年には分断国家になったが，その狭小化したドイツはそれまでの東部領土やチェコのズデーテン・ドイツ人，ルーマニアのドイツ系住民など膨大な数の人々を受け入れた。その数は総計で1,200万人に達する。さらに分断後にはベルリンの壁が作られる1961年までに東ドイツから西ドイツに300万人以上の市民が逃亡した。広い意味でユーバージードラーと呼ばれる集団に含まれるこ

逃亡市民の流れは，働き盛りの年代や高学歴者の比率が大きかったことも手伝い，DDRの失血死を招く危険すら内包していた。1950年代の西ドイツにおける経済の高度成長をこれらの人の流れが労働力として支えたが，東ドイツからの流入が事実上途絶えた1961年以降，深刻な人手不足を背景にして外国人労働者の導入が本格化した。

導入に当たっては西ドイツ政府と相手国との間で募集協定が結ばれた。1955年にイタリアと結んだ協定が最初であり，1961年にトルコ，64年にポルトガル，そして最後になったのが1968年のユーゴスラヴィアとの協定であり，合わせて8カ国と締結された。こうしてドイツが受け入れた外国人は，ガストアルバイターという呼称が示すように，一時的な滞在者であり，数年の就労後に帰国するものとされていた。しかし，石油ショックを受け1973年に新規の募集が停止されたのを契機に，多数の外国人労働者がより多くを稼ぐために帰国を先延ばしするようになった。また，こうして長期間ドイツで暮らすことになった人々が故国から家族を呼び寄せたりするようになったため，外国人に占める女性や子供の比率が増大した。その結果，外国人に関わる問題は労働問題の範囲を超え出るに至り，一時的に働くはずの外国人労働者は多面的な生活問題を抱える移民に変貌したのである。にもかかわらず，西ドイツ政府は1977年以来「ドイツは移民受け入れ国ではない」との立場を公式に打ち出し，堅持してきた。また景気が悪化し，失業が社会問題化したのを背景に，1983年からは帰国奨励政策を実施した。しかし効果は乏しく，表6－1が教えるように，一時的にわずかに減少した外国人定住者の数はその後増大を続け，統一直前の1990年の西ドイツで総人口の8.4％を数えるまでになった。

定住化した外国人のうち最大の集団はトルコ人であり，旧ユーゴスラヴィア人，イタリア人がこれに続く。2000年の時点での彼らの滞在期間は20年以上が33％，10年以上が21％であり，4年未満は19％にすぎない。この中には子供も含まれていることを考えれば，成人の外国人の平均的な滞在期間は極めて長いことが分かる。こうした滞在の長期化につれて外国人の間では社会的分化の傾向が見られるものの，彼らの多くが不熟練労働者に属している点では受け入れ開始の頃とそれほど大きな違いは見られない。実際，移民第一世代とその子の世代が同じ職業地位にあるケースが多いことが各種の調査で

表6-1　ドイツ在住外国人数の推移

単位：1,000人

| 年度 | 外国人人口 | 全人口に占める外国人比率 | 社会保険加入義務ある就業者 | 年度 | 外国人人口 | 全人口に占める外国人比率 | 社会保険加入義務ある就業者 |
|---|---|---|---|---|---|---|---|
| 1960 | 686.2 | 1.2 | 279.4 | 1985 | 4,378.9 | 7.2 | 1,536.0 |
| 1968 | 1,924.2 | 3.2 | 1,014.8 | 1986 | 4,512.7 | 7.4 | 1,544.7 |
| 1969 | 2,381.1 | 3.9 | 1,372.1 | 1987 | 4,240.5 | 6.9 | 1,557.0 |
| 1970 | 2,976.5 | 4.9 | 1,838.9 | 1988 | 4,489.1 | 7.3 | 1,607.1 |
| 1971 | 3,438.7 | 5.6 | 2,168.8 | 1989 | 4,845.9 | 7.7 | 1,683.8 |
| 1972 | 3,526.6 | 5.7 | 2,317.0 | 1990 | 5,342.5 | 8.4 | 1,793.4 |
| 1973 | 3,966.2 | 6.4 | — | 1991 | 5,882.3 | 7.3 | 1,908.7 |
| 1974 | 4,127.4 | 6.7 | 2,150.6 | 1992 | 6,495.8 | 8.0 | 2,119.6 |
| 1975 | 4,089.6 | 6.6 | 1,932.6 | 1993 | 6,878.1 | 8.5 | 2,150.1 |
| 1976 | 3,948.3 | 6.4 | 1,873.8 | 1994 | 6,990.5 | 8.6 | 2,109.7 |
| 1977 | 3,948.3 | 6.4 | 1,833.5 | 1995 | 7,173.9 | 8.8 | 2,094.0 |
| 1978 | 3,981.1 | 6.5 | 1,862.2 | 1996 | 7,314.0 | 8.9 | 2,050.5 |
| 1979 | 4,143.8 | 6.7 | 1,965.8 | 1997 | 7,365.8 | 9.0 | 1,997.8 |
| 1980 | 4,453.3 | 7.2 | 1,925.6 | 1998 | 7,319.6 | 8.9 | 2,023.8 |
| 1981 | 4,629.7 | 7.5 | 1,832.2 | 1999 | 7,343.6 | 8.9 | 1,915.2 |
| 1982 | 4,666.9 | 7.6 | 1,709.5 | 2000 | 7,296.8 | 8.9 | 1,974.0 |
| 1983 | 4,534.9 | 7.4 | 1,640.6 | 2001 | 7,318.6 | 8.9 | 1,991.6 |
| 1984 | 4,363.6 | 7.1 | 1,552.6 | 2002 | 7,335.6 | 8.9 | 1,959.9 |

(注)　1991年以降は全ドイツ，それ以前は西ドイツ．
(出典) Die Beauftragte der Bundesregierung für Ausländerfragen, Daten und Fakten zur Ausländersituation, 20. Aufl., Berlin 2002, S. 21 より作成．

確認されている。その背景には第二世代の学歴が総じて低く，学校教育を修了していない若者の比率が高い現実がある。また，こうした実情に対応して，外国人社会では低所得層の占める比率が大きい。

外国人の中で最大のトルコ人の多数はモスレムであり，文化的背景がドイツ社会とは異なるために学校教育や地域社会で予期せざる様々な問題が生まれている。宗教の授業にイスラームを含めるか，含めるとしたらどのイスラーム組織を宗教団体として認定するか，トルコ語学習をどのようにして保証するかなどが学校教育面での問題の代表例であり，正課である宗教にイスラームを認める州から，母語学習の枠内で事実上容認する州，特別の措置を講じない州まで学校教育に責任を負う州により対応は大きく異なっている。また地域社会では，ドイツ社会から隔絶され，家庭での地位が低く男性に従属

しがちな女性を男女同権の実現に取り組んでいるドイツ社会にいかにして参加させるか，現役から引退しエスニシティへの回帰を強めがちな外国人高齢者をどのように処遇し，例えば老人ホームではトルコ人職員を配置するかどうかといった問題に直面している。近年とくに注目を集めた問題では，バーデン＝ヴュルテンベルク州でアフガニスタン出身のモスレムの女性の教師採用を拒否した事件があり，スカーフの着用が宗教的行為であり，児童に宗教的影響を与えるものであるか否かが法廷で争われた。政教分離の形態は異なるものの，フランスで起こったスカーフ問題のドイツ版といってよい。この問題でも州によって対応が違っており，拒否を貫くバーデン＝ヴュルテンベルク，バイエルン，ニーダーザクセンなどから，採用を認めるラインラント＝ファルツ，ハンブルクなどまで様々な方針がとられている。さらに教会の塔に並ぶ高さのミナレットをもつモスクの建設計画が反対する住民運動によって潰された事件や，拡声器を使用したムエツィーンを巡る争いも生じており，地域社会で宗教活動の自由をどのようにして保証するかも難しい問題になっている。

　こうした状況への答えの一つがカナダなどをモデルにした多文化社会の構想であるのはよく知られている。けれども，異なる文化を尊重するにしても，ホスト社会との関係をどのように構築するかという点で多文化社会の図式自体に大きな幅がある。そればかりでなく，異文化を受け入れることで自文化が失われるというドイツの「異邦化」の危険を説く議論も依然として有力といわねばならない。その意味で，多文化社会論は広く支持を得るには至っておらず，コンセプトとコンセンサスを欠いたまま州や自治体レベルで様々な対応がなされているのが実情といえよう。

　さらにトルコ人が経営する商店・企業の攻撃はもとより，高速道路の占拠など過激な行動を繰り返し，その裏では活動資金としてドイツ在住のクルド人に貢納金を強制していたとして禁止されたクルド労働党（PKK）のように，トルコ本国の民族対立が持ち込まれ，これにドイツが巻き込まれる「紛争移入」も見過ごせない。同様に，貧しい地域からくる不法移民の増大は，地下経済を増殖させているだけでなく，大量失業に苦しんでいるEU諸国に共通する重大な社会問題に発展し，主要な目的地であるドイツも100万人を上回るとも推定される不法移民対策に苦慮している。またそうした不法移民や犯

罪組織ばかりでなく，定住外国人の関与も少なくない外国人犯罪が多発している現状は，外国人に対する警戒感を強め，治安の全般的悪化の中で大きな関心を集めているだけでなく，一部には外国人を犯罪者同然に見るような風潮すら生まれている。確かに統計上はドイツ人より外国人の犯罪率が高いのは厳然たる事実であるが，しかしそのことから直ちに外国人が犯罪に走りやすいと結論づけるのは早計というべきであろう。なぜなら，被疑者になった外国人の中には犯罪目的で一時的に滞在する者のほかに形式犯が含まれているだけでなく，都市生活者が多いこと，失業や貧困などに晒されている比率が高いこと，男性の割合が大きいこと，犯罪の中心になる年代の比率が大きいことなど犯罪率を押し上げる要因がいくつも存在するからである。その意味で，これらの点の考慮を欠落したまま外国人を一括りにして議論するのは適切さを欠き，偏見を強める結果になりやすいといわねばならない。いずれにせよ，外国人による犯罪が多発しているのは否定できず，統計の乱用によって外国人犯罪の脅威感が掻きたてられているが，これはもう一つの負担感と重なることによって問題を大きくしている。それは，ITなど専門技能を有する一部の外国人を除くと不熟練層が多い外国人が社会的下層に固定化する傾向があることである。1990年代に強まったグローバル化を背景にしてドイツでも労働市場の二極化が進行しているが，外国人に限らず不熟練層は産業構造の変化に取り残され，豊かさから排除された敗残者の性格を濃くしている。実際，外国人の場合，表6－2が示すように，例えば失業率はドイツ人の2倍近くに達しており，なかでもトルコ人の間で失業率が極めて高いのが実情である。そして失業は当然ながら貧困と背中合わせにならざるをえず，その結果，外国人の社会扶助受給者の増大が一般のドイツ市民の負担感を強めているのである。

　このような定住外国人に加え，統一前後から二つの別のタイプの外国人がドイツに流入するようになった。一つはアオスジードラーと呼ばれる集団であり，もう一つは庇護申請者である。

　アオスジードラーというのは，旧ソ連・東欧各国に散在しているドイツ移民の子孫であり，居住している国でドイツ系であることを理由に圧迫を受けているために，父祖の出身国であるドイツに帰還する人々の総称である。したがって，本来は彼らは外国人であるが，ドイツに受け入れられると簡単に

表6-2 外国人の失業率

単位：％

| 年度 | 全体 | 外国人 | トルコ人 | イタリア人 | 旧ユーゴスラヴィア人 | 年度 | 全体 | 外国人 | トルコ人 | イタリア人 | 旧ユーゴスラヴィア人 |
|---|---|---|---|---|---|---|---|---|---|---|---|
| 1979 | 3.2 | 3.9 | 4.2 | 4.5 | 2.3 | 1990 | 6.6 | 10.1 | 10.0 | 10.5 | 6.0 |
| 1980 | 3.5 | 4.8 | 6.3 | 5.5 | 2.8 | 1991 | 6.0 | 10.6 | 11.0 | 11.2 | 6.5 |
| 1981 | 5.4 | 8.5 | 11.2 | 8.4 | 5.2 | 1992 | 6.5 | 12.3 | 13.5 | 13.6 | 9.2 |
| 1982 | 7.5 | 11.8 | 14.9 | 11.9 | 8.2 | 1993 | 8.3 | 15.3 | 17.4 | 18.3 | 11.0 |
| 1983 | 8.6 | 13.7 | 16.7 | 13.9 | 9.7 | 1994 | 8.8 | 15.5 | 18.9 | 17.0 | 9.8 |
| 1984 | 8.6 | 12.7 | 14.4 | 13.9 | 9.3 | 1995 | 9.0 | 16.2 | 19.2 | 16.2 | 8.8 |
| 1985 | 8.7 | 13.1 | 14.8 | 14.7 | 9.0 | 1996 | 10.0 | 18.6 | 22.5 | 18.0 | 9.9 |
| 1986 | 8.2 | 13.0 | 14.5 | 14.6 | 8.2 | 1997 | 10.7 | 19.7 | 24.0 | 18.9 | 9.8 |
| 1987 | 8.4 | 14.1 | 15.5 | 16.1 | 8.8 | 1998 | 9.8 | 18.3 | 22.7 | 17.6 | 11.0 |
| 1988 | 8.1 | 13.9 | 14.5 | 15.9 | 8.5 | 1999 | 11.2 | 19.7 | 22.5 | 16.8 | 11.6 |
| 1989 | 7.3 | 11.2 | 11.6 | 13.2 | 6.9 | 2000 | 10.0 | 18.0 | 20.2 | 14.7 | 10.4 |

(注) 1998年までは西ドイツ地域，1999年以降は全国．
(出典) Die Beauftragte der Bundesregierung für Ausländerfragen, Bericht der Beauftragten der Bundesregierung für Ausländerfragen über die Lage der Ausländer in der Bundesrepublik Deutschland, Berlin 2002, S. 412 より作成．

ドイツ国籍を取得でき，その大多数は法的にドイツ人になっている。その年間流入数は東欧諸国で連鎖的に変革が生じた1989年に38万人，翌90年に40万人に上った。その一方で，1990年を境に出身国に顕著な変化が見られ，それまではポーランドの出身者が中心だったが，その後は旧ソ連の出身者が大半を占めるようになっている。前者は，単一民族国家を自称し，少数民族の存在を否定していたポーランドで，少数民族としての権利を認められずに暮らしていた人々である。また，後者は，第二次世界大戦期にドイツの協力者の疑いをかけられてシベリアなどに強制移住させられて収容所に閉じ込められ，戦後も権利が部分的にしか回復されないまま，差別の対象になっていた人々である。その意味で両者にはドイツ系であるがゆえの抑圧が共通項になっているのである。

　アオスジードラーに関しては数が多くてもこうした理由から受け入れに正面から反対する声は大きくはならなかった。しかし，冷戦が終結し，出身国での民主化が抑圧の緩和を伴うと考えられたことと，DDR市民の流入と重なったアオスジードラーの大量流入が社会的統合に要する負担を大きくし，社

会を混乱させるという懸念から，1990年に受け入れ手続きを改正して流入にブレーキがかけられた。また1993年からは年間受け入れ数の上限が設定され，抑制が強化された。その結果，流入数は1991年からは20万人台，1996年以降は10万人台に下がり，それにつれて世論の関心も薄れてきている。けれどもその陰で，受け入れの実務を担当している自治体レベルで財政難を理由に社会的統合措置が後退しており，それを反映して，言葉や文化のギャップに直面したアオスジードラー青少年の間で非行が頻発していることに見られるように，彼らが社会的問題集団になっているのが現実である。

　政治問題には発展しなかったアオスジードラーとは対照的に，1990年代初期に生じた大量の庇護申請者の殺到は深刻な政治的対立さえ引き起こした。戦後ドイツの良心として基本法に定められた庇護権は，ナチズムを生み出した苦い経験に基づくものであるが，これを拠り所にして出身国での政治的迫害を名目にしてドイツに亡命を求める庇護申請者は冷戦終結に伴って激増した。この点は表6－3を一見しただけで明白になる。1990年に19万3千人だったその数は92年には43万8千人にも達したのである。彼らは庇護申請の名目で一旦ドイツに入国すると審査結果が出るまでの数年間は公費負担で滞在を許された。しかし，その財政負担に加え，住宅地の近くに設けられた応急の収容施設での近隣住民とのトラブルや，審査結果で迫害の事実もしくは虞れが確かめられて庇護権を認められるのは10％すら大きく割り込み，大半が経済難民とされたために，受け入れについての一般市民の態度が冷ややかになるのは避けられなかった。こうして基本法の庇護権の改正が大きな政治的争点になったのである。

　しかし，問題を重大化した要因は他にもあった。難民として一括された庇護申請者の収容施設に対する襲撃事件が頻発し，その攻撃対象がドイツに定

表6－3　庇護申請者数の推移

単位：人

| 年度 | 1970 | 1975 | 1980 | 1985 | 1987 | 1989 | 1990 | 1991 | 1992 | 1993 |
|---|---|---|---|---|---|---|---|---|---|---|
| 人数 | 8,645 | 9,627 | 107,818 | 73,832 | 57,379 | 121,315 | 193,063 | 256,112 | 438,191 | 322,599 |
| 年度 | 1994 | 1995 | 1996 | 1997 | 1998 | 1999 | 2000 | 2001 | 2002 | |
| 人数 | 127,210 | 127,937 | 116,367 | 104,353 | 98,644 | 95,113 | 78,564 | 88,287 | 71,127 | |

(出典) Bundesamt für die Anerkennung ausländischer Flüchtlinge, Migration und Asyl, Nürnberg 2003, S. 22 より作成。

住しているトルコ人家族をはじめ様々な国籍の外国人にまで瞬く間に拡大したからである。

　最初に火の手が上がったのは，旧東ドイツのホイヤースヴェルダであり，1991年9月に難民収容施設への大規模な襲撃事件が起こった。しかし，この事件が国内に驚愕を生んだのは，襲撃そのものよりは，それに拍手喝采を送る住民の姿だった。翌92年8月に発生したロストックの事件でも同じ光景が見られ，襲撃を繰り返す若者は国民の怒りを執行している錯覚にとらわれたといわれる。これらと並行して各地で外国人に対する暴力事件が急激に増大し，同年11月にはメルンで，翌93年5月にはゾーリンゲンで定住トルコ人家族が暮らす住宅が放火され，死者が出る惨事になった。

　一方，バーデン＝ヴュルテンベルク州をはじめ，いくつかの州議会選挙ではそれまで泡沫政党だった極右の共和党（REP）やドイツ民族同盟（DVU）が得票率を一挙に伸ばして議席を獲得した。しかもそれらは94年の連邦議会選挙で5％の壁を突破する勢いさえも示した。こうして国民の間に立ちこめた外国人排斥感情は，統一したばかりのドイツの国際的信用を損ない，民主主義の未熟さを印象づける結果になった。このような事態に迫られて浮上したのが，襲撃事件の引き金となった庇護申請者の流入を規制するために基本法を改正するという問題である。

　庇護権規定はドイツの良心と目されていただけに，その見直しは激しい反対を巻き起こした。特に暴力事件の多発ゆえの削除は極右暴力への事実上の屈服とすら見做された。そのため，個人の基本権としての庇護権を制度的保障に切り替え，実質的な削除を意図する与党と個人の権利という基本線を可能な限り維持しようとする野党との調整がつかず，対立が続いている間にも流入と暴力の高波が押し寄せたために，統一したばかりのドイツは統治不能の状態に陥ったとすら評された。こうした事態に危機感を募らせた結果，1992年末に至って与野党が歩み寄り，改正に向けて合意した。そして，「安全な出身国」から来る者や「安全な第三国」を経由してきた庇護申請者は国内に受け入れないとする新たな規制が93年7月から適用された。従来のように国境で当局に迫害を申し立てるだけでは彼らはもはやドイツに受け入れられず，入国して審査を受けるには迫害の事実を納得させなければならなくなったのである。ドイツが国境を接する九つの国はいずれも「安全な第三国」に

相当したから，このことは事実上ドイツがほとんどすべての庇護申請者を締め出す方向に転換したことを意味し，国際的に高い評価を得ていた庇護権規定の寛大さは著しく色あせた。庇護権規定にナチズムの暴虐に対する反省が込められていたことを考えれば，この改正によってドイツは他の西欧諸国と同列に立ったのであり，同時期の連邦軍の NATO 域外派遣と足並みを揃えつつ，「普通の国」になったことを告知したといえよう。

　無論，改正による抑制効果はすぐに表れた。これを境に，それまで大量だった庇護申請者の流入数は急速に減少に向かい，1993年に32万2千人だったその数は翌94年には12万7千人に半減した。同時に，これと歩調を合わせるように，排外暴力事件も幾分低調になり，沈静化の兆候が現れた。さらに1996年5月には連邦憲法裁判所が庇護権の改正を合憲とする判決を出したことによって，庇護権改廃を巡る熱い論戦も冷却化し，政治的混乱に終止符が打たれたのである。

　このように難民の流入が庇護権改正問題を引き起こしたのは，既に定住化した外国人が多数に上ったために新たな外国人の入国の道が狭められていたことに原因がある。実際，この時期に突如として国際社会で政治的迫害が急増した訳では決してない。冷戦の終結に伴い，貧しい地域から豊かな地域に向かう人の移動が活発化したが，ドイツの場合，この移住圧力の高まりは，通常ならば外国人労働者として流入する集団が難民という形態をとったために庇護権問題を過熱させる結果になったのである。換言すれば，統一前後の時期のドイツでは移民問題は庇護権問題として表れたのであり，移民問題を庇護権の枠組みで処理する無理が激しい政争を引き起こしたといえよう。

　コールが政権にあった時期のドイツでは，外国人問題についてはこのようにして排外暴力や庇護権との関連で脚光が当てられたが，基本法が改正されてからは改めて外国人の社会的統合が課題として浮上した。時間の経過とともに定住化した外国人がドイツ社会に溶け込むという期待は排外暴力によってだけでなく，外国人の側の自閉化傾向によっても幻想であることが証明されたからである。これは一般にセグリゲーションと呼ばれるが，この現象を指すのに使われる交わることのない「平行社会」という表現が失望と不安を表している。こうした問題に加え，先進国に顕著な少子・高齢化による人口構造の変化が高福祉の社会を危機に導くという認識が社会に浸透したことも，

外国人問題に前向きに取り組む契機になった。連邦議会には人口変動に関する調査委員会が設置され，政府も高齢者報告書をまとめるようになっていたが，そこで外国人に光が当てられるとき，その外国人にはもはや人手不足を解消して経済成長を押し上げる役割ではなく，人口構造の歪みを是正し衰退を防ぐ役割が与えられているところにガストアルバイター時代との基本的な相違がある。

　外国人の社会的統合という課題は多文化社会論を代表例にして様々に論じられはしたが，コール政権の下では1990年の外国人法の改正を除くと大きな進展は見られなかった。1990年の改正では移民受け入れ国ではないという公式的立場を守りつつ，定住化した外国人の法的地位の安定化が目指された。長期間ドイツで就労し，家族とともに生活してきた外国人に滞在権という名称の事実上の永住権が認められ，自己の意思によらない退去を強制される危険が消失する一方で，就労に際してももはや労働許可の取得は必要とされなくなったからである。もっとも，他面では，労働市場からの要請を受けて外国人労働者の厳しい受け入れ制限が手直しされ，請負契約労働者をはじめとする，ドイツに定住する可能性のない新しいタイプの外国人労働者の導入に道が開かれたことも指摘しておく必要があろう。こうした意味で，この改正は移民問題についての非移民国型の後始末という性格が強く，定住化した外国人がドイツの国籍はなくてもドイツに確固たる生活基盤を築くことができるようになったことから，ドイツ社会を構成する一員という意識を外国人がもつ前提が作られたのである。

　けれども，無論，それだけでは外国人の統合には不十分だったのは指摘するまでもない。社会で横行する有形無形の差別を撤廃し，外国人がマイノリティとして保持する独自の文化を尊重する姿勢をホスト社会が示さない限り，永住しようとする外国人には，結局はドイツ社会への同化かそれとも絶縁かの選択しか残らなかったからである。コール政権下でも様々な統合支援策が打ち出されたが，いずれもこの点に重大な限界があった。この壁を突破する動きはシュレーダー政権の登場まで待たなければならなかったのである。

## 2　シュレーダー政権の外国人政策

　上記のように，排外暴力が重大な政治的危機を招いたにもかかわらず，コ

ール政権では外国人の社会的統合に大きな進展は見られなかった。また，外国人の受け入れに関しても，明確なコンセプトは欠如したままであり，アオスジードラーの流入の抑制，庇護申請者の受け入れの制限などがいわば場当たり的に実施されたにとどまり，長期的な展望は見出されなかった。この点を念頭に置いて，統合と導入の二点に絞ってシュレーダー政権の政策を瞥見しよう。

　最初に統合から眺めよう。

　シュレーダー政権の発足に際してSPDと同盟90・緑の党との間で結ばれた連立協定には外国人問題に関連して国籍法の改正が明記されており，弁護士としてテロで裁かれた赤軍派（RAF）の弁護で名を馳せ，緑の党からSPDに移籍した内相O.シリーが前面に立って，スタート直後から政権はこの問題に取り組んだ。政府提案の骨子は，定住化している外国人に対し帰化の要件を緩和するとともに，出生地主義を取り入れ，ドイツで生まれた外国人の子供に自動的にドイツ国籍を与えるところにあった。またその場合，外国籍の放棄を義務づけず，多重国籍を容認する点に特色があった。帰化に関しては一般に入口論と出口論があり，社会的統合を進める前提ないし手段として帰化を位置づけ，国籍取得を容易にする前者に対し，言語や文化の習得が完了し，統合が完成した証しとして帰化を位置づける後者が対峙している。この構図に即していえば，CDU・CSUなどは出口論の立場であり，血統主義を重視し，単一国籍を固守して二重国籍にも頑強に反対したが，これに対し，新たに誕生した政権は入口論を提起し，従来の外国人政策の骨格の転換を図ったといえよう。激しい政治的対立が生じたのは，新たな政策がそうした意義を有していた結果にほかならない。

　血統主義を基本とする従来の国籍法の下でドイツ人の両親を有することを根拠にドイツ国籍を取得した一般のドイツ市民を旧ドイツ人と呼ぶなら，出生地主義，二重国籍の容認，帰化要件の緩和によって特徴づけられる新たな国籍法によりドイツ国籍を取得する外国人はさしずめ新ドイツ人と名付けることができる。そして新法が展望するのは，そうした旧と新の二種類のドイツ人からなる集合体としてのドイツ社会を作り，ホスト社会から分断されていた外国人をホスト社会の主体を変えることによってその中に組み込むことだった。けれども，この転換は誰を「ドイツ人」として認めるかという国民

の定義の基本にかかわるところから，CDU・CSUは異例の大規模な署名活動を展開し，短期間に数百万人の署名を集めるなどして国籍法の改正に激しく反対した。また1998年末以降に行われた世論調査でも改正を支持する声は伸びず，世論の大勢はどちらかといえば否定的な状態が続いた。1999年2月にシュレーダー政権がスタートして最初の州議会選挙がフィッシャー外相の地元であるヘッセン州で行われたが，選挙戦では州レベルのテーマよりもこの連邦レベルの問題が中心的争点となり，連邦政府と同じ赤緑からなる州の連立与党が惨敗を喫して政権の座から降りる事態になった。こうして苦境に立たされたシュレーダー政権は，姿勢を軟化させ，FDPの対案を組み入れる方向に転じた。その結果，焦点の二重国籍についても一般的承認ではなく例外扱いとするなど当初の提案からかなり後退した内容で同年5月に与野党の妥協が成立したのである。

　このような妥協に基づく改正により，ドイツで出生した外国人の子供については多重国籍を認めることを前提にドイツ国籍が自動的に与えられ，成人した段階で一つの国籍を選択させるアメリカ方式の選択制が導入されることになった。一方，定住化した外国人に関しては，帰化手続きの前提条件である滞在期間が15年から8年に短縮され，これまでの国籍放棄の例外扱いが広げられるなど要件が緩和されて帰化が容易になった。とりわけ前者では条件付きではあれ出生地主義と多重国籍が認められたことの意義は大きい。確かに全体的に見れば，社会的統合の入口論と出口論との原則性を欠いた折衷という感は否めない。けれどもこれらは1913年に制定されたままの国籍法の重要な改革であり，一気に入口論に転換する困難を考慮すれば，従来は出口論に基づいていた国籍制度の重心がいわば入口論との中間点に移動した意義は正当に評価されるべきであろう。

　国籍法改正の効果はすぐに表れ，例えばコール政権下の1997年に帰化したトルコ人は3万9千人だったが，2000年には8万3千人に跳ね上がった。また帰化全体では1994年に6万2千人，1997年には8万3千人がドイツ国籍を取得したのに対し，2000年になるとその数は18万7千人，翌2001年には17万8千人に大幅に増大した。このほかに当該年度に外国人を親として出生してドイツ国籍を得た子供があり，さらに改正法の施行日に10歳未満のドイツ生まれの子供もドイツ国籍を取得できたが，それらの数は明らかになっていな

い。ともあれ，こうして社会的統合に向かって長らく硬直していた制度の改革が動きだし，外国人の一部が新ドイツ人として法的にもドイツ社会の主体に変わりはじめたのは注目すべき事実であろう。もちろん，社会的現実がこれによって一挙に変化した訳ではないのは指摘するまでもないであろう。新ドイツ人を加えた外国人の間では失業率は旧ドイツ人の約2倍の水準であるうえ，社会扶助受給世帯の比率が旧ドイツ人の約3倍に上っていることに見られるように，低所得層に属す者が多い構造は厳然と存在しており，こうした構造的差別が依然として社会的統合を阻む大きな障害として残っているからである。

　それではシュレーダー政権は導入に関してはどのような政策を打ち出したのだろうか。

　この点については，いわゆるグリーン・カード制と移民法委員会の設置で始まった正式な移民受け入れ国への転換論議が重要である。前者は2000年5月に政府が政令として決定し，8月から実施されたもので，主眼はドイツで不足が深刻化している情報技術専門家をEU域外から招致することにある。その数は最大で2万人とされ，5年間の労働許可が与えられ，その期間は延長可能である。また彼らは1年間就労した後は家族を呼び寄せることが認められている。EU域外からの情報技術専門家の導入は，ドイツの大学教育が硬直して産業構造の変化に対応できず，とりわけ技術教育面で立ち遅れていることの証明だったが，導入に伴う家族の呼び寄せが外国人に定住への道を開き，外国人受け入れを制限する体制にひび割れを生じさせるところからCDUは2000年5月に実施されたノルトライン=ヴェストファーレン州の州議会選挙でその是非を最大のテーマに押し上げ，主に募集される予定の「インド人の代わりに子供を」という標語を掲げて反対した。その先頭に立ったのがコール政権で科学技術大臣として専門技術者養成に責任を負う立場にあったリュトガースだったのは皮肉というほかなく，導入には経済界の要望が強かったことから反対も腰砕けの状態になった。選挙結果はCDUの得票率が前回を下回り，赤緑政権が信任されたので，ヘッセン州での選挙が国籍法の行方を左右したような事態は生ぜず，グリーン・カード制は予定通りスタートした。これにより最初の1年間に8,500のグリーン・カードが交付され，その数は2002年3月までで12,500に増加した。出身国で最多だったのはインド

であり，そのほかにはパキスタン，ロシア，アルジェリアなどの技術者が含まれるが，予想されたよりもインド人技術者が少なかったことは，排外暴力によるイメージの悪化で敬遠されたことに加え，アメリカのような優秀な人材を好条件で優遇する国に流れた結果と見られ，高度の専門知識を有する階層にとってドイツの魅力が薄れている事実はかなりの波紋を投げかけた。

　また，グリーン・カード制に続き，その陰に隠れる形で一般にグレー・カード制と呼ばれる外国人の導入も開始されている。他の先進国と同様にドイツでも高齢化が進み，これに伴い家庭での老人介護が大きな負担になり社会問題化しているが，この分野に限定してEU加盟候補国であるポーランド，スロヴァキア，スロヴェニア，チェコ，ハンガリーから労働力の導入が2002年から始められたのである。彼らに与えられるグレー・カードの有効期間は3年間が限度であり，単純な介護作業だけが認められている。また導入は，国内に介護労働希望者が見つからない限りで行われるものとされている。これによりどれだけの数の労働者がドイツに入国したかは明らかではないが，しかし，介護労働の需要が今後拡大するのは必至の情勢であることを考慮すると，この応急措置がそのままの形で続くとは考えにくい。

　このような外国人導入に関し，長期的見通しに立って受け入れと社会的統合の制度を構築し，ドイツを事実上の移民受け入れ国から公式の移民受け入れ国に転換することを目的にして2000年7月に設置されたのが移民委員会である。委員長に据えられたのは前連邦議会議長でCDUのなかでも開明的な立場で知られたR. ジュースムートである。CDUから引き抜く形のこの人選には，無論，野党対策の思惑が働いていたのは指摘するまでもない。同委員会の審議の過程では労働組合や教会など多数の社会団体が意見書を公表し，活発な議論が展開されたが，そのことは移民問題の扱いが将来のドイツ社会の根幹に関わるという認識が広く存在することを映し出していた。また同時に，移民の受け入れに正面から反対する議論がほとんど見られなかったことは，人口構造の変動によってドイツの未来が暗雲に蔽われているという危機感が広く共有されていることを示していた。つまり，問題はもはや移民を導入するか否かにあるのではなく，どのような規制の下にどの程度導入するかに焦点が移っていたのであり，表6-4が示すように，世論の大勢もその方向に動いていたのである。

表6-4 種々の移民集団の流入に対する態度

単位:％

| | 西ドイツ | | | | 東ドイツ | | | |
|---|---|---|---|---|---|---|---|---|
| | 1991 | 1992 | 1996 | 2000 | 1991 | 1992 | 1996 | 2000 |
| EU加盟国の労働者 | | | | | | | | |
| 　流入を無制限に認めるべき | 34 | 35 | 33 | 32 | 13 | 13 | 11 | 13 |
| 　流入を制限すべき | 56 | 56 | 55 | 62 | 62 | 63 | 51 | 66 |
| 　流入を完全に禁じるべき | 10 | 9 | 12 | 7 | 25 | 24 | 38 | 21 |
| 非EU加盟国の労働者 | | | | | | | | |
| 　流入を無制限に認めるべき | 11 | 10 | 8 | 8 | 6 | 4 | 4 | 4 |
| 　流入を制限すべき | 61 | 62 | 59 | 72 | 56 | 59 | 46 | 57 |
| 　流入を完全に禁じるべき | 28 | 28 | 33 | 20 | 39 | 36 | 49 | 40 |
| 庇護申請者 | | | | | | | | |
| 　流入を無制限に認めるべき | 13 | 12 | 13 | 10 | 16 | 14 | 12 | 9 |
| 　流入を制限すべき | 65 | 65 | 66 | 74 | 69 | 67 | 67 | 71 |
| 　流入を完全に禁じるべき | 22 | 23 | 22 | 16 | 15 | 19 | 21 | 21 |
| 東ヨーロッパ出身のアオスジードラー | | | | | | | | |
| 　流入を無制限に認めるべき | 22 | 19 | 15 | 14 | 15 | 16 | 13 | 11 |
| 　流入を制限すべき | 68 | 71 | 74 | 76 | 73 | 73 | 69 | 74 |
| 　流入を完全に禁じるべき | 10 | 10 | 12 | 11 | 12 | 11 | 18 | 15 |

(出典) Statistisches Bundesamt, hrsg., Datenreport 2002, Bonn 2002, S. 561 より作成.

　こうした背景から，移民委員会が2001年7月に政府に提出した提言書では，移民導入はいわば自明の前提になっており，その方策が関心の中心を占めた。その骨子は，受け入れる移民を6種類に分けたうえで二つのグループに整理し，全体として当面は5万人の枠を設けたことにある。第一のグループは移民側のイニシアチブによるもので，次の3種類が含まれる。第一は，ドイツでの就労を望む移民であり，教育水準，職業資格，家族関係，年齢，ドイツ語能力などを点数化して評価し，点数に応じて滞在条件を定めたうえで，毎年設定される枠にしたがい，当面は2万人の枠内で導入するものである。第二は，外国人起業家で，提示する事業計画が説得力があると認められた場合に人数枠を設定せず，永住を前提に受け入れる。第三は外国人留学生であり，人数枠を設けず，課程修了に続き滞在期間を定めて就労を認めるものである。第二のグループはドイツ側の労働需要に基づいて受け入れるグループで次の3種類からなる。第一は，労働力が不足している職種で働く労働者であるが，単純労働者を排除するため，職種があらかじめ定められ，滞在期間は5年に

限定して，当面は2万人の人数枠で受け入れられる。第二は，ドイツで職業教育を受ける研修生で，人数枠は1万人であるが，職業教育終了後は評価制度に基づき，永住を含む滞在の道が開かれる。第三は，経済・学術の部門の優れた人材であり，16万マルク以上の年収があることが選別基準とされる。このカテゴリーでは人数の制限はなく，永住も認められる。

　提言書ではさらに，これまで同伴もしくは呼び寄せる家族について加えられていた年齢制限を緩和し，16歳から18歳に引き上げることを提唱している。また熱い議論が戦わされた庇護権に関しても，これを制限する方向ではなく，拡大することを求めている。従来は庇護権が認められるのは国家による政治的迫害の場合に限定されていたが，国家以外の迫害や女性に特有な性的な迫害についても庇護権を認めることを提言している。一方，こうして導入される外国人に対しては，社会的統合を促進する立場が打ち出され，ドイツ語，歴史，文化などを学習するためのコースを設けるとともに，これに参加することを移民に義務づけることが提起されているのも注目される。同時に，従来は連邦雇用庁や内務省，労働社会省など縦割り行政の弊害が目立っていた反省から，連邦難民認定庁を改組して移民に関する業務を統括する連邦移民・難民庁を新設することとし，その下で社会的統合に向けた施策を推進するとした点も，移民政策への行政の側からの本格的取り組みを促す意味で重要である。

　移民委員会の以上のような提言は，公式の移民国に転換するという確固たる立場に立脚し，長期的展望から明確なコンセプトに基づく制度を提示しているだけでなく，様々な種類の移民に対する施策を包括的に描いている点で画期的な内容を有するものと評価できよう。同時に，従来の外国人政策の軌道を切り替えるものであるにも拘わらず，人口構造の変化のような社会変動に政策を合致させ，社会的必要に応じる性質の改革であるところから，移民導入に積極的な経済界から好意的に迎えられたのをはじめ，労働界や教会などの社会団体からも概ね肯定的な反応を得たことも特筆に値する。けれども，画期的であるだけに立法化の過程では利害調整が必要とされ，提言に修正が加えられたのは当然だった。特に連邦参議院では野党が多数派を形成していたから，法案を成立させるためにはCDU・CSUとの協議が不可欠になった。既述のように，CDU・CSUも長期的にはドイツを非移民国として維持するこ

とが不可能になっていることを認めていたが、その一方で、大量の失業者を抱えている現状に照らし、新たに移民を導入することでドイツ人労働者の利益が損なわれることを懸念したのである。この観点から同党は移民受け入れの限界を強調するとともに、外国人よりドイツ人の利益の優先を唱え、移民政策の重心を労働市場と社会の移民への開放よりも移民の制限に置いたのである。

　そうした野党との調整の結果、シュレーダー政権の移民法案が移民委員会の提言より後退した内容になるのは避けられなかったが、それでもCDU・CSUの同意は得られなかった。そのため、法案は2002年3月に連邦議会で可決されたものの、連邦参議院では憲法上疑義の残る手続きで採決が強行された。こうした成立事情から大統領J.ラウ（SPD）は署名を逡巡したが、結局6月に署名し、同法は2003年1月1日に施行される運びになった。けれども、予告通りCDU・CSUが連邦憲法裁判所に提訴し、2002年12月に議決方法を違憲とする判決が下った結果、移民法は施行直前になって政治の舞台に引き戻されたのである。

## 3　多発する排外暴力と極右勢力

　以上で瞥見したように、コール政権で移民を制限する立場に縛られて足踏みしていた外国人政策はシュレーダー政権に代わってから大きく動き出した。導入の面ではグリーン・カード制に続き、直前で急ブレーキがかかったにせよ、移民法が一旦は成立した。他方、統合の面については1913年以来の国籍法が改正されたことが大きい。条件付きではあれ、血統主義の原則に出生地主義が補充され、また単一国籍の原則が緩められて二重国籍が容認されたのは画期的な前進ということができた。しかし、こうして外国人政策の骨格が変容していく傍らでは、統一ドイツの国際的信用を損なう排外暴力が後を絶たず、外国人が安心して暮らせる空間が狭まっていた事実も見落とすことはできないであろう。そこで次に極右勢力の動向を簡単に見ておこう。

　庇護権改正問題に関連して指摘したように、ドイツ統一以前には経験したことのない人の移動の高波に洗われてドイツ国内では排外暴力事件が多発するようになった。その意味で、この現象は統一後のドイツを特徴づける新たな一面ということができる。事実、連邦内務省のまとめによれば、統一後の

第6章　外国人問題と極右勢力　143

表6-5　排外犯罪の件数

| 罪種 | 1991 | 1992 | 1993 | 1994 | 1995 | 1996 | 1997 | 1998 | 1999 | 2000 |
|---|---|---|---|---|---|---|---|---|---|---|
| 殺人 | 3 | 4 | 2 | — | — | — | — | — | 1 | 1 |
| 殺人未遂 | — | 28 | 18 | 8 | 8 | 11 | 8 | 10 | 11 | 9 |
| 傷害 | 236 | 576 | 727 | 494 | 372 | 307 | 406 | 384 | 386 | 569 |
| 爆発物 | — | 12 | 3 | 1 | — | | | | | 3 |
| 放火 | 335 | 596 | 284 | 80 | 37 | 27 | 26 | 23 | 29 | 31 |
| その他 | 1,852 | 5,120 | 5,687 | 2,908 | 2,051 | 1,887 | 2,513 | 2,228 | 1,856 | |
| 総数 | 2,426 | 6,336 | 6,721 | 3,491 | 2,468 | 2,232 | 2,953 | 2,644 | 2,283 | 3,594 |

（出典）Die Beauftragte der Bundesregierung für Ausländerfragen, Daten und Fakten zur Ausländersituation, 20. Aufl., Berlin 2002, S. 59 より作成.

　排外犯罪の件数は表6-5のように推移してきた。統一までは西ドイツ地域でそれほど目立たなかったことや，統一を境に東ドイツ地域で排外暴力事件が多発したことを考慮すれば本来なら東西の地域別のデータに即した検討が必要だが，その点を措くとしても，統一直後からの激増が一目瞭然といえよう。またこの点と並み，統一以前の西ドイツ地域と統一以後の全国の件数を比較すると，統一以降極めて高い水準が継続していることが確認できる。消滅するまでのDDRでは居住している外国人の規模は極めて小さく，人民警察による市民の動静の監視が強かったので排外暴力が生じていたとしても件数は少なかったと推定されるが，そうだとするなら，1990年代のドイツの特徴の一つは排外犯罪の多発にあるといっても誇張ではないであろう。

　排外暴力の蔓延は統一したばかりのドイツへの種々の外国人の殺到に対する反応であり，パニックに似た心理が不安を昂進させ，外国人敵視の風潮を広げたことを示している。しかしそれと同時に，外国人に対置されるドイツ人を優れた存在と見做して自己を同一化する反面，外国人を劣等視し，社会から排除しようとする偏狭なナショナリズムがドイツ分断の終焉に伴う重しの消滅を契機に社会に表面化できるようになったことを見落としてはならない。建国以来，西ドイツでは，ナショナリズムの率直な表明が抑制され，西側統合の枠内で憲法愛国心やヨーロッパ・アイデンティティと組み合わされてしか存在が許されず，その意味でナショナリズムはドイツ人にとってタブーになっていた。そこから，統一に伴い，いわば足枷が外れた状態が現出し，民主主義的価値観とナショナリズムがどこまで融合し，ドイツの政治文化が西欧的な内実を有するものとしてどの程度まで成熟しているかが試されるこ

とになった。そうした新たな状況に対する一つの回答が、外国人を排斥する自民族中心的なナショナリズムの台頭であり、それを表現するのが従来は見られなかった極右的潮流のうねりである。

もっともドイツでは極右の定義は確立しているとはいえず、さらにハイダー現象を巻き起こしたオーストリアでの自由党（FPÖ）の躍進や、オランダ、デンマークなどでの右翼政党の相次ぐ政権参加をも視野に入れれば、右翼ポピュリズムとの関連を問うことが必要とされよう。実際、極右に限っても、その内実の不明確さは、監視の任に当たっている憲法擁護機関が右翼過激主義と右翼急進主義を区別していることなどに表れている。そうした区別は行政機関であることに由来する制約によると考えられるが、以下ではその点には立ち入らず、民族ないし人種の優劣を当然視し、優越した者による支配、差別、排斥を正当化するのみならず、その実現を目標にするとともに、その帰結として、人間の自由と平等を土台とする民主主義体制に敵対する思想もしくは組織・運動を極右と呼ぶことにしたい。この意味での極右勢力の動向を眺める場合、三つのレベルを区別するのが適切であろう。第一は政党、二つ目はネオナチ団体、三番目はスキンヘッドである。

まず極右政党からみていこう。

極右には三つの主要な政党が存在する。共和党（REP）、ドイツ民族同盟（DVU）、ドイツ国家民主党（NPD）である。このうち1990年代のドイツで注目を浴びたのは前の二つである。排外暴力の嵐が吹き荒れた1990年代初期にREPとDVUは州レベルの選挙で大躍進を果たしたからである。

1983年にCSUから右派が離党し、F. シェーンフーバーなどを中心にして結成されたREPは、1989年のベルリンの州議会選挙とヨーロッパ議会選挙で7.5％と7.1％の得票をえて大きな成果を収めた。しかし、1990年の統一直後の連邦議会選挙では高揚するナショナルな感情は統一宰相を擁するCDU・CSUに吸収され、再び泡沫政党に転落したかに見えた。けれども、その後に外国人の高波が押し寄せ、社会に脅威感を広げたにもかかわらず、与野党ともなんら見るべき対策を講じることができず、市民の不安が深まるのを放置したために、外国人の排除を前面に押し立て、これを争点にすることによって有権者を引き付けることに成功した。1992年のバーデン＝ヴュルテンベルク州の州議会選挙とベルリンの区議会選挙でREPは10.9％と8.3％の得票率

を上げたのである。一方，1971年に新聞発行人G.フライが結成したDVUはいわば読者の集合体でしかなく，組織活動もほとんど行わず，政党としての体裁をなしていなかったが，そうした幽霊政党であるにもかかわらず，フライの個人的資金でビラやパンフレットを撒くことによって1991年のブレーメン，1992年のシュレスヴィッヒ＝ホルシュタインの州議会選挙でそれぞれ6.6％と6.2％の票を獲得して議会進出を果たしたのである。これらの成功は，暴力事件の拡大を背景に外国人の流入規制が単一争点に押し上げられ，既成政党が問題解決能力を示せなかったために，これを不満とする有権者が既成政党に対する支持を撤回し，あるいは抗議の意思表示のために極右政党に票を投じた結果もたらされたものである。そのため，これらの選挙では抗議投票や懲罰投票という従来にない有権者の投票行動の変化が注目されたが，その土壌として，政治家のスキャンダルが同時期に相次いで発覚し，改めて政治倦厭が深刻化していた事実にも目を向ける必要がある。

　極右政党のこうした躍進は，次の連邦議会選挙で5％のハードルを超えて議席を獲得する可能性さえ予感させたが，そうした事態が生じたならドイツの国際的イメージが大きく損なわれるのは避けられなかった。与野党が歩み寄り，焦点になっていた難民の流入を庇護権の改正によって規制することになったのは，一つにはこのような考慮が働いた結果だった。これにより難民の流入にブレーキがかかり，社会が平静さを回復し始めると，上昇気流に乗っているかに見えた極右政党は一転して失速状態に陥った。1993年9月にハンブルクで州議会選挙と区議会選挙が行われたが，前者でREPは4.8％，DVUは2.8％の得票率に終わり，前回選挙よりは伸びたものの議席獲得には失敗した。また区議会選挙ではREPとDVUは七つのうち三つの区で5％のハードルを辛うじてクリアできたが，退潮は明白だった。これを最後に以後は議会進出にことごとく失敗し，1994年と98年の連邦議会選挙では惨敗するか参加すらできなかった。また，1996年のバーデン＝ヴュルテンベルク，1998年のザクセン＝アンハルトの州議会選挙を除き，どの州議会にも議席を得られず，一度は進出に成功した州でも議会から姿を消すことになったのである。

　もっとも，極右政党のこうした低迷はすぐに警戒を解く理由にはならない。世論調査の分析からは，極右政党に対する潜在的な支持層は有権者の10％を超えていることが明らかになっているからである。この点を踏まえれば，泡

沫政党に後退したのは，REPとDVUが対立したり，カリスマ性をもった指導者を欠いているなどの理由で極右政党が有権者を動員するのに失敗した結果といえよう。換言すれば，ドイツでもフランスで政党地図に定着した国民戦線（FN）のように極右政党が連邦議会の一角を占める可能性がないとは言い切れないのである。また，一旦議席を占めた州議会で会派が内紛を引き起こしたり，立法活動を疎かにするなど有権者の信頼をつなぎとめうる人材と政治姿勢とが欠落していることも低迷の原因になっている。議席を得ることは政策能力を試されることでもあるからである。これに加え，元来固定的支持層が少ない極右政党が潜在的支持者を動員し，あるいは一時的にせよ有権者を引き寄せるうえで単純化された争点が必要とされるが，そうした争点が作られるかどうかは既成政党やマスメディアの動向によるところが大きい。難民問題に見られるように，マスメディアで焦点に据えられているイシューについて与野党が硬直した対立を続ける場合や，逆に，オーストリア自由党（FPÖ）の躍進が示すように，主要政党の合意システムが閉塞して有権者の期待に応じられなくなると極右政党にとっての上昇気流が形成されるが，反対に主要政党が問題解決能力を示すか，あるいは少なくとも極右政党に有利な争点を周辺化できれば，有権者の動員は難しくなる。これらの点から，ドイツでも大同団結による動員戦略の見直しなど条件によっては極右政党が蘇生することがありうると考えられるのである。

　次にネオナチ団体とスキンヘッドに目を向けよう。

　連邦憲法擁護庁の調べによれば，ドイツでは2000年の時点で60の暴力的傾向のネオナチ団体が活動している。またそのメンバーは総数で2,200人程度と見られる。したがってそれらはいずれも小さな組織であり，大きくても数百人の規模である。その特徴としては，イデオロギー面でナチスに結び付いていることが挙げられ，人種主義的世界観が際立っているが，体系的な思想というよりはドイツ民族の優越を主軸に据えたイデオロギーの雑炊というのが実情のようである。けれども，その非論理性は政治的危険性が低いことを意味しない。むしろネオナチ団体の特色は極右政党と違って強い行動力を有していることにあるからである。そのメンバーは外国人をはじめ障害者などの社会的弱者に暴力行為を働き，人種差別的なスローガンを掲げて行進をおこなうなど行動による自己主張を繰り返している。特にルドルフ・ヘス追悼

集会はネオナチ団体の恒例行事になっており，各地から集まった数千人規模のデモと集会は，その禁止を巡る当局の動きや衝突事件などのためにマスコミでも大きく取り上げられ，ナチスの亡霊が依然としてドイツ国内を徘徊していることを印象づけている。

　こうしたネオナチ団体に対して治安当局は度々禁止措置を取ってきた。排外暴力が放火殺人に発展した1992年のメルン事件直後には民族主義戦線，ドイツの選択などの団体が禁止された。その後も国民リスト，国民ブロックなどの禁止が相次いでいる。しかしこれによって全体としてネオナチが打撃を受け，その行動が押さえ込まれたとはいえない。そのことは連邦憲法擁護庁が把握している人員の推移に表れている。そればかりか，治安当局の目をかいくぐってネオナチ団体間のネットワーク作りが進んでおり，依然として濃厚な一人一党的な性格が障害になってはいるものの，協力関係が形成されてきているのも注目される。ネットワークが構築されれば，ネオナチのポテンシャルがこれまでより拡大するのは確実と見られるからである。

　このように小さな単位で組織化されているネオナチと対比すると，スキンヘッドは組織がルーズな点に特色がある。スキンヘッドは元来はイギリス生まれの若者文化の一つの形態であり，ドイツでも非政治的なスキンヘッド・グループが存在するが，政治化した場合には極右的傾向を帯びることが多い。この種のスキンヘッドの総数は1991年には4,200人程度と見積もられたが，2002年には1万700人と推定されており，増大する傾向にあると考えられている。若者文化の一つの現象としてのスキンヘッドは，頭を丸刈りにする独特のスタイルと大量飲酒，サッカー熱，強烈なロック音楽などによって大人の文化と社会規範に対する反抗を表現していた。そうした性格から，暴力を心情の発露として美化する傾向は当初から見られた。社会的下層に属する男性青年を主体とするスキンヘッドの一部がエスタブリッシュメントに対するルサンチマンを下に向け始めたのは1980年代からであり，弱者である外国人などを標的にした暴力行為に関与するスキンヘッドが増大した。もちろん，その場合でも，イデオロギーはほとんど問題にならず，組織的行動も目立たない。極右政党が彼らを取り込もうとする努力も，イデオロギーに無関心で組織による拘束を嫌うスキンヘッドに拒否され，成功していない。

　外国人を憎悪し，弱者を攻撃するスキンヘッドには崩壊家庭の出身者や学

業を中途で放棄した者が多く含まれ，その意味では自己自身が弱者であるが，そうした背景を踏まえれば，彼らの暴力は一種の抑圧移譲と捉えることができる。実際，社会的にマージナルな地位にあるために，外国人を競争相手と見做し，自分たちが得るべき職場や社会給付を横取りされるという脅威を感じやすいことが，しばしば暴力的な形態で彼らを外国人排斥に走らせていると考えられる。この意味で，「近代化の敗残者」という極右に関する表現はスキンヘッドにも当てはまり，また，その外国人憎悪は他者と富を分かつのを拒む「豊かさのショーヴィニズム」として性格づけることができる。競争者を前にして彼らが拠り所にできるのは，ドイツ人であるという一点でしかなく，唱和される「ドイツ人であるのは我らの誇り」という標語が示すように，彼らの暴力は偏狭なナショナリズムを表すものになっている。このようなスキンヘッドに対しては，あからさまな人種差別を売り物にし，暴力行為を煽るロック音楽やそのコンサートを規制する措置を取り締まり当局は取っているが，有効な方策は存在しないのが実情であり，W. ハイトマイヤーをはじめとする青年研究者の間では，競争原理がますます強まり，能力主義を大義に弱者を排除して顧みない「肘鉄社会」とも呼ばれる社会的風潮を問題視するなど様々なレベルにわたる議論が続けられている。

　以上で概観したように，一口に極右勢力といってもその実態は単純ではない。例えば極右政党とスキンヘッドとはこれまでほとんど接点さえなく，これらを一括りにするのは無理があるからである。また極右政党の場合，その勢力は潜在的支持層の動員力で測られるから，中核となる党員の規模があまり重要性をもたないのも確かである。その意味では極右の人員の推移にそれほど重きを置くことはできないにしても，その消長の一つの目安にはなるので，表6－6に近年のデータを掲げておこう。

　ところで，新聞や雑誌での報道が少なくなり，書店の店頭からも関連著作が姿を消したことなどから窺えるように，極右勢力に対する社会の関心は1990年代半ばからかなり薄れてきているといってよい。こうした変化が生じたのは，なによりも選挙での極右政党の低迷が一時は張り詰めていた危機感を和らげたことが大きい。これに加え，REPでの内紛や極右に有利なイシューの欠如などで再起が難しいと判断されていることも挙げられよう。しかし，全般的背景として，排外暴力が蔓延した時期に多数の市民が光の鎖をつくっ

表6-6　極右勢力の人員

|  | 1999 | | 2000 | | 2001 | |
| --- | --- | --- | --- | --- | --- | --- |
|  | 団体 | 人数 | 団体 | 人数 | 団体 | 人数 |
| サブカルチャー面で暴力的な極右 | 5 | 9,000 | 2 | 9,700 | 1 | 10,400 |
| ネオナチ | 49 | 2,200 | 60 | 2,200 | 65 | 2,800 |
| 政党 | 3 | 37,000 | 3 | 36,500 | 3 | 33,000 |
| 内訳 | | | | | | |
| 　共和党（REP） | | 14,000 | | 13,000 | | 11,500 |
| 　ドイツ民族同盟（DVU） | | 17,000 | | 17,000 | | 15,000 |
| 　ドイツ国家民主党（NPD） | | 6,000 | | 6,500 | | 6,500 |
| その他の極右組織 | 77 | 4,200 | 78 | 4,200 | 72 | 4,300 |
| 総計 | 134 | 52,400 | 143 | 52,600 | 141 | 50,500 |
| 重複を引いた実数 | | 51,400 | | 50,900 | | 49,700 |

（出典）Bundesministerium des Innern, Verfassungsschutzbericht 2001, Berlin 2002, S. 34 より作成．

て抗議に立ち上がり，暴力が国民の意思の執行などではなく，逆にいかなる正当性も欠如した単なる犯罪でしかないことを見せつけたことが，ドイツ社会の民主主義的成熟を内外に示し，自信を回復するのに寄与したことが忘れられてはならないであろう．

　しかしながら，他方では，多数の外国人が定住し，公式の移民受入国への転換が進められているにもかかわらず，ドイツ国内では外国人敵視の風潮が根強いことにも注意を払う必要がある．むしろ，外国人政策の変化がかえって外国人に対する憎悪を強めている一面すらあるといえよう．外国人を競争者と感じるスキンヘッドを輩出する土壌は，貧富の格差が開き，雇用不安などで多くの市民の生活条件が悪化している中では，拡大しつつあるからである．排外暴力が1990年代前半ほどではなくても高水準で推移し，スキンヘッドの総数が増大基調にあるのは，その意味で危険なシグナルと解すべきであろう．こうした中，2000年夏にデュッセルドルフの地下鉄構内で発生した爆発事件は，旧ソ連からのユダヤ人移民を含む不特定多数を標的にし，幾人もの死傷者が出たことから社会を震撼させた．ドイツ国家民主党（NPD）に対する政党禁止の請求が連邦議会・連邦政府などによって2001年初めに行われたのは，この事件を頂点とする排外暴力事件の頻発を背景にしていた．NPDは1964年に結成され，60年代後半には州レベルで次々に議会進出を果たした実績があるが，極右政党のかつての主役で古参であるにもかかわらず，長ら

くREPやDVUの陰で存在感が希薄になっていた。そうした同党が禁止請求の対象にされたのは，起死回生の戦略として，暴力的なネオナチやスキンヘッドに党を開放し，排外犯罪の実行者に同党の関係者がいたからである。民主主義的秩序を破壊する政党の禁止は基本法に定められているものの，1956年に連邦憲法裁判所によってドイツ共産党が禁止されて以来途絶えていた。それは禁止という強硬手段に訴えなくても，反民主主義勢力を無力化する力が社会に育っていると判断されたからだと考えられる。この点を考慮すれば，禁止請求の有無自体がドイツでの民主主義の成熟のバロメーターの一つにもなっていたということができる。その意味では，シュレーダー政権下の与野党合意による禁止請求という行動には，極右勢力に対する政治指導者たちの危機感と断固たる決意が反映されているといえよう。

**参考文献**

井関正久「極右問題をめぐる社会学的論考」『ヨーロッパ研究』（東京大学）2号 2002年

大野英二『ドイツ問題と民族問題』未来社 1994年

久保山亮「ドイツ型産業社会とエスニック・マイノリティ」宮島喬編『現代ヨーロッパ社会論』所収 人文書院 1998年

近藤潤三「統一ドイツの右翼問題」『社会科学論集』（愛知教育大学）34号 1995年

同「統一ドイツの外国人犯罪に関する一考察」『社会科学論集』34号 1995年

同「統一ドイツの右翼団体と極右犯罪の現状――連邦憲法擁護庁と連邦刑事庁の年次報告書をもとに」『社会科学論集』35号 1996年

同「ドイツにおける外国人高齢者の生活実態」『社会科学論集』37号 1998年

同「ドイツにおける外国人過激派の実情――クルド労働党（PKK）禁止問題を例に」『社会科学論集』37号 1998年

同「ドイツ民主共和国における外国人労働者と外国人政策――旧東ドイツ地域の反外国人感情との関連で」『社会科学論集』38号 1999年

同『統一ドイツの外国人問題――外来民問題の文脈で』木鐸社 2002年

同「統一ドイツの不法移民問題」『社会科学論集』40・41号 2003年

佐井達史「外国人政策の新展開――ドイツ国籍法改正を手掛かりに」『ドイツ研究』35号 2002年

斎藤一久「ドイツにおける多文化教育の一断面――イスラム教をめぐる問題を中心にして」『早稲田大学法学会誌』52巻 2002年

竹中亨「『国民』への憧憬としての政治――ドイツにおける極右ポピュリズム」

野田宣雄編『よみがえる帝国　ドイツ史とポスト国民国家』所収　ミネルヴァ書房　1998年
ディートリヒ・トレンハルト「ドイツにおける移民と地域政治」宮島喬・梶田孝道編『外国人労働者から市民へ』所収　有斐閣　1996年
野中恵子『ドイツの中のトルコ』柏植書房　1993年
フランツィスカ・フンツエーダー　池田昭・浅野洋訳『ネオナチと極右運動』三一書房　1995年
ライナー・ミュンツ「移民受け入れ国になるドイツ」『社会科学論集』40・41号　2003年
山口定・高橋進編『ヨーロッパ新右翼』朝日新聞社　1998年
山本健児『国際労働力移動の空間』古今書院　1995年

## 第7章　国際社会の中のドイツ
————「ドイツのヨーロッパ」か？————

### 1　ユーゴスラヴィア解体とドイツ外交

　国際社会におけるドイツの位置を考えるとき，忘れてはならないのは，統一によってドイツ自体が変わったことと，ドイツを取り巻く冷戦構造が変わったという二つの面に目を向けることであろう。統一に伴ってドイツは人口や経済力で一層巨大化し，分断という重荷から解放され，主権を完全に回復したことで行動の自由が拡大した。他方，ドイツ統一が一つのピークをなす冷戦の終結はドイツが担ってきた東西ブロック対立の最前線という役割に終止符を打ち，代わって東西ヨーロッパの接点にドイツを押し出すことになった。つまり，統一と冷戦終結はドイツの地政学的位置を根本から転換させたのであり，統一したドイツはいまや国境の障壁が低くなっていくヨーロッパにあってその心臓部を占め，東西ヨーロッパのみならず南北ヨーロッパの交点の役割を果たすことになったのである。久しく絶えていた「中央ヨーロッパ」という表現が復活し，ドイツをその中心とする見方が勢いを得たのは，そのような変化を如実に物語っているといえよう。EUは1994年10月にそれまで東欧と呼ばれていたポーランドからブルガリアまでの地域に中欧という呼称を用いることを決定した。また，これらの諸国の間でも，オーストリア，イタリアなどを含む中欧協力会議の創設に見られるように地域協力を強める動きが出てきている。こうした変化に留意しつつ，以下では最初にユーゴスラヴィア解体へのドイツの関与を瞥見し，次に，ワルシャワ条約機構が解体し，NATOが変容していくなかで注目されたドイツの軍事的役割の変化を安

全保障政策の要をなす連邦軍のNATO域外派遣問題に即して眺めよう。

　西ドイツの外交は，日本と並んで西側経済を牽引する機関車役を期待されるほどの経済大国になってからも，政治小国の枠組みを基本的に守り，自らのイニシアチブで行動を起こすことは少なかった。それはアデナウアー以来の西側統合が党派を超えた国民的合意として確立し，西側の国際機構の一員としての行動に徹することが西ドイツの国益に適ったからであった。もちろん，ブラントの東方外交のように，西ドイツが外交上のイニシアチブを発揮したことはある。しかし，それは西ドイツの利益だけではなく，ヨーロッパの現状を固定化し，平和秩序を堅固にすることに主眼があった点でヨーロッパ全体の利益にも合致していたのであり，自国の利益だけを狙う独走とは根本的に異なる行動だった。

　しかしながら，東西ドイツが統一し，分断のくびきが消滅した以上，ドイツがこれまでどおりの役割に徹することを期待するのは無理があった。その意味で，国内でナショナルな感情の高揚するドイツがどのような外交路線を打ち出すかが周辺諸国にとって重大な関心事になったのは当然だった。そして間もなくそれを占う機会が到来した。ドイツ統一を可能にした冷戦体制の崩壊はユーゴスラヴィアでは連邦の解体を招いたからである。

　冷戦末期に東欧諸国で民主化の希求と合体して沸き起こったナショナリズムの高波はそれらの国々をソ連から離脱する方向に進ませた。しかし外交上の自主路線のためにソ連との結合が緩く，チトーの威光も薄れたユーゴではそれは連邦を解体させる働きをした。連邦内の各共和国では自由選挙によって次々に民族主義的政権が形成され，連邦内で抗争が激化したが，1991年6月に遂にスロヴェニアとクロアチアが独立を宣言したのである。これに対し，統一したばかりのドイツは9月に他国に先駆けて両国の独立を承認する方針を打ち出し，EC諸国にも同調するように働きかけた。この点についてはコール与党だけではなく，SPDなど野党も同じ姿勢を示し，国内にも広範な世論の一致が見られた。その結果，EC諸国間でドイツの主張が認められ，スロヴェニアとクロアチアの独立承認に関して合意が成立した。ところがドイツはEC諸国の足並みが揃うのを待たず，12月に単独で両国の独立承認を宣言した。このため，1992年1月に他のEC諸国も分離独立を認めたものの，それはドイツに追随する形になったのである。

こうして統一から日の浅いドイツは外交的イニシアチブを発揮したが，それは独断専行と自国利益の最優先の二つの点でそれまでのドイツ外交とは明確に性質を異にしていた。このような変更をしてまでドイツが両国の支援にこだわったのは，両国が歴史的に見て広い意味でのドイツ文化圏に属していたことにあると考えられた。ユーゴスラヴィア近現代史を繙けば明らかなように，第一次世界大戦終結後に英仏主導でセルビア，スロヴェニア，クロアチアの人々からなる南スラブの国家が創設されたのは，火薬庫バルカンを封印するためだった。しかし同時に，ドイツとオーストリアをバルカンから排除することにも狙いがあったのである。この点に照らせば，ドイツが率先してスロヴェニアとクロアチアの独立を承認し，ユーゴ解体に突進した背景には，かつての勢力圏を再び自らの側に引き寄せようとする意図があると見られたのも無理はない。しかも第二次世界大戦中にユーゴスラヴィアはナチスに占領されただけでなく，占領下のクロアチアではクロアチア人の政治組織ウスタシャがナチスと協力して大量のセルビア人の虐殺を実行した過去があるだけに，ドイツによる両国の独立承認は，ドイツが統一の陶酔の中で歴史の汚点を忘却し，あるいは分断の歴史によって既に代価を十分に支払ったという意識が台頭したことの表れであると解釈された。こうして自国利益の貫徹を目指して独り歩きするドイツという悪夢が周辺国に蘇ることになったのである。この悪夢は国際的枠組みからドイツが離脱したことを含意するものであり，ドイツ外交の再ナショナル化と呼ぶことができよう。そしてこの再ナショナル化は，連邦国家ユーゴスラヴィアの消滅で終わるのではなく，ソ連が退いた後に一種の権力の空白地帯となった東欧地域に影響力を拡大するドイツの野望をも予感させたのである。

　ユーゴ解体を巡り，統一後にドイツが示した外交的イニシアチブは，西側との協調を重視してきたそれまでの西ドイツ外交とは異質であり，周辺国の懸念をかき立てたのは当然だった。しかしそれを再ナショナル化を内実とする単独行動への転換と捉えるのは行き過ぎであり，ユーゴ解体の責任をドイツに押し付けるその後に繰り返し登場する議論も誇張の誹りを免れないであろう。連邦国家としてのユーゴスラヴィアを維持するには国際社会はスロヴェニアなどが分離独立を宣言する以前に対処する必要があったのであり，事態の展開に照らせば，独立が宣言された後ではもはやユーゴスラヴィア連邦

を救うことは不可能だったと判断されるからである。その意味で、ドイツの行動が適切さを欠いたといえるとしても、それがユーゴ解体の引き金になったとするのは誤りといわねばならない。むしろ重要なのは、単独行動に至った外交判断の不適切さには、統一によって政治小国にとどまることが不可能になったことによるアイデンティティの揺らぎが映し出されている点である。つまり、外交の再ナショナル化と映る行動は、民族紛争の激発に見られる冷戦終結に伴う国際秩序の流動化の中で自己の役割を再発見することの困難さに起因していたと考えられるのである。

ともあれ、こうして統一したばかりのドイツはユーゴ問題を巡って周囲に強い懸念と警戒心を呼び起こすことになった。しかし、この問題での失策がなくても、巨大化したドイツの出現はそれ自体で脅威感を与えていたことも想起する必要がある。言い換えれば、周辺国には最初から潜在的に根強い不安があり、それがドイツの単独行動を契機にして、不信と警戒心として一気に顕在化したといえよう。この意味で、大きくなったドイツは周辺国の懸念を沈静化するためにも、国際社会から求められる役割を積極的に引き受けることを迫られるようになったのである。

## 2　国際貢献と連邦軍派遣問題

ところで、国際社会においてドイツが引き受けるべきより大きな役割は、統一に際してコールがその用意があることを表明し、それに応じた心構えをすることを国民に訴えていた点でもあった。統一の日の祝典の場でコールは、「我々はこの統一とともに世界共同体においてより大きな責任を担うことになる」と演説したのである。戦後のドイツ外交を振り返ると、1950年代のアデナウアーの西側統合政策、1970年代のブラントの東方政策が特筆されるが、これに続き、統一を起点にして1990年代のドイツはより大きな国際的責任を引き受ける新たな段階を迎えたといえよう。

この観点から、巨大化したドイツに国際社会から期待された国際貢献に関し、連邦軍派遣問題に焦点を当てて概観しよう。国際貢献は人道援助や経済協力のような平和貢献から武力行使をはじめとする軍事貢献まで広い範囲に及ぶが、地域紛争の噴出という国際環境の変化に加え、財政面の制約が強まったことも手伝い、軍隊の派兵がドイツの国際貢献の中心的争点として押し

出されたからである。もちろん，連邦軍の新たな役割に関心が集まる裏側では，開発途上国に対する経済援助は，熱意も冷却し，規模も縮小の一途を辿った事実を看過することはできない。このような現象はドイツに限られず，先進諸国に共通したものであり，これを一因として，冷戦終結後に高まったグローバル化の中で南北格差が一段と拡大してきているのは周知のところであろう。そうした趨勢を背景にしながら，ドイツでは財政の逼迫を理由に援助問題を所管する経済協力省の予算は減額されて，2000年の同省の総予算は1991年の88％程度になっている。またこれを受けて，例えばドイツの政府開発援助（ODA）は表7－1に見るように削減されるとともに，GDPに占める比率も1990年の0.41％から1995年の0.31％，2000年の0.27％へと低下している。同時に援助対象国も減らされ，その選別にドイツの経済的利害が色濃く反映されるようになってきたのも否定できず，そのために世界飢餓救援協会をはじめ開発援助に取り組む国内の民間団体から厳しい批判を浴びているのが実情である。

連邦軍派遣問題の裏で生じているこのような変化を念頭に置きながら，最初に西ドイツ時代の安全保障体制の要点を振り返っておこう。

同じ敗戦国ではあっても，日本と違い，東西冷戦の最前線に位置する西ドイツはNATOに所属する同盟国として1956年に再軍備し，徴兵制をしいていた。けれどもその一方で，集団的自衛権による連邦軍の軍事行動は，明示的定めがない限り海外派遣は許されないという政府の基本法解釈に基づいて，

表7－1　ODA費の推移（ネット）

| 年度 | 総額<br>(100万ユーロ) | GDP比<br>(％) | 年度 | 総額<br>(100万ユーロ) | GDP比<br>(％) |
|---|---|---|---|---|---|
| 1970 | 1,126.3 | 0.32 | 1994 | 5,653.6 | 0.33 |
| 1975 | 2,129.6 | 0.40 | 1995 | 5,515.5 | 0.31 |
| 1980 | 3,311.2 | 0.43 | 1996 | 5,847.7 | 0.32 |
| 1985 | 4,426.1 | 0.46 | 1997 | 5,192.8 | 0.28 |
| 1990 | 5,221.9 | 0.41 | 1998 | 5,020.2 | 0.26 |
| 1991 | 5,852.6 | 0.39 | 1999 | 5,176.6 | 0.26 |
| 1992 | 6,046.5 | 0.37 | 2000 | 5,458.1 | 0.27 |
| 1993 | 5,882.2 | 0.35 | 2001 | 5,571.3 | 0.27 |

（出典）Bundesministerium für wirtschaftliche Zusammenarbeit und Entwicklung, Jahresbericht Entwicklungspolitik 2001, Berlin 2002 より作成。

第7章　国際社会の中のドイツ——「ドイツのヨーロッパ」か？　157

NATO の域内に限定されていた。冷戦の最前線に位置する西ドイツは，一旦戦端が開かれれば戦場になるのは確実だったから，自国の防衛を NATO 領域の防衛と一体化し，統合参謀本部をもつこともなく，連邦軍を NATO に統合していた。NATO 加盟は西ドイツが軍事面で単独行動することはないという西ドイツ側の意思表示であったが，それだけでなく，西ドイツの主権を制限し，マルチラテラルな組織によって拘束するものでもあった。そしてこの西ドイツの立場は，ナチスがヨーロッパに残した禍根を踏まえ，自己利益の追求を抑制し，控えめな姿勢を取らねばならないという過去の負債の意識によって根底で支えられていたのである。

　冷戦下の西ドイツのそのような安全保障体制は，冷戦の終結とともに大きく転換することになった。その背景には，なによりも NATO が1991年11月のローマ・サミットで採択した「同盟の新戦略概念」に象徴される脅威認識の変化がある。そこでは従来のような即時の対処が必要な画一的で巨大な軍事的脅威から，経済的，社会的，政治的困難に起因する民族紛争と領土紛争や，大量破壊兵器の拡散，テロリズムなどの幅広い危険へと脅威自体が変化したことが告知されていたからである。この認識に基づく NATO の変質は，北大西洋条約5条に定められた集団防衛から，危機管理や平和維持のような「非五条活動」と呼ばれる集団防衛以外の活動に重心が移ったことに表出している。これに歩調を合わせてドイツの安全保障政策も転換を迫られたが，最初の転機になったのは，米英の主導をロシアが容認して遂行された湾岸戦争である。

　東西ドイツの統一に向けた動きが加速していた1990年8月，突如イラク軍がクウェートに侵攻した。湾岸危機の始まりである。ドイツ統一を挟み，この危機は翌91年1月に国連安保理の決議に基づき，アメリカ，イギリスを中心として編成された多国籍軍によるイラク攻撃に発展した。こうして勃発した湾岸戦争にいかなる姿勢で臨むのか，ドイツは統一したばかりの時点で直ちに重大な試練に晒された。1989年の時点で49万人の兵力を擁する連邦軍を統一の際の対外公約である37万人規模にまでどのような編成にして縮小するのか，また同時に，消滅した東ドイツの国家人民軍（1989年時点で17万3千人）を連邦軍がいかなる形で引き継ぐのかなどの基本的な問題の解決が迫られている中で，湾岸地域は NATO の域外であるところから，連邦軍を派遣す

ることが許されるのか否か，国連やNATOへの軍事的協力にはどこに限界が引かれるのかといった重大な政治問題が重なり合って生じたのである。

　開戦前後からドイツ国内では，若者を中心にして湾岸戦争へのドイツの参戦に反対する運動が高まり，各地で大規模なデモや集会が繰り広げられた。そうした中，コール政権はNATO加盟国であるトルコに空軍部隊を派遣したが，実戦には加わらなかった。またイラクがアラブの大義を掲げアラブと欧米との戦争にする意図からイスラエルをミサイル攻撃したが，これに対しドイツはイスラエルのミサイル防御を支援した。そしてイラクの降伏で戦争が終結すると，日本に次ぐ90億ドルを拠出し，事実上戦費を分担したが，そうした巨額の出費にもかかわらず，軍事面で貢献しなかったことをアメリカを中心に厳しく批判されたのである。

　このような湾岸戦争の試練を経て，統一したばかりのドイツは将来どんな国際的役割を果たし，国際社会の平和と安定に貢献するのかという問題にぶつかった。冷戦期に西ドイツがNATOの同盟国だったことは，同国に安全を享受することを可能にしたが，同時にそれは周辺国から見ればNATOに縛り付け単独行動を封じることで安心を得られる仕組みでもあった。しかし湾岸戦争で軍事的貢献の欠如が批判を浴びたことは，裏返せば，ドイツの軍事行動を無条件にではなくても西側諸国が容認していることを意味しており，それまでのような警戒心よりも，むしろ逆に期待のほうが強いことを示していた。基本法ではNATO域外での軍事行動は明示的には禁止されておらず，いわばグレー・ゾーンになっていたが，冷戦終結に伴うこうした変化を察知してコール政権は，NATO域外に連邦軍を派遣しないというこれまでの方針を改め，国連の旗の下の平和活動には連邦軍を参加させる方針に転換した。これに対し，最大野党SPDでは党内の議論が紛糾した。若手党員からも信望の厚い名誉党首W.ブラントは，死を前にして最後の声をふりしぼり，党大会などの場で「ブルー・ヘルメット」と呼ばれた国連による平和活動への参加を支持するように訴えた。けれども，彼に同調する者は少数派にとどまり，大勢は国連の決議がある場合でもNATO域外での連邦軍の軍事行動を容認することに慎重だった。1991年5月のブレーメン党大会でSPDはフォーゲルからエングホルムへの党首交代で世代交代による若返りを演出したが，同時に「ブルー・ヘルメット」不参加を決定することによって，政権担当能力よりは

抵抗政党的な姿勢を内外に印象づけたのである。

こうしてコール政権の方針転換を契機に、国連による平和活動への連邦軍の参加の是非を巡って国論は分裂したが、着地点を見出す努力をする間もなく、問題はすぐに再燃した。上述のように、ドイツが関与する形でユーゴスラヴィアの解体が始まったからである。

従来、ドイツ政府は国連から平和活動への連邦軍の派遣要請があっても、NATO域内の出動のみを認める制限的方針から拒否してきた。それはナチスの侵略という過去の負債を背負っていたからである。しかし1992年以降は一転して、ドイツ連邦軍の兵員がNATO域外に派遣されるケースが増大した。まず1992年5月には国際カンボジア行政機構（UNTAC）に150人の連邦軍の医療部隊が派遣された。また翌年には国連ソマリア活動（UNOSOM II）のために輸送、道路補修、地雷除去などの任務で輸送部隊を中心とする1700人の兵員がソマリアへ派遣された。これらの目的は人道援助に限定されており、戦闘活動は含まれず、その能力も有していなかったので議論の的にはならなかった。これに対し、ユーゴスラヴィア紛争での派兵は与野党の重大な対立を招いた。1992年7月に国連がセルビアに対する経済制裁を決定したのを受け、NATOと西欧同盟（WEU）がアドリア海での物資輸送封鎖のための監視活動を開始したが、コール政権はこれにドイツの艦艇を参加させたからである。また93年4月からはドイツ空軍が空中警戒管制機（AWACS）によるNATOのボスニア゠ヘルツェゴヴィナ上空監視飛行に参加した。これらはもはや人道援助ではなく軍事活動であり、従来認められていたNATO領域の防衛から外れていたから、SPDは強く反対し、とくに前者の合憲性を巡ってSPDの連邦議会議員が連邦憲法裁判所に提訴した。焦点になったのは基本法24条の解釈だったが、この規定については統一に伴う基本法改正の際にも与野党の対立があり、妥協が得られなかったためにいずれの案も流産した経緯がある。

マーストリヒト条約、庇護権、妊娠中絶法などの経緯に見られるように、政党間で十分な合意が形成できない主要問題の最終決着が連邦憲法裁判所に委ねられるケースが統一後に増大し、政党の問題解決能力に対する信頼の低下を招いたが、連邦軍派兵問題も同じ経路を辿った。この問題に関する連邦憲法裁判所の判決は1994年7月に出されたが、それは歴代政府の制限的な基

本法解釈を覆すものだった。すなわち，その骨子は，連邦議会の単純多数による承認を条件としたうえで，国連をはじめとする集団安全保障機構の枠内であればNATO域外であっても連邦軍の派兵を合憲とするものであり，これによって法的な面で問題に決着がつけられるとともに，連邦軍の活動に対する制約が大きく緩められた。1995年にドイツ連邦軍の1,500人の兵員がボスニアで活動している国連防護軍の安全を守るために隣国クロアチアに派遣され，トルネード攻撃機を出動させるとともに医療活動に従事したが，その派遣は連邦議会で，賛成386票，反対258票，棄権11票で承認された。そこで特に注目されるのは，戦闘に発展する危険性のある任務であったにもかかわらず，野党の一部が賛成に回った点である。

続いてデイトン合意成立後のボスニア平和履行軍（IFOR）に連邦軍はその一翼として参加した。IFORは国連安保理決議に基づきNATOを中心に編成された多国籍軍であるとともに，それまでの国連平和維持軍とは異質な，本格的な戦闘能力を有する重装備の軍隊であり，戦闘を辞さない構えで和平の履行を強制する武力介入部隊だったが，それへのドイツ連邦軍の参加決定も連邦憲法裁判所の判決があったから可能になった。IFORでドイツは輸送部隊や医療部隊を中心にクロアチアに駐留させ，その規模は4千人に上った。しかし主に後方支援を担当したところから，派遣に当たっての連邦議会の表決では賛成543票，反対107票，棄権6票で，与党からだけでなく，野党議員の多数の支持も得て承認された。賛成した野党議員の中には後にシュレーダー政権で外相になる同盟90・緑の党のフィッシャーが含まれていた事実が特筆に値しよう。同党は国連の平和維持活動を含め，あらゆる軍事的手段を伴う行動を拒否する決定を党大会で行っていたが，フィッシャーは住民の生命を守るためには軍事力の行使もやむを得ないとし，紛争で犠牲となる住民の生命と人権の保護を平和より優先する立場を内外に示したのである。これが外相就任への伏線になったのは改めて指摘するまでもないであろう。

翌1996年には3千人の連邦軍が平和維持の任務でボスニアでのNATOを中心とする和平安定化軍（SFOR）に加わった。この派遣では連邦軍の地上部隊がクロアチアではなく直接ボスニアに駐留したが，武力行使に至る可能性が含まれていたにもかかわらず，このケースでも連邦議会での承認に際してPDSを除き野党が賛成に回り，賛成499票，反対93票，棄権21票で認められた。

さらにSFORにおける連邦軍の任務を無期限に延長することが1998年6月にやはり同様の票で承認された。いずれも単純多数のラインを大幅に上回る圧倒的多数で承認されたのが注目される。アドリア海での海上物資輸送を阻止するための監視活動には連邦憲法裁判所に提訴してまで反対した野党が、ボスニアで起こった「民族浄化」の名による住民虐殺などの凄惨な出来事を踏まえ、人道的配慮を優先させたことがこうした姿勢の転換に導いたが、これにより、人道的理由に基づくものとはいえ、NATO域外での武力介入行動への連邦軍の参加を許容する幅広い合意が形成されたことの意義は大きい。連邦憲法裁判所の判決ばかりでなく、野党の姿勢の転換が、創設以来NATO領域の防衛に任務を限定されていた連邦軍の域外派兵と軍事活動に大きく道を開くことになったのである。

　もっとも、これらの連邦軍のNATO域外派遣は国連の枠内にあり、平和維持が主目的だったから、実戦参加にまでは至らなかった。ボスニア紛争でNATO軍が行ったセルビア人勢力に対する空爆にもドイツは参加していなかったのである。しかし連邦軍の軍事行動はすぐに現実のものとなった。コール政権からシュレーダー政権に交代して間もない1999年3月に、セルビア側の軍隊、警察などによるアルバニア系住民に対する抑圧が続くコソヴォ紛争を巡り、NATOは平和強制行動として新ユーゴに対する空爆を行ったが、これにドイツ空軍機が投入されたのである。この実戦参加に対しては、ロシアと中国の反対で国連決議による要請が欠落していたことが加わり、国内に強い反対論が生まれた。とりわけフィッシャー外相の属す同盟90・緑の党では険悪な党内対立が起こったのは既述のとおりである。しかし、そうした波乱要因はあったにせよ、NATOによる武力行使とその後のロシアを加えた外交圧力で新ユーゴが屈服した後、国連決議に基づき、連邦軍はコソヴォ平和維持軍（KFOR）に参加して平和確保の任についている。8,500人もの大規模な部隊が投入されるこの派兵を連邦議会はPDSの反対と同盟90・緑の党所属の若干の議員の棄権を除き、圧倒的多数で承認した。さらにアメリカでの同時多発テロを契機とするアフガニスタン攻撃の際、NATOが条約5条に基づき初めて集団的自衛権を発動したのを受け、アメリカ主導の軍事行動「不朽の自由」作戦にドイツは海軍艦艇のほか航空輸送部隊や生物・化学兵器探知部隊など最大で3,900人の兵員を参加させ、併せて国連治安支援部隊（ISAF）

の枠内で各種の専門家を含む1千人以上の兵力を同地域に送り込んでいる。既述のようにこの派兵は首相に対する信任と絡めて僅差で連邦議会で承認されたが，その際に連邦議会で行った所信表明演説でシュレーダーが，国際社会の安全を維持するために軍事行動への参加も含む責任を果たすことは，いまやドイツの新しい外交政策の常識になったと宣言したことも注目されよう。地上部隊の戦闘投入はこれまで行われておらず，そこに踏み込むことには抵抗が大きいと考えられるが，トップ・リーダーであるシュレーダーの口からこのような宣言が出てきたことに象徴されるように，少なくとも与野党の合意のうえで戦闘行動に参加したことでドイツはルビコンを渡ったのであり，ドイツの安全保障政策は新たな段階を迎えたといえよう。因みに2002年11月の時点でドイツは，ISAFに1,336人，コソヴォに4,390人，ボスニア・ヘルツェゴヴィナに1,458人，マケドニアに225人，アフガンでの「不朽の自由」作戦に1,135人の兵力を展開しているが，これらの数字からも連邦軍派兵の重心がヨーロッパ地域に置かれ，軍事的国際貢献の主眼がヨーロッパの安定にあることが読み取れる。バルカンに展開する連邦軍はアメリカ軍に次ぐ規模になっているが，アメリカがヨーロッパへの関与を縮小する方向にあり，「NATOのヨーロッパ化」が進行していることを考慮すると，ルビコンを渡ったドイツがヨーロッパの安全保障に占める重みが増大しているのは明瞭であろう。そしてこの点でもドイツの安保政策が新段階に入ったことが看取されるのである。

　コール政権と同様に，国際貢献の面でシュレーダー政権もまた日米に次ぐ途上国開発援助を続け，縮小傾向が顕著とはいえGNPに占める比率は依然として両国を上回る水準にある。しかしそれだけではなく，以上の例に見られるように，連邦軍のNATO域外派兵の実績を重ね，軍事面での国際貢献をドイツは強めてきている。シュレーダー政権は発足に当たり，同盟90・緑の党との連立協定に「外交政策の継続」を明記したが，コール政権の外交路線を基本的に継承しつつも，武力行使の点で一歩踏み越えているのであり，現実には連邦軍は第二次世界大戦が終結して以来，実戦にすら加わるところまできている。その武力行使は連邦軍の創設以来限定されてきたNATO領域を越え，同時に，正当性の法的根拠だった集団的自衛権の範囲をも越えているのである。

また他方では，そうした派兵に当たり，連邦議会の圧倒的多数の賛成が示すように，国内に連邦軍派遣による国際貢献に関するコンセンサスが形成されてきているのも見逃せない。この点では1995年のラフォンテーヌの党首就任後にSPDが，国連の枠組みで行われるNATO指揮下での危機地域への連邦軍派遣を容認する立場に転じたことが重要であろう。しかし，これに劣らず重要なのは，緑の党の変化である。結党以来，非暴力を党是とし，連邦軍解体やNATO脱退すら唱えた緑の党は，ユーゴ紛争の惨状を目の当たりにして人道援助を優先する立場を明確にし，平和活動のための連邦軍派遣を容認するようになった。そればかりか，コソヴォ紛争の折りには人道的介入の名による空爆にも，党内危機すら招いた苦渋の決断によって支持を与える立場に転換したのである。連邦軍のNATO域外派兵に道を開いたコールによってドイツの安全保障政策は大きく転換したが，同盟90・緑の党の転換によってこれを支える合意が国内に形成された。シュレーダー政権はその意味で安全保障政策の面で幅広いコンセンサスに依拠できるようになったのである。

もちろん，上記の連邦軍派遣はドイツの単独行動ではなく，NATOや国連という国際的枠組みの中での役割分担を踏まえたものであり，統一後にドイツが軍事的膨張路線に転じたことを意味するわけではない。それどころか，ドイツは統一後もNATOの一員としてマルチラテラルな枠組みを重視しており，その中で行動するという点では西ドイツ以来一貫していることが注目されるべきであろう。しかし同時に，シュレーダー政権になってから軍事的手段による以外の安全保障の模索が始まり，安全保障の非軍事化が論じられるようになっていることにも注意する必要がある。軍事を基軸としてきた安全保障で経済関係などの非軍事面のウェイトが高まれば，軍事機構であるNATOの重みは相対的に小さくならざるをえないからである。この点も含め，国際貢献の面でのドイツの変化は，冷戦終結に伴い一変した安全保障環境に対する応答として理解されなければならない。冷戦の終結によって，ドイツにとっては，それまでのような外部から直接に侵略を受ける危険はほとんど消滅したに等しかった。しかし冷戦下の古い脅威に代わって新たな脅威が拡大し，ドイツもこれに対処する必要に迫られた。民族紛争，地域紛争，大量破壊兵器の拡散，国際テロなどがそれである。つまり，脅威の構造転換が冷戦後の世界の特徴であり，かつてワルシャワ条約機構に対峙していたNATO

はもとより，その同盟国であるドイツも危機管理，紛争管理に取り組むことが必要になったのである。

　統一以来，連邦軍の規模が縮小され，兵役期間も短縮されるなど連邦軍改革が進められているのも，脅威の性質が変わり，大規模な通常兵力の必要性が薄れる反面で，平和活動のような新たな課題が主軸になってきたことと無関係ではない。NATOの枠組みの中で軍事協力をより緊密にするため，ドイツはフランス，アメリカ，オランダなどと個別に合同軍を編成するとともに，小規模な紛争に機動的に対応できるように連邦軍の構造を見直しつつある。これを進めるため，野党対策の計算からシュレーダーはCDU所属のヴァイツゼッカー元大統領を担ぎ出した。この人事面からの操縦は，移民法委員会の委員長にCDUのジュースムート前連邦議会議長を起用したのと同様に目を引くが，それはともかく，連邦軍改革のテーマとしては，危機管理を念頭に置いて連邦軍の専門性を高めることが重視されている。2000年の連邦政府の決定では，総兵力を28万人に削減するとともに，そのうちの15万人を紛争対応部隊とすることとされたが，そこにも連邦軍の主要任務が領域防衛から紛争対応に移ったことが示されている。またこの関連で，NATO諸国で徴兵制廃止の機運が高まっているのを踏まえ，これまでの徴兵制を廃止して，志願制に切り替えることも議論されている。無論，徴兵制を廃止すると軍隊と社会とのつながりが歪む可能性や，代替兵役の若者による社会奉仕で成り立っている社会福祉に支障が生じる可能性など種々の問題が指摘されており，徴兵制廃止までにはかなりの道程がある。その面ではドイツは徴兵制を存続させることにより，かえって特異性が際立つ可能性が大きい。いずれにせよ，このようにして冷戦後の新たな情勢への対応を模索しつつ，ドイツは連邦軍のNATO域外派兵の実績を積み重ねてきている。その結果，統一してからのドイツがマルチラテラルな枠組を前提にしつつ，冷戦後の国際社会で軍事的にも国際貢献を行う国家，つまりは「普通の国」に変貌してきているのは間違いない。東西分断と過去の負債を背負い，周辺国の強い警戒心に晒されていた冷戦期にはドイツが「特殊な国」であるのは自明であり，安全保障面では自己抑制に基づく控えめな姿勢が特徴になっていたが，そうした特色は今では希薄になったのである。

## 3 ヨーロッパ統合の進展と対米関係

　ヨーロッパを超える支配圏の拡大を目指した第三帝国の崩壊後，アデナウアーのリーダーシップで西ドイツは西側統合の路線を歩んできた。統一の際，分断による重しの消滅を機にドイツが独り歩きに転じるという懸念が生まれたが，それを打ち消すかのように，統一してからもドイツはこの基本路線を堅持している。統一ドイツはNATOの同盟国であるほか，西側の様々な国際機構の一員として行動してきたし，とりわけ欧州連合（EU）の統合の主要な推進力の役割を果たしてきているからである。

　1952年の欧州石炭鉄鋼共同体などの発足，1957年の欧州経済共同体（EEC），1967年の欧州共同体（EC），1987年の欧州単一議定書などを経てヨーロッパの統合の度は深まり，当初は6カ国だった参加国も1973年にイギリスが加盟するなど次第に増大してきた。この歩みは，日米の後塵を拝するヨーロッパ凋落の危機感を動力にして，冷戦の終結に歩調を合わせるかのように1990年代を迎えて加速がついた。1992年2月にオランダのマーストリヒトで欧州連合条約が締結され，97年10月にはアムステルダム条約が調印されるとともに，この間の1995年からはオーストリア，スウェーデン，フィンランドの3カ国が新たに加わって加盟国は15になり，しばらく前までは夢想でしかなかった「国境なきヨーロッパ」は目前まで来たのである。

　マーストリヒト条約は1993年11月に発効した。しかし，批准の是非を巡る国民投票でのデンマークの否決，フランスのギリギリの承認など波乱が大きく，推進力であるはずのドイツも国内の反対派が連邦憲法裁判所に提訴し，その判決を待たなければならなかったために批准が最後になった。こうした事態を招いたのは，統合が政治エリートの主導で行われた結果，これらの国々で一般の国民の間にヨーロッパ統合の意義についての理解が浸透せず，将来への不安を払拭できなかったからである。マーストリヒト条約については，ドイツ国内でも反対論が根強く，各種世論調査の結果から判断すると，もしフランスのように国民投票を実施した場合，否決される可能性が小さくなかったのが現実だった。

　同条約により1979年の欧州通貨制度（EMS）でスタートした経済・通貨同盟（EMU）は第二段階に入ったが，その最後の第三段階で1999年1月1日か

らデンマーク,イギリス,スウェーデン,ギリシャ(1年後に加入)を除くEU加盟国で共通通貨ユーロが導入されたのを始め,多面にわたる協力体制が構築されている。これにより,約3億人の人口を擁し,世界の生産の約20%を占めるユーロ圏が出現した。また2002年1月1日からは過渡的に併用されていた各国通貨が姿を消し,日常生活でもユーロが紙幣や硬貨として使用されるようになった。その結果,1948年の通貨改革で登場し,経済大国になるのに伴ってドイツ国民の自信と誇りのシンボルにもなったドイツ・マルクは半世紀にわたる役割を終えて退場した。

　ユーロの導入を頂点とする経済統合は各国にさまざまな影響を与えている。「産業立地」ドイツの衰退については上述したが,それはグローバル化だけでなく,ヨーロッパ化の帰結でもある。経済統合によって加盟各国の物価水準は収斂する傾向にあり,高い国と低い国の格差は2001年までの10年間に2.6倍から1.5倍程度まで縮小しているのに対し,賃金の面では収斂は緩慢であることが明らかになっているが,ドイツの場合,この乖離のために高賃金コスト体質が一層重荷になっている。そのため,ヨーロッパ市場でみてもドイツ製品はもはや従来のようにブランド力に安住できず,激しい価格競争に晒されるようになっているのが実情であり,この面ではグローバル化とヨーロッパ化という二重の試練がドイツ産業を苦境に立たせている。無論,他方では経済的な国境の消滅によってEU域内での企業活動が活発化し,新たなビジネス・チャンスが生まれるとともに規模のメリットを享受できるようになったのはいうまでもない。これによってドイツ経済がどれだけ押し上げられているかはなお明確ではないが,長期的にはドルに対抗するユーロを軸としたEU経済の発展はドイツにも好影響を及ぼすと考えられている。

　ところで,このようなユーロ圏を誕生させる原動力になったのはドイツとフランスの協力であり,とりわけコールとフランス大統領ミッテランの二人三脚が重要な役割を演じた。無論,ミッテランの政治的盟友でもあるフランス人のJ.ドロール欧州委員会委員長の貢献も大きい。そのため,独仏のこの協力関係は独仏枢軸もしくはボン・パリ枢軸とも呼ばれている。もっともミッテランがフランスの国益を重視しつつ欧州統合に政策的に対処したのに対し,コールは堅い信念に基づいて行動したといわれるように,両者の間には微妙な相違があるのも見落とすべきではない。いずれにせよ,かつてサッチ

ャー時代にECへの財政貢献問題を訴えて統合にブレーキをかけたイギリスが再びユーロや共通社会政策に加わらず，また通貨統合の条件として各国に厳しい財政規律を課すなどユーロのスタートまでの道程は決して平坦ではなかったが，これを可能にしたのはとりわけ独仏の指導者の強い政治的意思と緊密な連携だった。マーストリヒト条約締結に至る過程では，ドイツ統一に絡む齟齬を調整する狙いを込め，1990年4月の独仏共同提案に代表される共同書簡を度々提出してこれを牽引したのはよく知られている。またユーロ生誕までの過程でも独仏を中心とした原加盟6カ国による通貨統合の先行論として「中核ヨーロッパ」構想が唱えられたし，さらには政治統合に向けてやはり6カ国先行で欧州連邦結成案が浮上したりしたが，その背後にも独仏の指導者の強い意志が見え隠れしている。歴史的に見れば，独仏の対立こそヨーロッパの危機の震源だったといえるが，その反省に立ち，戦後ヨーロッパの安定と発展は，アデナウアーとドゴール，シュミットとジスカールデスタン，コールとミッテランというペアを核とする独仏の強固な友好関係によって支えられてきたといってよい。その中軸にあり，独仏和解のシンボルにもなっているのが，1963年に両国間で締結されたエリゼ条約である。これにより両国首脳の定期協議，外相の定期会談，軍首脳の定期会合などがスタートしたほか，青少年の交流などが活発化し，エリートのレベルだけでなく，一般の国民の間でも相互理解が深められてきた。1994年の革命記念日にミッテランが欧州軍を招待し，その中核であるドイツ連邦軍がシャンゼリゼ通りを行進したのは，そうした努力が実を結んだ表れにほかならない。またアレンスバッハ研究所が行った最近の世論調査でフランスに対する高い信頼感が確認されていることも付言しておこう。

　マーストリヒト条約では通貨統合への道筋だけでなく，共通外交・安全保障政策，共通内務・司法政策，共通社会政策についても合意された。さらにヨーロッパ市民権の設定についても合意され，自由移動にとどまらず，加盟国の国民は居住しているEU域内のどの国でも地方議会の選挙権・被選挙権が認められることになった。例えば共通安全保障政策の面では，1992年に西欧同盟（WEU）が採択したペータースベルク宣言を踏まえ，泥沼化したユーゴ紛争での失敗を教訓にして，EU独自の緊急展開軍（RRF）を2003年に創設することを決定するところまできている。これによって「平服の同盟」だ

ったEUは一部で軍服を着用することになる。この計画を実現するにはNATOとの関係の調整を中心に，西欧同盟（WEU），欧州安保協力機構（OSCE）との関係など簡単には片付かない問題があったが，2002年末にNATOとの問題が決着をみた。しかし，その編成と装備の点から，主眼であるヨーロッパ周辺までの地域紛争の危機管理に実効のある対処ができるか否かは未知数とされている。また共通内務・司法政策の領域では，共同警察機構ユーロポールが1994年に設置された。当初は麻薬問題だけを扱っていたが，国境を越える犯罪の増大に対応し，アムステルダム条約を跳躍台にして1999年から同機構は本格稼働した。ユーロポールが任務とするのは，犯罪に関する情報の収集，蓄積，交換を通じて加盟国の警察を支援し，当局間の協力を促進することや，捜査技術の共通化と分析能力の向上支援などであって，警察主権は加盟国が維持しているので独自の捜査権限は認められていない。しかし，国際犯罪の重大化を背景にして，カヴァーする領域は不法移民のネットワーク，麻薬取引，テロリズム，人身売買，通貨などの偽造，マネーロンダリングなど広範囲に及んでいる。また検察協力機関として2002年にはユーロジャストが発足し，捜査と起訴について加盟国間の調整と支援に当たっている。

　もっとも，これらの領域ではドイツの存在はそれほど表立ってはあらわれていない。例えばRRF創設につながる欧州安全保障防衛政策（ESDP）を前進させたのは，NATOとの「分離可能だが一体のもの」という制約を取り払った1998年のシラク・ブレア首脳会談であり，アメリカとの同盟関係にひび割れが生じる懸念から欧州独自の軍事力構築に抵抗感を抱いていたイギリスが前向きに転じたことが大きかった。これを受けて翌年に開かれたケルン欧州理事会ではESDPの組織問題が討議され，政治安保委員会，軍事委員会，軍事参謀をEU理事会の下に設置することが決定されたが，EU議長国としてドイツは重要な役割を果たしたものの，英仏が前面に出ている観を否定できなかった。けれども他方には，ドイツの影が色濃く表れている政策も存在している。EU基本権憲章の策定はドイツがイニシアチブをとって1999年に開始され，翌年12月にニースで開かれたEU首脳会議で調印された。その起草委員会で委員長を務めたのも，法律家であるドイツの前大統領R.ヘルツォークだった。またEUの最終形態を巡る議論は2000年5月にフィッシャー外相が口火を切ったものであり，ドイツが先導したコンベンション方式を採用し

てジスカールデスタン元フランス大統領を中心とする諮問会議で EU 憲法条約の制定作業が進められている。これらの EU の将来像に関わる政策論議はドイツの影響を受けつつ展開されており，連邦か国家連合かを問わず強化される方向にある EU の制度にはかなりドイツの立場が反映される公算が大きい。

　それでは政治面のみならず，軍事，経済などの面でもドイツにとって重要なアメリカとの関係はどうなっているのであろうか。EU から視線を転じて，この点に簡単に触れておこう。

　ドイツとアメリカとの関係は，安全保障面に関しては，両者が加盟し，実質的にアメリカが主導してきた NATO の動きから読み取れる。長く NATO に対峙してきたワルシャワ条約機構が1991年に解散し，東側ブロックからの軍事的脅威は大幅に低下した。そのため NATO は存在理由の見直しを迫られると同時に，内部では軍事的対米依存が低下した。こうした状況下で NATO は，折しも噴出した地域紛争や民族紛争を背景に基本戦略の再構築を図った。各地で激発した紛争により，世界の安全保障の重心が大規模全面戦争への対応から予測困難で地域的に限定された民族紛争への対応に移ったが，これに対応して NATO は今後増大すると予想される小規模な紛争に対処するために迅速に展開できるコンパクトで機動的な編成に主軸を移す作業に取り掛かったのである。この変容を表すのが1991年に NATO 首脳会議で採択された「同盟の新戦略概念」であり，これ以後 NATO はニュー NATO を名乗るようになった。続いて1992年には「条約に書かれていないことは禁じられておらず，したがって許される」という北大西洋条約の解釈替えが行われ，NATO 域外への NATO 軍の派遣に道が開かれた。上述のように，泥沼化したユーゴ紛争の苦い経験からドイツはフランスなどと諮って EU 独自の緊急展開軍の創設を目指し，アメリカとの間に不協和音が生じているが，連邦軍を NATO 域外に派遣する実績を積み重ねてきたのは，このような NATO の枠組みで「負担の共有」を求めるアメリカとの協調を重視したからだった。その一方で，NATO は冷戦終結によって生じた力の真空が中東欧諸国を不安定化する懸念から，ロシアの抵抗を排して東方拡大に乗り出した。その端緒になったのは，1994年に結ばれた「平和のためのパートナーシップ (PFP)」であるが，その構築にはドイツがイニシアチブを発揮した。これに基づき，数年前まで敵対して

きた軍隊が合同で軍事演習を実施するまでになったのであり，1999年には安保協力の実績を踏まえ，ポーランド，チェコ，ハンガリーがNATOに正式に加盟した。この東方拡大は従来の「相手に対抗する安全保障」から「相手と一緒の安全保障」に基本的発想を大きく切り替えるものであり，ドイツに隣接する地域に秩序をもたらし，その安全保障を堅固にする点で，ドイツの国益にも合致していたのは指摘するまでもない。つまり，軍事面での国際貢献を重ねているドイツは，国際責任を分担し，対米依存一辺倒から抜け出して従来の「非対称性」を薄めながら，同時にNATOを軸にアメリカと足並みを揃え，そのジュニア・パートナーとして行動することによって安全を確保しているといってよい。このような脈絡で見れば，2001年のテロ事件直後にシュレーダーがアメリカに対する「無制限の連帯」を表明したのは，単なる対米追随ではなく，主体的な意思が込められていたことが理解されよう。

　他方，政治や経済の面でのアメリカとの関係については，ドイツとアメリカという二国間関係としてよりは，EUとアメリカとの米欧同盟の枠組みで考えるのが適切であろう。EU統合の深化とともに，この面ではドイツはますます一国単位ではなくEUレベルで行動するようになっているからである。

　NATOに見られる絆の強固さから大西洋同盟とも呼ばれてきた米欧関係に焦点を合わせると，なによりもグローバル化の進展に伴って経済的な相互依存が強まっていることが分かる。相互の貿易額だけでなく，直接投資も巨額に達しており，互いに不可欠な市場になっているからである。事実，EUの域外直接投資の60％以上はアメリカであり，アメリカのそれの50％をEUが占めている。またドイツとアメリカとのそれも図7-1のように拡大し，EU域内を除けばアメリカがドイツにとって最重要の国であることが分かる。

　けれどもその反面で，戦後アメリカの巨額の支援と同国主導のブレトンウッズ体制の下でEU諸国が復興し，繁栄を享受するにつれてその経済力を一つに束ねるようになったことは，1970年代からのアメリカの優位の衰退と重なって，非対称的だった関係が同格のそれに変わったことを意味した。しかも冷戦の終焉によってそれまでの共通の敵が失われ，アメリカの軍事的覇権のもつ意義が相対的に低下するとともに，西側ブロックの政治的な結束が緩んだために経済摩擦が公然化するようになった。冷戦終結以前から域内共通関税によって農業を保護する欧州の共通農業政策はアメリカとの摩擦を引き

図7-1 ドイツとアメリカの直接投資

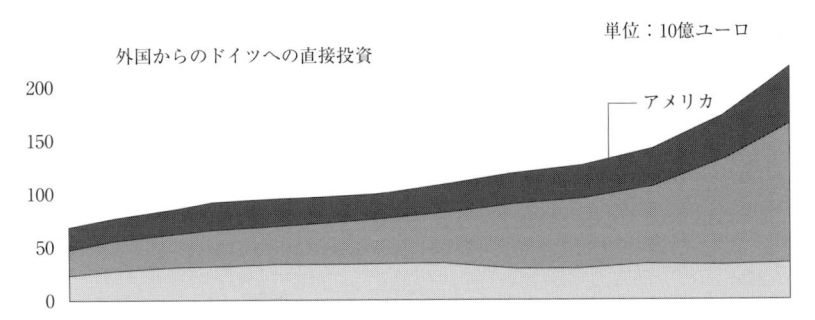

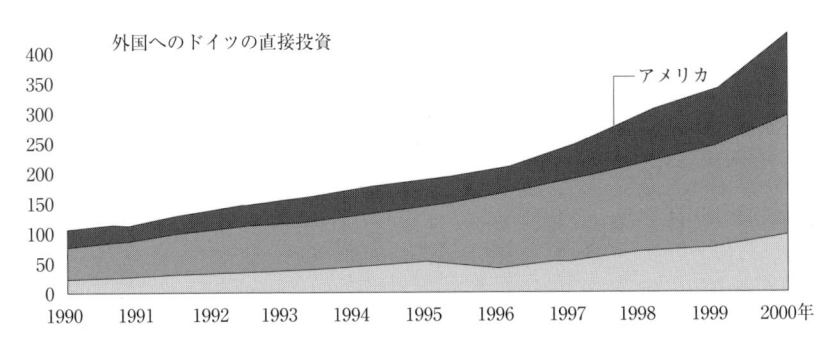

単位：10億ユーロ

外国からのドイツへの直接投資

外国へのドイツの直接投資

（出典）Bundesministerium der Finanzen, Jahreswirtschaftsbericht 2002, Berlin 2002, S. 19.

起こしていたが，一時期はユーロペシミズムが語られていた欧州が，1985年のドロールのEC委員会委員長就任と域内市場白書の合意で再び市場統合に向けて進み出したことは，農業部門を越えた幅広い分野でアメリカとの利害衝突を招き，アメリカは「ヨーロッパの要塞化」を繰り返し批判した。こうした背景からGATT・ウルグアイ・ラウンドは両者の熾烈な攻防戦の舞台になったとも評されている。1993年末に得られた同ラウンドの最終合意では工業製品の関税率の大幅引き下げのような大きな成果があったが，積み残された問題も多く，その後にEUとアメリカの間で数々の衝突が起こった。EUが行っているバナナの輸入規制，遺伝子やホルモンを操作した食品の輸入禁止，EUが開発しているエアバスに対する補助金，アメリカ側の輸出奨励的な税制，キューバやリビアで操業している非アメリカ企業に対する制裁などがその例である。食肉問題では世界貿易機関（WTO）の裁定を受けてアメリカは

EUが輸出する農産物に100％の懲罰的な関税を課し，バナナ問題でも同様の措置を講じており，他方，EUではプライバシー保護の観点から顧客の個人情報の扱いについて欧州でのアメリカ企業の行動を規制し，アメリカ企業を主軸にした欧州における大企業の合併にもカルテル防止の立場から厳しい制限をつけている。これらの衝突のいくつかは世界貿易機関に持ち込まれ，そのために大西洋自由貿易領域（TAFTA）の設立構想は宙に浮いたままになっている。

　もっとも，個別問題で対立する一方で，世界経済の安定と発展のためには欧米関係の強化が不可欠という認識が強まり，その制度化が模索されているのも見逃せない。そうした動きは欧米間の定期協議などを盛り込んだ1991年11月の米・EC宣言に見出される。また1995年12月にはより幅広い協力体制を構築するために，グローバルな課題への共同の取り組みなどを謳った新大西洋アジェンダが署名された。さらに1998年5月にはこれを拡大した大西洋経済パートナーシップ（TEP）がスタートし，多国間貿易自由化を一層推し進める努力が続けられている。

　それはともあれ，数々の紛争を通してアメリカ側からは，欧州は保護主義の殻が堅く自由化が不十分で，市場参入の障害となる様々な非関税障壁が公正な競争を阻害しているという非難の矢が向けられている。これに対しEUが容易に妥協しない背後には，技術力や資本力で欧州企業が劣勢にあるという警戒心と並んで，EU側から見てアメリカの要求がヨーロッパの資本主義とは同一視できない市場原理主義に基づくものと見做され，自由貿易や自由競争の名で推進されているのが実はアメリカ化であり，弱肉強食の世界の拡大でしかないと捉えられている事情がある。さらに環境問題がグローバルなテーマとして注目される中で，積極的な取り組み姿勢を見せるEUと消極的なアメリカとの開きが際立っていることや，あるいはブッシュ政権に代わってアメリカのユニラテラリズムが一段と顕著になったことなどへの反発が感情的な対立を増幅していることも見落とせない。こうしてEUとアメリカとの間では相互依存が緊密化する中で軋轢が強まっているが，これと構造的に連動する形でドイツとアメリカとの関係にも不協和音が生じている。もっともドイツの場合，主要な輸出先はEU加盟国であるのに加え，洪水的な対米輸出を行っていないので，アメリカの国民感情はそれほど悪化していない。

またかつては円と並ぶ強いマルクに切り上げの圧力が加えられたが，統一後のドイツ経済が停滞の様相を色濃くする一方で，アメリカ経済が低迷から立ち直って日独との逆転を果たしたので，軋轢が先鋭化することは少なくなってきているのも見逃せない。要するに，経済や安全保障を含め全体的に見たドイツの対米関係は，相互依存と協力を基調としながらも，ドイツが統一によって存在感を高め，EUを主導する地位を固めたことから，統一以前までのように従順なジュニア・パートナーの役割を脱して緊張を孕んだものに変容したといえよう。

## 4　周辺国との和解——チェコ，ポーランド，強制労働

　以上で瞥見したように，冷戦終結後，アメリカとの間に摩擦を生じつつ，ユーロ誕生を頂点にしてヨーロッパ統合のプロセスは全体として進展しており，統合の深化ばかりでなく，拡大のプロセスも進んでいる。そのことは，冷戦期に東側陣営に属していたポーランド，ハンガリーなど中東欧諸国のEU加盟が現実性を増していることに示されている。こうした統合の深化と拡大の両面で，フランスと並んでドイツは推進力の役割を果たしてきている。

　ところで，EUにおけるこうした役割や連邦軍の派遣による国際貢献の面で統一後のドイツが普通の国として国際社会で認知されてきているとしても，なお十全な信認を得るには重要な要素が欠けていた。それはナチスの侵略の歴史が東欧諸国との間で完全には清算されていなかったことである。ポーランドとの間では統一直後の条約で国境の不可侵と領土要求の放棄を約し，戦後に終止符を打ったから，残る最大の問題はチェコスロヴァキアとの関係正常化であった。そのため，コール政権はビロード革命で大統領に選出された作家出身のV.ハベルを相手に交渉を続け，難航の末，1992年に善隣友好条約の締結に漕ぎ着けた。

　市場経済への移行過程にあったチェコではドイツの支援を必要としており，またハベル自身は終戦直後の問題に関するチェコ側の責任を認める立場をとり，最初の訪問地にドイツを選ぶなど正常化に積極的だったが，条約締結までには双方に大きな障害があった。ドイツ側での最大の障害はズデーテン・ドイツ人問題だった。終戦直後に300万人に上るズデーテン・ドイツ人が財産を没収され，幾世紀にもわたって暮らしてきたチェコの故郷から追放された

うえ，追放の過程で多数の犠牲者が出たからである。彼らは追放民として主にバイエルン州に定着し，CSUの有力な支持母体になってきた。そのためコール政権は，財産の返還と郷土権と呼ばれる故郷の訪問と帰還の権利や追放の根拠になったベネシュ令の無効宣言などズデーテン・ドイツ人団体が唱える要求を無視することができず，交渉の大きな重荷になった。一方，チェコ側では1938年のミュンヘン会談を起点とするナチス・ドイツによるチェコ解体と征服の記憶がなお鮮明で，ドイツに対する憎悪が消えていなかっただけでなく，これに加担したズデーテン・ドイツ人の国家に対する裏切りの罪は許しがたく，財産返還要求などは言語道断のものと映ったのである。

　こうした障害のために善隣友好条約ではチェコ側が初めてズデーテン・ドイツ人の追放の事実を認めるという前進があったものの，財産返還問題は棚上げされ，いわば主要な問題は先送りする内容になった。けれども，条約締結を契機に相互理解を深めるための様々な努力が続けられるようになった。政府レベルでは専門家からなる合同歴史委員会が設置されたが，民間レベルの動きの代表例は，両国のカトリック教会の代表者が1995年に発した和解の呼びかけであろう。また時とともに経済面での結び付きが深まり，相互の訪問者の数も増大するなど鉄のカーテンで隔てられていた時期とは関係が根本的に変化した。こうした変化を背景にして戦争終結から半世紀以上を隔てて署名されたのが1997年のドイツ・チェコ和解宣言である。その中では双方が互いに対して不法を働いた事実を認めつつ，それは過去の領域に属し，肝要な点は未来に向けて両国関係を発展させることにあるとしたうえで，未来基金を創設することが約束された。基金の資金の大半はドイツが負担し，これによってそれまで放置されてきたナチ犠牲者に対する補償が実施されるようになった。またその一方では，未来基金の主眼である市民レベルの交流が活発に行われるようになり，とりわけ両国の都市に拠点を置いた青少年の交流は相互理解を深めるのに成果を上げているといわれる。

　もちろん，そうした努力によっても追放の苦難の傷が簡単に癒えることはなく，ナチスによる支配の苦痛が容易に和らぐわけではない。けれども，刺々しかった両国間の関係に変化が生じていることは確かである。そのことはとりわけ市民レベルで確認できる。チェコで1992年と2001年に行われた世論調査の結果を比較すると，ドイツに対する反感が強かった92年に比べ，2001

第7章　国際社会の中のドイツ——「ドイツのヨーロッパ」か？　175

年には好感度の高いイギリス人，スウェーデン人，フランス人などの第一グループに次ぐ第二グループにドイツが入り，アメリカ人，ポーランド人，ハンガリー人に続く高さの好感度を得るようになっている。この事実はドイツがもはや単に憎しみや嫌悪の対象であるだけではなく，同時に信頼をおかれる存在にもなってきていることを窺わせるものであろう。こうした変化に見られるように，統一後のドイツはチェコとの関係を正常化し，過去に絡まる問題に決着をつけつつあるのであり，これは普通の国としてのドイツの信認を固めることに寄与しているといえよう。

　同種の変化はポーランドとの関係についても指摘できる。ドイツに隣接し，度々苦汁をなめてきた経緯から，ポーランドは「歴史的にドイツに対する警戒心が最も強いとされる国」であり，統一したドイツにとって関係改善は急務だった。1990年11月に調印された独ポ条約によって国境に関する不安が取り除かれた後，翌1991年6月には独ポ善隣友好条約が調印された。これに基づき両国間では経済的な関係が強化され，ドイツはポーランドに投資する外国資本では最大の国になった。さらに同年10月にはドイツ・ポーランド和解基金に関する交換公文がドイツ外務事務次官とポーランド内閣官房長官の間で取り交わされ，ナチスによる迫害の犠牲者に対する援助を目的にポーランド法に基づいて創設される基金に対してドイツが5億マルクを拠出することが約束された。またこれと並行して，独仏関係改善の例に倣って青少年交流のために1991年に独ポ青少年事業団が設立され，その枠組みで2000年には13万人が相互に派遣されるまでになった。さらに両国の国境地域では「ユーロリージョン」をモデルとした地域協力が行われているが，その出発点にはドイツ統一直前の1990年8月のコール首相の呼びかけがあった。ポーランドなどに対する復讐の放棄を謳ったドイツ追放民憲章40周年記念式典に出席したコールは，ドイツ人とポーランド人の国境を跨いだ協力関係の構築を訴え，「オーダー＝ナイセ川流域をヨーロッパの平和的共存のモデルにする」ことを提唱したのである。1993年に始動したフランクフルト・アン・デア・オーダーのヴィアドリナ・ヨーロッパ大学でポーランド人学生を受け入れ，学生総数の3分の1を占めるまでになっているのはその成果の一つである。一方，大量のアオスジードラーがポーランド出身だったことに見られるように，社会主義の時代のポーランドは単一民族国家を標榜し，国内の民族的マイノリ

ティに対する文化的権利を否定しただけでなく，とりわけ第二次世界大戦期のドイツの暴虐に対する反動から国内のドイツ人には厳しい抑圧が加えられたが，1989年以降抑圧が緩められたのに続き，1997年の憲法改正によってマイノリティとしての権利が保障され，禁止されていたドイツ語の使用も公認された。

とはいえ，ドイツ系少数民族の規模をポーランド政府は30万人から50万人程度としているのに対し，ドイツ政府は80万人と見積もっていることに見られるように，対立の火種は消えてはいない。そればかりか，かつてのドイツの東部領土を併合しただけでなく，総計で800万人ともいわれる長くその土地で生活していたドイツ人を追放した歴史といまなお生々しい記憶が協力関係の構築によって打ち消されるわけではない。ズデーテン・ドイツ人と並び，今日のポーランドの出身者が追放民団体の主力を構成しているのは，その規模の大きさと悲惨な体験の重さを物語っている。しかしこれまでは被害の面だけが自国で語られてきたのが相手に対する加害の面にも注意が払われるようになり，同時に過去の事象として冷静に向き合う傾向が強まっている。そうした和解のシンボルになったのは，1994年に行われたワルシャワ蜂起50周年の記念式典に招かれた大統領R.ヘルツォークが心のこもった謝罪の演説をしてポーランド市民に感銘を与え，他方，1995年の戦争終結50周年に際してポーランド外相W.バルトシェウスキがただ1人の外国の賓客として連邦議会で演説を行ったことであろう。大統領就任から日が浅く，バランスを失した保守的な言動が危ぶまれていた前者は，危惧を吹き払うかのように，「身の毛のよだつ歴史に対して偏見のない開かれた目で向かい合うことによってのみ相互理解は育まれる。何も付け加えず，何も消し去らず，何かに口を閉ざすこともなく，何かを相殺することもなく」と前置きしながら，「あなたたちがドイツ人から受けた仕打ちについて謝罪する」と述べて率直に赦しを乞うたし，また後者も，「戦争末期にポーランド西部からドイツ市民が追放された際に，ポーランド人が彼らを殺したり拷問したりした行為を悪として糾弾する」と明言し，ポーランド側の非を認めたのである。

けれどもその反面で，ドイツ史学界の重鎮H.-U.ヴェーラーが慨嘆するように，今日の若いドイツ人大学生が600万人のヨーロッパ・ユダヤ人が虐殺されたことを知ってはいても，第二次世界大戦でポーランド人の5分の1が命

第7章 国際社会の中のドイツ——「ドイツのヨーロッパ」か？ 177

を失い，戦争初期に80万人のポーランド人がドイツ占領地区から追放された事実には無知であるのが現実といわれる。その意味では，ホロコーストと並んでポーランドは戦後ドイツにおける歴史的記憶の試金石とされ，両国の専門家が共同して歴史教科書作りの努力を重ねてきたにもかかわらず，今日でも無理解と無関心が支配的であるのも否定できない。いずれにせよ，上記のようにチェコでもポーランドでもドイツが市場経済化を支援し，最大の投資国として経済面での結び付きを深めているだけでなく，ナチスによる侵略とその代償であるドイツ人の追放などの悲劇に発する互いの憎しみを和らげ，相互理解を深める試みを続けているのは間違いない。隣国であってもポーランドやチェコを休暇で訪れるドイツ人はまだ少なく，心のしこりと無関心が国民の間ではいまだ大勢であるとしても，和解に向けた民間NGOの活動やそれを踏まえた政府レベルの取り組みは着実に広がっているのであり，これによってドイツは国際社会での信頼感を強めてきているのである。

　この関連ではシュレーダー政権になってから大きく前進した二つの事柄にも言及しておくのが適切であろう。一つはホロコースト記念碑の建設であり，もう一つは戦時期の強制労働者の補償問題である。

　ホロコースト記念碑の建設については10年以上に亙って激しい論争が展開されてきたが，1999年6月の連邦議会の決議によって基本的に決着がついたといえる。記念碑設立財団の代表には東ドイツ出身のティールゼ連邦議会議長（SPD）が就任した。施設はブランデンブルク門に隣接するベルリン中心部の広大な敷地に建設されることになり，設計を委ねられたアメリカ人建築家の考案に基づき墓標に見立てた大小約3千のコンクリート柱が立てられる予定になっている。問題とされたのは，記念碑がナチスの絶滅政策の犠牲になったユダヤ人を追悼する施設として構想された点である。犠牲者にはシンティ・ロマや同性愛者などが含まれているところから，それらの集団の位置づけが問題になり，ユダヤ人の特別扱いが批判されたのである。しかしまた連邦議会の決議によって国立施設とされ，国民がホロコーストの過去を見つめることによって自己自身を見直す場所になることから，ナチスの過去を背負うドイツ人特有のマゾヒズムを肥大させるだけという反対論も見られた。記念碑建設には総工費5千万マルクを要し，計画では2004年に開設されることになっているが，論争に終止符が打たれ，建設に大きく前進したのはシュ

レーダー政権の登場によるところが大きい。完成すればホロコースト記念碑はドイツがホロコーストの記憶を風化させない努力を払っているシンボルになり，過去の反省に基づいて基本法1条に謳われた人間の尊厳を尊重する姿勢を内外に印象づける役割を果たすと思われる。

同様に，強制労働者に対する補償問題もシュレーダー政権下で決着を見た。

周知のように，西ドイツによる戦後補償は1952年に結ばれたルクセンブルク協定を起点にしている。そこではナチ犯罪によるユダヤ人被害者が補償の対象とされた。続いて1956年には連邦補償法が制定され，1959年以降には西側12カ国と2国間の包括的補償協定が締結された。しかしこれらによっては広範なナチ被害者がカバーされていなかっただけでなく，なによりもナチスによる侵略の主要な対象になった東欧諸国が鉄のカーテンによって隔てられていたために排除され，膨大な数の強制労働被害者が補償から取り残されたのである。

ドイツ統一はこの点でも大きな転機になった。統一を実現し，ドイツに対する不信を和らげるには過去の問題に目を向けることが必要とされたが，この文脈で鉄のカーテンの消滅した東欧諸国との和解を進める一環として，コール政権はそれらの国々に居住しているナチ不法被害者に対し，補償責任を認めないまま，人道的立場から援助することを決定したのである。こうしてドイツ・ポーランド和解基金やドイツ・ベラルーシ和解基金をはじめとする和解基金が次々に設立されたが，給付される一時金は金額が少ないうえに，ナチ被害者で経済的に困窮している者にのみ支給されたので対象範囲が限られていたことも問題点として残った。

ところで，ナチ不法被害者で数が多かったのは，ユダヤ人と並んで多数の国に属す強制労働者だったが，平和条約の締結に伴って決定される国家レベルの賠償によって強制労働問題を解決するという政府の従来の立場が1996年に連邦憲法裁判所の決定によって否定された。決定は強制労働によって被害を受けた個人に補償を請求することを認めたからである。これを背景にして1997年にアメリカでドイツ企業を相手に集団訴訟を起こす動きが高まり，その皮切りとして翌年にケルンのフォード社などが提訴された。そして同年中に訴訟が相次ぎ，主要なドイツ企業は隠されてきた過去の汚点のために苦境に立たされたのである。

こうした状況から，1998年10月に成立したシュレーダー政権は連立協定に補償問題への取り組みを書き込んだ。元来，同盟90・緑の党はこの問題に積極的姿勢を見せていたが，実際に企業を動かしたのは政権ではなく，事態を放置すれば訴訟が拡大し，ドイツ製品の不買運動に発展しかねないという企業側が抱いた危惧だった。このため，アリアンツ，バイエル，BASF，ヘキストなどドイツを代表する大企業が協議し，ドイツ経済の基金イニシアチブ「記憶・責任・未来」の設立構想が発表された。その基本線は，強制労働に対してドイツ企業に法的責任はなく，強制労働者にもドイツ企業に対する補償の法的請求権はないとしつつ，その反面で，道徳的責任を認めたうえで人道的援助を行うという点にあった。この構想を出発点にしてドイツ側は元FDP党首のラムスドルフが代表者に起用され，企業代表と原告代理人のほかにアメリカ代表アイゼンステート財務次官，ユダヤ人世界会議の代表，東欧諸国などの代表を交えた交渉を粘り強く重ねた末，ナチ不法被害者が高齢化し，強制労働の被害者で生存しているのは120万人から150万人程度にまで減少している事情などを考慮して妥協が成立した。これにより連邦政府と企業が総額100億マルクを折半して負担する形で基金の設立が決定されるとともに，1999年末の合意成立の当日に犠牲者の代表を前に大統領J.ラウが強制労働者に赦しを乞う演説をして公式に謝罪した。こうして基金設立は2000年7月に連邦議会で連立与党だけではなく，CDU・CSUをはじめとする全会派の一致によって議決されたのであり，その発足によってドイツは大きな過去の重荷をおろすと同時に，国際社会で信頼を獲得する土台をさらに強化したのである。

## 5 「ドイツのヨーロッパ」か？

以上で一瞥したように，統一後のドイツは国際社会から求められる国際貢献を連邦軍の派遣を中心に拡大し，いわば正面から普通の国に転換すると同時に，そのプロセスを背面で固める形でナチスの過去にまつわる多年の懸案に決着をつけ，過去に縛られた特殊な国から普通の国への転身を着実に推し進めてきた。同時にその一方では，EUの統合を主導しつつ，ユーロの導入が実現されるところまで統合の深化は進んできた。この到達点から振り返ると，ドイツはたんに普通の国であるばかりでなく，文字通りヨーロッパの政

治大国としての本領を発揮するようになったといえよう。つまり，ドイツは普通の国に転換したばかりでなく，それと並行して，日米に次ぐ経済力を有する経済大国の地位に加えて政治大国としての地位を確立したのである。

　もちろん，政治大国としてのドイツを特徴づけるEU統合には，ドイツからみてリスクが内包されていることを見落としてはならない。例えば経済面ではユーロ流通に伴い価格の透明性が高まったのを受けて各国の物価が収斂するようになると同時に，それを一因として価格競争が一段と激化しているが，こうした情勢に対応する形で賃金が収斂することを期待するのは難しい。ドイツのように従来から労働コストの高い国では賃金に一種の下方硬直性があるからである。そのため，高賃金国は低賃金国との競争で不利な立場に立たされ，輸出競争力の低下は国内の賃金と雇用の抑制に拍車をかけ，個人消費の低迷を長引かせて景気回復を遅れさせる結果になる。また他方では，こうして失業問題の克服の展望が見出せない中で，人の自由移動に基づいて低賃金国からの労働者の流入の可能性が強まり，労働市場を一層悪化させ雇用問題の解決を困難にする危険が大きい。このようなリスクを考慮すれば，EU統合の推進力になったコールが統合の経済的メリットを訴えるだけでなく，欧州統合は戦争と平和の問題だと繰り返し発言し，統一の際にもドイツの西側統合の路線を堅持したことの意義を再確認しておく必要がある。欧州統合に先鞭をつけ，コールが師と仰ぐアデナウアーと同じく，コール自身にとってもEUは「不戦共同体」にほかならなかったのである。

　ところで，欧州統合を牽引してきた独仏協調の観点から見ると，表面はともあれ，実質的にはドイツが優位を占める傾向にある。そのことは，人口ばかりでなく，経済力でもEU内部でドイツが抜きん出ていることを考えれば当然といえるかもしれない。ドイツのイニシアチブは何よりもEUの東方拡大で発揮されており，中・東欧諸国との「建設的対話」の開始が決定されたのは，ドイツがEU議長国だった1994年12月の欧州理事会の場であった。無論，その他にもドイツの優位を示す兆候はさまざまな面で現れている。一例として，1994年に発足した欧州通貨機構（EMI）を前身とする欧州中央銀行（ECB）は1998年に始動したが，誘致を巡る激しい綱引きの末，イギリスの頑強な抵抗を振り切り，通貨の番人として国際的に定評のあるドイツ連銀の本拠地フランクフルトに決着したのは決して偶然ではない。共通通貨ユーロ

が消滅するドイツ・マルクと同じ強い通貨になるためには ECB がドイツ連銀を範とする強い独立性を必要とするからであり，この決定によってフランクフルトはドイツのみならずヨーロッパの金融センターとしてその地位をますます強めることが確実になった。また ECB の総裁人事でもドイツの意向がほぼ貫かれた。さらに高まりつある EU 憲法制定の動きがドイツから出ているのも同様である。実際，フィッシャーに続き，2001年4月に欧州統合の最終形態としてシュレーダーが連邦構想を打ち出し，同年の SPD 党大会で宣言として採択された。この構想には CDU も基本的に支持する姿勢を見せており，ドイツの足並みはほぼ揃っているが，他方でフランスは曖昧な代替構想しか示していないところから，ドイツが議論を方向づける公算が大きい。

　さらに見落とせないのは，2000年末にニースで開催された欧州理事会で12カ国の新規加盟に備えた EU の機構改革が合意され，それによってドイツの優位が強化されたことである。ニース条約では英仏独伊の4大国の表決権が引き上げられ，小国との格差が開いたが，それだけでなく，ドイツが抜きん出た地位を確保した。条約では EU 人口の62％を代表する諸国が支持する場合にだけ理事会の決定が成立する規則になり，ドイツは第二の大国グループである英仏伊のうちの2カ国といずれか一つの小国を取り込めば決定を阻止できる地位を得たからである。独仏の平等は欧州統合の出発以来の伝統だったが，欧州議会における割り当て議員数の格差と並び，実質的にこの伝統は破られたといえよう。さらに制定作業中の EU 憲法条約では EU の主要な意思決定方式である特定多数決に関し，現行の持ち票制度を改め，人口比をより正確に反映したものに変更することが審議されているが，スペインなどの強硬な反対にもかかわらずこの方向が固まれば，人口8,200万人のドイツが5,900万人の英仏や4,000万人台のスペイン，ポーランドなどを大きく引き離して優位を占めることは確実になる。こうした流れの背景には，EU 財政の純負担の比率でドイツが半分以上を引き受けており，ドイツの意向を無視しては EU が財政的に機能しなくなるという実情がある。この点を巡り，ドイツ国内には EU はドイツの犠牲のうえに成り立っているといった不満が根強く存在しているが，国民の間では相次ぐ改革とドイツの負担のゆえに EU 倦怠と呼ばれる風潮が現れている反面で，政府レベルでは関与が一層深まり，EU の将来に関するドイツの発言権が強まっていくのは不可避といわねばな

らない。

　また他方では、EUとしての対応に失敗し、破壊と殺戮をくい止められなかったユーゴ紛争の反省にたって、独仏を軸にNATOとは異なるEU独自の軍隊である6万人規模の緊急展開軍（RRF）を2003年に創設することが1999年に決定されたが、地域紛争に対する危機管理に向けたそのような軍隊を編成するイニシアチブをドイツがとるようになった裏には、ドイツが連邦軍のNATO域外派遣の実績を積み重ね、国際社会における信頼を獲得しつつ、軍事的国際貢献への意欲と自信を深めてきたことがある。実際、1982年から88年まで国防相を務めたM.ヴェルナー（CDU）が同年からNATO事務総長の重責を担い、同じく1991年から96年まで連邦軍トップの総監の要職にあったK.ナウマンが同年にNATO軍事委員会議長に就任したばかりでなく、KFORの司令官にドイツ人の将軍が就任したように派遣先で連邦軍が多国籍部隊の指揮を執るケースも見られるようになっているのは、ドイツに対する信頼が高まっていることの証左といえよう。紛争管理に取り組むドイツ側の意欲だけでなく、そうした信頼の成熟があって初めて、ドイツはマルチラテラルな枠組みの下で軍事力行使を含む行動へのハードルを乗り越えられたのであり、その延長上で、限定的ではあれ実戦に部隊を投入するところにまできたのである。さらに、国連の拠出金が日米に次いで3位であることを背景に1992年にキンケル外相はドイツが安保理常任理事国の座を目指すことを正式に表明したが、それ以来この希望を繰り返し公言したコール政権と同じく、シュレーダー政権も国連改革の際に安保理常任理事国になることを主張し、協力を得るべく各国に働きかけている。安保理では軍事行動の可否の決定に参加することになるから、常任理事国としての責任を果たすには一般に軍事行動への自国の参加が求められるが、連邦軍の派遣実績はドイツの希望を裏打ちする形になっている。またISAFの一翼として連邦軍を派遣しているアフガニスタンでの政府樹立に向け2002年に開催された各派和平会合につき、ドイツはこれをボンに招致してホスト国になっている。反戦・平和を旗印にしてきた同盟90・緑の党のフィッシャー外相を前面に押し出しながら、シュレーダー政権はこのようにコール政権の路線を継承しつつより大きな国際責任を引き受け、国際社会への積極的関与とプレゼンスを強めようとしているが、これらを総合すると、「普通の国」になったドイツの国際貢献は、経済の低迷を

背景に伸び悩んでいる ODA などの開発援助とは対照的に、戦闘への投入か人道支援かを問わず、連邦軍派遣を軸にしてこれからも拡大していくものと考えられる。

　もちろん、ドイツの存在感が大きくなるにつれて軋みも生じている。元来、NATO や EU はドイツを西側に組み込むと同時に縛り付けるための装置だったが、それはドイツが潜在的な脅威と感じられていたからであった。たしかに西側統合の成功はドイツに対する信頼感を醸成してきたが、それでも警戒感が消失した訳ではなかった。その意味では、東西ドイツの統一自体がより巨大なドイツの出現を意味するところから周辺に改めて脅威感を抱かせたのは当然だった。実際、コールのパートナーであるはずのミッテランでさえ、ドイツ統一には恐怖感を抱いて一時は妨害に動いたほどであり、またその膝元のフランスでは1992年秋に行われたマーストリヒト条約の批准を巡る国民投票の際、条約に賛成する側も反対する側もドイツの強大化の危険を強調することでは共通していたのである。しかもそのドイツが統一したばかりの1991年末の時点でスロベニアとクロアチアの独立を真っ先に承認し、他の加盟国に追随を強いて結果的にユーゴスラヴィア解体に導いたことなどから、統一以来、周辺国ではドイツの独り歩きを懸念する声は完全には消えていない。

　また EU 統合でドイツが主導的役割を果たしていることから、ドイツが EU からの逸脱という形ではなく、反対に EU を通じてヨーロッパのヘゲモニーを握り、ドイツの思惑にかなう「ドイツのヨーロッパ」を作ろうとしているのではないかという疑心も生まれている。例えば、中・東欧諸国の「ヨーロッパへの復帰」がヨーロッパ全体の安定に寄与するというのがドイツの立場であり、そこからドイツは一貫して EU の東方拡大に積極的姿勢をとっている。1994年にエッセンで開催された欧州理事会の場に中・東欧諸国の首脳たちを招待したのは議長国のドイツであり、さらに NATO の東方拡大の跳躍台になった「平和のためのパートナーシップ」構築に率先して動いたのもドイツだった。しかし、そうした積極性の裏側には、ドイツが EU の東端に位置し、東欧圏に隣接しているために、この地域への影響力を強めようとする意図があるという推測がなされているのが現実といえよう。もっとも、欧州委員会で拡大を担当している G. フェアホイゲンがドイツ出身の政治家であり、

社会リベラル派の一人としてFDPの幹事長を務めた後、いわゆる「転換」の際にゲンシャーと袂を分かってSPDに移り、シャーピング党首の下で事務局長を務めた人物であることは、ドイツの立場とは直接的な関係はない。いずれにせよ、中・東欧諸国がドイツの重要な輸出市場になりつつあり、また賃金水準が低いことからドイツ企業の生産拠点としても重要性を増してきている実情を踏まえれば、ヨーロッパの政治的安定だけが東方拡大を唱えるドイツの狙いではないのは確かであろう。

このようにドイツの周辺国には依然として疑念が根強く存在するが、それだけにドイツの主要な政治指導者は政権にあるか否かに関わらず、ヨーロッパのヘゲモニーを握るという野心を一致して否定し、「ドイツが支配するヨーロッパ」、「ドイツのためのヨーロッパ」を目指すのではなく、「ヨーロッパのなかのドイツ」として所属する各種のマルチラテラルな国際組織を軸に他国との協調を重んじる姿勢を表明している。また国民レベルでも、歴代政権が堅持してきた西側統合の成果として、ヨーロッパ・アイデンティティが定着し、難民問題で噴出した偏狭なナショナリズムも一部に見られるとはいえ、全体としては「ヨーロッパのなかのドイツ人」という意識が強固に形成されてきているといえる。いずれにせよ、統一によってヨーロッパでは人口面でも経済規模の面でも突出した地位を占めるようになったところから、国際社会におけるドイツの行動は目立たざるをえず、もはやかつてのような政治・軍事小国の殻にこもって安逸を貪ることは不可能になっている。その意味で、ナチズムの悪夢を引きずりつつ、これからもドイツは周辺諸国からの厳しい眼差しに晒され続けると考えられるのである。

**参考文献**

足立邦夫『ドイツ　傷ついた風景』講談社　1992年
石田勇治『過去の克服　ヒトラー後のドイツ』白水社　2002年
岩間陽子「冷戦後のドイツの安全保障政策」『新防衛論集』27巻1号　1999年
同「ドイツの安全保障政策とその課題」『国際問題』509号　2002年
市川ひろみ「ドイツにおける徴兵制の変容」『広島平和科学』（広島大学）24号　2002年
柿木英人「フランクフルト――EMI誘致で欧州都市に再浮上」『都市問題』86巻5号　1995年

金丸輝男編『ヨーロッパ統合の政治史』有斐閣　1995年
河野健一「ドイツの軍改革——その戦略的意味と欧州安保への影響」『ドイツ研究』33・34号　2002年
五島昭『大国ドイツの進路』中公新書　1995年
ライムンド・ザイデルマン「ドイツの対欧州連合（EU）政策」植田隆子編『21世紀の欧州と日本』所収　勁草書房　2002年
佐藤健生「ドイツ強制労働補償財団の現況と今後の課題」『外国の立法』210号　2001年
佐瀬昌盛『NATO』文春新書　1999年
田中俊郎「ドイツとヨーロッパ統合」『国際問題』509号　2002年
谷口長世『NATO』岩波新書　2000年
広瀬佳一「アンビヴァレントな隣人関係——独ポ関係の新展開」同編『ヨーロッパ変革の国際関係』所収　勁草書房　1995年
藤原豊司『欧州統合の地平』日本評論社　2002年
ロベール・フランク「仏独和解と欧州統合」『名城論叢』3巻2号　2002年
細谷千博・長尾悟編『ヨーロッパ統合』有信堂　2000年
松浦一夫『ドイツ基本法と安全保障の再定義』成文堂　1998年
同「ドイツ基本法と二つの『戦後』」加藤秀治郎編『日本の安全保障と憲法』所収　南窓社　1998年
ヘンリック・ミュラー　山本武信・荒川道子訳『欧州はユーロでどう変わる』東洋経済新報社　1998年
森井裕一「統一後ドイツのヨーロッパ政策——TEUとアムステルダム条約を中心にして」『政策科学・国際関係論集』（琉球大学）2号　1999年
同「ヨーロッパ統合の拡大・深化とドイツのヨーロッパ政策」『ドイツ研究』31号　2000年
矢野久「ドイツ戦後補償と強制労働補償基金の意義」『三田学会雑誌』（慶応義塾大学）95巻4号　2003年

# 第8章　統一ドイツの政治的特徴と問題点

## 1　政党システムの連続性と政党国家の揺らぎ

　これまでに述べてきたことから統一後のドイツ政治の特徴として何が導き出されるのであろうか。政党システムと政治課題との関連に焦点を据えてこれまでの検討を概括してみよう。

　冷戦の終焉を告げるドイツ統一は，東部領土を含む再統一としてではなく，その公式の放棄を前提とする東西ドイツの統一として成就された。そして分断の束縛から解放され，戦勝4カ国が留保していた権利を放棄して主権が完全に回復されたことによってドイツは遅ればせながら普通の国民国家になった。もっとも，その担い手である国民は一体というには程遠く，心の壁による分断状態が続いているから，外枠としての国民国家が統一によって形成されたというのが正確であろう。この新たな国民国家は，統一以後，周辺国との関係改善に努め，国際社会の中で役割と責任を分担することによって信頼をとりつけ，高めてきている。そのことは，軍事行動に参加してももはや公然とは非難を浴びず，過去の侵略の歴史とすぐに結びつけられることもなくなった事実が証明している。これを過去の負債の軽減と呼ぶなら，ドイツは統一以前には想像すらできなかった連邦軍のNATO域外派遣の実績を積み重ね，負債の軽減を支えにして普通の国としての地位を着実に固めてきているのである。

　同時に，統一したドイツが他面では，あらゆる国際法上の主権行使に対する制限から解放されたにもかかわらず，逆に主権に対する制限を積極的に受

け入れているのも見逃せない。それは，統一に伴い，マルチラテラルな枠組みでの行動を重視する立場を改めて選択したことの帰結と見做しうる。この立場をもっともよく示すのは，ドイツがEU統合の推進力となっている事実である。しかしそれと並んで忘れてはならないのが，1994年の基本法改正によって主権的権利の制限が明文化されたことであろう。すなわち，基本法24条では「連邦は法律によって主権的権利を国際機関に委譲することができる」と定められ，平和維持のために相互集団安全保障制度に加入する場合，「連邦はヨーロッパおよび世界諸国民間に平和的で永続的な秩序をもたらし，かつ確保するような主権的権利の制限に同意する」という規定が加えられたのである。これによって主権を完全に回復したドイツは，同時に主権の制限を受け入れ，国家主権の絶対化から相対化に向かう国際社会の大きな潮流をともに担う立場を鮮明にした。様々なレベルのグローバル化と並ぶ冷戦後の世界の特徴の一つは地域主義の台頭であり，EUを先頭に北米自由貿易協定（NAFTA）や東南アジア諸国連合（ASEAN）などの地域統合の動きが強まったが，EUが従来の国民国家に似た凝集力を有する国家ブロックに発展し，それを構成するドイツのヨーロッパ政策が外交よりは内政の一環という色調を帯びるようになっているのはその一つの帰結にほかならない。つまり，統一を境にドイツは普通の国民国家になるとともに，他面ではそれまでに既に歩んできたポスト国民国家の道を明確に選択し，その方向に大きく踏み出したといえよう。実際，新たな国民国家としてのドイツにはEU加盟国の市民であれば自由に居住することができるのであり，この一点に照らしただけでももはや古典的な国民国家からドイツが大きく隔たっていることは明瞭であろう。

　東西に分裂していたドイツが瞬く間に統一し，速度をあげながらポスト国民国家に変容していくプロセスは見せ場の多い壮大なドラマといえるが，なかでもその頂点をなす統一は誰もが予期せざるものだっただけに国際社会の耳目をそばだたせる大事件だった。けれども無論，東西ドイツで生活を営む市民にとってはそれ以上の衝撃を伴う大転換を意味したのは指摘するまでもない。そうであれば，東ドイツの崩壊ほどドラスティックではなくても，西ドイツ地域でも政治システムに変動が起こっても少しも不思議ではなかった。統一は消滅した東ドイツにとってはもちろん，西ドイツにも大きな負荷をも

たらしたからである。この観点から振り返ると、統一という巨大な高波にもかかわらず、PDSを除くと新たなアクターの出現が見られず、主要政党の政治路線にも大きな変化が生じなかったことや、それまでの政党システムが基本的に維持され、その枠内で負荷が処理されたことは注目に値する。緑の党を除き、主要政党は東ドイツに組織を伸ばし、不十分ながらもそこでの要求を吸い上げつつ、それまでの政党システムを全ドイツ規模に拡張したのである。

戦後初期の西ドイツでは、CDU・CSUやFDPのように、ヴァイマル期の政党を母体としつつ、これを再編成して新たな政党が形成されたり、あるいはSPDのように戦前のそれが再建されたりした。しかし、戦争終結後の一時期を除き、自由主義的民主主義と社会的市場経済を擁護する点ではコンセンサスが形成され、ナチスをはじめとする極右から共産党にまで至る政治的アリーナは大幅に縮小された。ナチスのような極右と共産党という二つの全体主義の否定を意味する戦う民主主義と、社会主義への転換ではなくて資本主義の枠内での改良の二つが新たなアリーナの枠組みになり、すべての政治的アクターはそれを前提にしてのみ活動が許されたのである。

初期には多数の政党が乱立したものの、この枠組みの中で1961年以降はCDU・CSU, SPD, FDPの3党制が確立された。そして、大連立期には議会外反対派(APO)の高揚などがあったにしても、1970年代の異常とも思える高い投票率と国民政党に対する圧倒的な支持率に見られるように、この政党システムには国民の大多数の同意が与えられた。1980年代に入ると同時に緑の党による1980年連邦議会選挙への挑戦があり、1983年には緑の党が連邦議会に進出して3党制は4党制に再編され、この形でドイツ統一を迎えることになった。西ドイツにおける政党システムのこうした発展については、統一後を新たな時期として位置づける観点から三つの時期に区分するのが政党研究者の間で一般的になっている。例えばU.アレマンは1945年から1953年までを政党システムの形成期、1956年から1976年までを集中期、1976年から1990年までを転換期とし、一方、O.ニーダーマイヤーは1950年代を確立期、1960・70年代を安定した2と2分の1政党システムの時期、1980年代を多党化の時期としている。従来、西ドイツの政党システムはG.サルトーリに従い一般に穏健な多党制と特徴づけられてきたが、両者が1980年代を転換期や多

党化と捉えて変化の側面に注目するのは，若者世代の政治文化を体現する形で緑の党が政治空間に新たな争点と行動様式を持ち込んだからであり，これによって政党システムに断片化，分極化，分節化などの兆候が見られるようになったからにほかならない。このような3期区分の延長線上で1990年以降を前者は求心的な政党システムの時期，後者は流動的な5党制の時期と呼び，新たに加わったPDSを除いて政権を構成する政党のあらゆる組み合わせが現実性を強めたことを強調しているが，注目されるのは，両者とも1980年代の変化にもかかわらず，統一後にも政党システムを支える基本的前提に変動は生じず，1980年代に現出した穏健な多党制から分極的多党制への移行の兆候は解消したと捉えている点である。

確かに1990年に行われた戦後初めての全ドイツ規模の連邦議会選挙では緑の党の脱落が起こりはしたが，ドイツ統一は基本的に西ドイツに存在した政党システムの東への拡大として政治面では成就された。そしてそれが可能になったのは，東ドイツの民主化と市場経済化という二重の転換が統一の軸心に据えられていたからであった。もちろん，統一の激動は政党システムの面でも若干の変動を呼び起こさずには済まなかった。緑の党の脱落を埋め合わせる形で同盟90が連邦議会に僅かながら議席を得ただけでなく，統一以降PDSが議席を確保しつづけることになったからである。これによって従来の4党制は5党制に拡張したが，PDSが無視できない勢力を擁する東ドイツの州レベルとは違い，連邦レベルではPDSとの協力をタブーとする黙契が形成されている点に照らすと，変則的な政党システムであることにも注意が必要である。しかし，PDSが東ドイツの特殊利害を代弁する地域政党の性格を強めて根強い勢力を保ち，同時に心の壁に見られるように，東ドイツ地域の市民が東ドイツ人というアイデンティティを強め，それがPDSの生き残りを可能にしている事実を考えれば，変則的な5党制への転換は，従来の4党制では統一の高波を受け止め切れなかったことの証明であるといえよう。もっとも，逆から見るなら，政党レベルでこの程度の変化を伴うだけで統一が果たされたことは，西ドイツで既存の政党システムがかなりの負荷を吸収しうるものとして確立されていたことを示しているとも考えられよう。その意味では，5党制への転換で統一が成就されたことは，著名な政党史研究者P.レッシェが強調する戦後ドイツの「政党国家のサクセス・ストーリー」に重要

な1頁を追加するものであったといってよい。

　それはともあれ，この関連で注目されるのは，シュミット政権とコール政権の間の内政から外交に至る広範囲の政策的継続性に表れているように，CDU・CSUとSPDという主要政党間の政策距離が縮まるとともに，定着した政党システムが合意のシステムという色調を濃くしていたことである。また同時に，その裏面では，政党エリートの間で主要な政策課題の解決が図られ，政策決定過程に市民が参加するチャンネルが狭小だったことも見落とせない特色であろう。ドイツ政治のこうした一面は統一のプロセスでも看取された。西ドイツの政党の介入を受けつつも，最初で最後の自由な選挙として東ドイツでは人民議会選挙が行われ，統一に関する意思表示がなされたが，これと異なり西ドイツでは普通の市民にはエリート主導で進められる統一過程に参加する機会は与えられなかったのである。ここに見出される一般有権者からの政党の遊離は，ドイツの良心とさえ呼ばれた基本法の庇護権条項の改正や，マーストリヒト条約の批准からマルク消滅に至るEU統合のプロセスなどでも再現された。政治面でも経済面でもドイツ統一後には内外の構造変動に伴う重要な政治課題が次々に押し寄せたが，主要な決定が行われるたびに政党エリートの間で作り上げられた合意がそのまま国民の意思になり，国民の関与は基本法による制度面の制約のために一貫して排除されたのである。いわゆる「観客民主主義」がドイツでも問題化する一方で，連邦議会選挙の間に実施される州議会選挙でしばしば連邦レベルの問題が主要争点になり，州議会選挙が国民投票の代用品ともいうべき役割を果たすケースが目立ったのはその結果にほかならない。実際，庇護権改正でのバーデン＝ヴュルテンベルク州などのケースをはじめとし，国籍法改正ではヘッセン州，グリーン・カード導入ではノルトライン＝ヴェストファーレン州の州議会選挙が連邦レベルの争点に事実上決着をつけるかその行方に大きなインパクトを与えたのであり，同様の例はほかにいくつも存在している。こうした点から窺えるように，統一後に国政レベルで重要問題が続出したにもかかわらず，制度の硬直性のために州議会選挙の機能転換が進行し，政策決定過程への国民の参加の不足と国民の観客化が顕著になったのである。

　これらの問題は，一口でいえば戦後に確立された政党国家の揺らぎと表現できよう。周知のように，西ドイツでは基本法で政党の地位が公認され，政

治的意思形成を担う役割が与えられた。そしてこれに応じて国庫から政党に対して助成金が支出され，財政面で政党は確固たる基盤を得た。他方，建設的不信任などの制度化によって議会の解散を縛ったことは，政党を解散の不安から解放してその時々の世論の動向に敏感に反応する負担を軽減し，また，いわゆる 5％条項で泡沫政党の議会への進出を阻止したことは，新しい運動による挑戦から既成政党を保護し，厳しい切磋琢磨を促進するよりは既存の支持基盤の上に安住させる結果になった。これらの制度は本来は政党政治を安定させ，民主主義を堅固にすることに主眼があった。けれども，現実にはこれらを土台にして政党はシステムとして国民から遊離することが可能になり，政治的アリーナの縮小を前提にした政治エリート間の競合と調整を通じた政党システムの安定という点では狙いは成功したものの，政治参加の拡大による民主主義の強化はいわば置き去りにされたのである。政権の主軸になるべき CDU・CSU と SPD の二つの国民政党は1970年代には連邦議会選挙で併せて90％以上の得票を獲得していたが，1980年代には80％台に低下し，1990年の統一選挙以降はさらに下がって70％台にまで落ちたのは，社会的利害の多様化に起因する統合力の低下による面があるにしても，政党システムに対する反発がまずもって国民政党に向けられたことによるところが大きい。このような背景から1980年代には政治倦厭が問題になり，統一後の1990年代初期には既成政党からの有権者の離反が極右政党への流出という形で顕在化して政治倦厭が深刻な問題として波紋を広げた。鋭い政党批判で大きな反響を巻き起こしていた H. アルニムや U. ショイヒに続き，1992年に公刊した著作で現職の大統領ヴァイツゼッカーが政治的中立を破ったとの批判を浴びる危険を冒してまで，国家機関を超えて社会をも支配するに至った既成政党の在り方と政治指導者の「権力忘却」と「権力執着」を告発する戦列に加わったのは，そうした状況に対する強い危機感からであった。

　各地で様々なテーマで活動している市民イニシアチブと呼ばれる運動はこの関連でその意義を捉えることができよう。市民イニシアチブは1970年代初頭から環境保護，都市計画，学校教育，交通問題など主として自治体レベルの多様なテーマに取り組む市民の運動体として形成され，その発展の一つの産物として緑の党が誕生した。その特徴は短命さ，単一争点志向，政党からの自立，緩やかな組織体である点などにあり，とりわけ初期にはそうした特

性が顕著だった。市民イニシアチブの運動は環境問題のように従来政治的テーマとされていなかった争点を政治の世界に持ち込み，その空間を拡大しただけでなく，ビラや投書による宣伝，集会，デモ，座り込みなどの直接行動によって争点に関する決定過程に影響力を行使しようとする点で新しい政治参加の形態でもあった。換言すれば，その活動によって政党を主軸とする代表制における参加の不足があぶり出されたのであり，民主主義の下からの拡充が求められていることが浮き彫りにされたのである。そうした市民イニシアチブの運動は緑の党が反政党的政党として組織化されてからも広がりを増し，署名集め，ボイコット，デモ，建物占拠などのいわゆる非制度的な参加形態に加わる用意があるとする市民が増大してきている。その割合は，デモの渦の中でDDRが崩壊したドラマを自ら体験し，あるいはテレビ画面で目撃した影響でドイツ統一前後に著しく高まったが，1990年代全般を通じて30％を超える市民が参加の用意を表明している。

　同時に，このような変化に後押しされて，それまで存在した州民投票制度に加え，ドイツ統一後になると自治体における住民投票制度の導入が進められたのも見逃せない。自治体の住民投票制度は従来は隣接するスイスの影響を受けたバーデン＝ヴュルテンベルク州にのみ存在していたが，スイスで変死した州首相U.バルシェル（CDU）が1987年に起こしたスキャンダルを契機とする政治改革の一環として1990年にシュレスヴィッヒ＝ホルシュタイン州で導入された。そしてこれを皮切りに住民投票制度は次々と各州に採り入れられ，1997年に最後のザールラント州でも法改正が行われた結果，成立要件や対象事項に相違はあっても現在ではすべての州で自治体の住民投票が可能になっている。さらにヘッセン州やノルトライン＝ヴェストファーレン州のように，これまで市議会が選出していた市長を住民による公選制に切り替える動きも高まっており，直接民主主義的制度が広まる傾向が強くなってきている。これを推進する中核になっている市民団体「より多くの民主主義を」が「直接民主主義の勝利の進軍」を語っているのは，このような進展があり，新たに確立された制度を梃子にしてバイエルン州を筆頭に既に数多くの住民投票が実施された実績があるからにほかならない。

　もっとも，これらの動きはこれまでのところ自治体と州のレベルに限られていて，連邦レベルにまでは波及していない点や，単一争点の突出，住民投

票に馴染む対象範囲の限定，賛成と反対への意思表示の単純化など直接民主主義を巡る問題点が払拭されたわけではないことにも留意が必要であろう。けれども他面，直接民主主義が議論の域を超えて制度化され拡大している事実は注目に値する。直接民主主義についてはヒトラーによる乱用の苦い経験から不信感が根強く，初代首相のアデナウアーが「ドイツ人は信用できない」と漏らしたと伝えられるように，民主主義を西ドイツに確立しようとした基本法の父たちの間ではその担い手となるべき国民に対する不信ないし疑念が多かれ少なかれ共有されていた。しかし今では基本法制定当時とは状況は一変し，「二重の建国」から40年以上を経て政治倦厭が深刻化する中で，参加の制限ではなく参加の拡充が政治の主題になっている。例えば世論調査機関EMNIDが2000年に実施した調査で，「政党が多くのことを決定するのは正しいですか」との設問に対し，「正しい」と答えるのは40％，「間違いである」とする答えは55％になった。同様に連邦レベルで国民投票を導入すべきかという問いでは，2000年9月のフォルサの調査で賛成が75％，2002年4月のEMNIDのそれでは賛成が82.7％，反対が17.7％という結果になった。これらの数字からも垣間見えるように，一般市民の間で直接的な参加の意欲が高まっているのが昨今の現実であり，民主主義の上からの構築に代わって今や下からの充実が課題となっているのである。

　一見すると安定しているように映るドイツの政党国家は，近年ではこのように政治倦厭に直面し，厳しい批判を浴びると同時に，その基層で市民イニシアチブをはじめとする直接民主主義の挑戦を受けるようになっている。その意味で，政党国家はシステムとしても正当性の点でももはや磐石ではなくなっているのは明白といえよう。ドイツの政党国家のこの揺らぎは別の側面からも看取できる。ドイツでは政党国家は長くコーポラティズムによって補強されてきたが，この利害調整のメカニズムに陰りが見えるようになったからである。

　19世紀からの伝統を受け継ぎ，ドイツでは様々な利益団体が分野ごとに独占的な性格を有し，これを基礎にして公的な役割を認められてきている。それらが法案作成で意見表明する資格を付与され，政策決定過程で特別な地位を保持しているだけでなく，それぞれの分野の行政官僚制や政治家集団との協議を通じて重要な政策決定に関与してきたのも，ドイツに特有な利益団体

の在り方をよく示している。そうした点から，ドイツの政治システムを緩やかな意味でコーポラティズムと呼ぶのは当を得ている。しかし，労使の頂上団体が政府と協議し，雇用，賃金，所得政策などで合意して不況乗りきりを図った危機管理型のコーポラティズムに注目し，恰もそれが政策決定システム全体の特色であるかのように考えるなら，誇張といわねばならない。ドイツではそうしたコーポラティズムが北欧諸国のように強い社会民主主義政権を背景にして恒常化しているわけではないし，政策領域も限られていて，分野に応じて異なった仕組みが存在するというほうがむしろ真実に近いからである。また同時に，上述のように国民から遊離した政党システムが利益団体に対しても相対的に自立性を保っている点も重要であろう。確かにドイツは団体社会ともいわれるように，団体が社会を高度に組織化している点に特徴がある。しかし，その中で政党が利益団体と人的な面で密接に繋がっているのが事実だとしても，他面では利益団体に依拠せずに大衆的な組織を確立し，広範な政策立案能力を有しているだけでなく，財政的にも自立していることを見落としてはならない。このため，ドイツでは利益団体は主として行政官僚制と結び付き，これを媒介にして政策決定過程に影響力を行使してきた。こうした緩やかなコーポラティズムがドイツには確立されていたが，政党国家が揺らぎを見せているのと同じく，この種のコーポラティズムも産業立地の衰退の重圧を受けて動揺するようになった。エリートの主導で既得の利害を調整し，構成員に対する団体の統制力を梃子にして社会の安定を維持する政治経済システムは人や資本の動きが一国内に閉じられていることを前提にして成り立っていたが，グローバル化が引き起こす構造変動はこの土台を揺るがし，既得権防衛の硬い姿勢は協調と妥協の余地を狭めて，既存のシステムを試練に晒したからである。この関連では，上述した協約自治やライン型資本主義が曲がり角に立っている事実が想起されるべきであろう。こうして統一から時が経つにつれてドイツの政治経済システムが発する軋みが大きくなるのは避けられず，危機を語る論調が高まったのである。

## 2 政党システムの機能不全

　既述のように，統一が達成されて間もなくブームが終息し，経済成長がマイナスに転じるとともに，失業者が増大した。こうして産業立地の再構築が

主要課題に浮上するにつれて、政治倦厭がかねてから問題になっていた政党システムの真価が問われることになった。雇用不安が広がる中で、経済の構造改革を不可避とする産業立地問題の解決能力が容赦なく試されることになったからである。同時に冷戦終結に伴う人の移動の活発化がドイツを目標地とする庇護申請者の名目の外国人の殺到という形で現出したことも、ナチズムの反省に立って掲げていた政治的寛容が単なる題目にすぎないかどうかが問われる試金石になった。二つの試練が重なったことは、政党システムを深刻な危機に導く結果となった。州レベルの選挙で極右政党が躍進したのはその証左にほかならない。後者の問題については与野党が激しく対立し、国論も分裂して統治不能とさえ評される状態が出現したが、庇護権を制限する基本法の改正に漕ぎ着けたことで混迷から辛うじて抜け出した。けれども、前者の問題は、国民各層の利害に関わるところから簡単には決着がつかず、政権与党のみならず、SPDなど野党を含めて国民の信頼感が下降することになった。従来、経済問題では手堅い力量を有すると見做されてきたCDU・CSUがこの点での信頼度を低下させていったことが何よりもそれを証明している。コール政権は首相のテーブルに労使の頂上団体の代表を招いて難局打開の方策を協議し、1996年には「雇用と立地確保のための同盟」を設置してコーポラティズム的手法をマクロ・レベルで導入しようとしたが、既得権の縛りから利害の調整がつかずに頓挫した。これらの動きは、総じて労使の協調によって労働問題に対処してきたシステムにひび割れが生じ、モデル・ドイツを蔽う陰りが色濃くなっていたことを物語っており、エリートの柔軟性と統制力に依拠したこれまでどおりの政策形成の手法では問題の処理が困難になり、限界に突き当たったことを暗示していた。

ともあれ、こうして政治的駆け引きが繰り返される間にも失業者数は増大し、1994年には400万人の大台に乗り、戦後最悪の状況に至った。そして雇用不安が蔓延するとともに、産業立地の衰退によって将来の生活設計に大きな陰りが生じたことを背景にして市民の間で政治への信頼感が低下し、市民の政党離れが加速すると同時に、政治的不満が高まった。多くの市民は政党が普通の人々から遊離しており、彼らが懸念を抱く問題に真剣に取り組んでいないと感じるようになったのである。そうした不満は、主要政党が軒並み党員数を減らし、党員の平均年齢が上昇したことに表出している。表8-1が

表8-1 政党の党員数とその増減

| | CDU | % | SPD | % | CSU | % | FDP | % | 緑の党 | % | PDS | % |
|---|---|---|---|---|---|---|---|---|---|---|---|---|
| 1990 | 658,411 | — | 937,697 | — | 186,198 | — | 178,625 | — | 41,316 | — | 280,882 | — |
| 1991 | 751,163 | 14.1 | 919,871 | −1.9 | 184,513 | −0.9 | 137,853 | −22.8 | 38,873 | −5.9 | 172,579 | −38.6 |
| 1992 | 713,846 | −5.0 | 885,958 | −3.7 | 181,757 | −1.5 | 103,488 | −24.9 | 36,320 | −6.6 | 146,742 | −15.0 |
| 1993 | 685,343 | −4.0 | 861,480 | −2.8 | 177,289 | −2.5 | 94,197 | −9.0 | 39,761 | 9.5 | 131,406 | −10.5 |
| 1994 | 671,497 | −2.0 | 849,374 | −1.4 | 176,250 | −0.6 | 87,992 | −6.6 | 43,899 | 10.4 | 123,751 | −5.8 |
| 1995 | 657,643 | −2.1 | 817,650 | −3.7 | 179,647 | 1.9 | 80,431 | −8.6 | 46,410 | 5.7 | 114,940 | −7.1 |
| 1996 | 645,786 | −1.8 | 792,773 | −3.0 | 179,312 | −0.2 | 75,038 | −6.7 | 48,034 | 3.5 | 105,029 | −8.6 |
| 1997 | 631,700 | −2.2 | 776,183 | −2.1 | 178,457 | −0.5 | 69,621 | −7.2 | 48,980 | 2.0 | 98,624 | −6.1 |
| 1998 | 626,342 | −0.8 | 775,036 | −0.1 | 179,520 | 0.6 | 67,897 | −2.5 | 51,812 | 5.8 | 94,627 | −4.1 |
| 1999 | 638,056 | 1.9 | 755,066 | −2.6 | 181,873 | 1.3 | 64,407 | −5.1 | 49,488 | −4.5 | 88,594 | −6.4 |
| 2000 | 616,722 | −3.3 | 734,667 | −2.7 | 178,347 | −1.9 | 62,721 | −2.6 | — | | — | |
| 1990年との比較 | −41,689 | −6.3 | −203,030 | −21.7 | −7,851 | −4.2 | −115,904 | −64.9 | 8,172 | 19.8 | −192,288 | −68.5 |

(出典) Oscar W. Gabriel und Oskar Niedermayer, Parteimitgliedschaften: Entwicklung und Sozialstruktur, in: dies., hrsg., Parteiendemokratie in Deutschland, Bonn 2001, S. 278 より作成。

教えるように，例えば1993年に86万1千人の党員を擁していた最大の党員政党SPDでは党員数は1997年に77万6千人に減少し，2002年末になるとさらに縮小して69万5千人に落ちている。同様にCDUでも1993年には68万5千人を数えたが，2002年には59万6千人にまで後退したのである。また以前から進行していた若者の政治離れは一段と進んでいるが，その原因の一つに政治に対する不満があることも確実視されている。ドイツ・シェルの委託で実施されている青年調査は定評のあるものの一つだが，2000年の報告では政治的関心の低下を裏付ける分析結果が提示されており，詳細な調査データの検討を踏まえて総合的に見ると，最高を100とした政治的関心度は1991年の57から1996年の47を経て，1999年には43に低下しているという。

しかしながら，このような党員数の落ち込みや若者の政治離れ以上に政治的不満を可視化しているのは，統一以後，「政治家狩り」とも呼ばれる風潮が現出したことであろう。実際，暴露ジャーナリズムによる政治家のスキャンダルの摘発はとどまるところを知らない観さえ呈し，政治家の不祥事がほとんど途切れなく新聞や週刊誌の紙面を賑わすほどに「政治家狩り」は猖獗を極めた。そしてこの風潮によって市民の不満と不快はますます強められたのである。

もちろん，こうした現象は，この時期に政治家の不品行が急に増大したというよりは，市民の生活に直結する懸案を解決できない政治家に対する攻撃的な心理が広がったことを表すものというべきであろう。統一による束の間の陶酔の後には揺り返しとして失望や不満が高まるのは避けられなかったが，そうした波動を超えて持続したのは不機嫌とも呼ぶべき社会的気流であった。内外の巨大な変動のために長らく安定していたシステムが揺らぎ，不透明感が増す中で社会にストレスが鬱積し，不機嫌の政治の時期が到来したのである。その兆候と目されるのは，希望や理想を語ることを疎んじる風潮が広がり，自己主張が突出する反面で政治や社会に対する不満と批判ばかりが鳴り響く状況が現出したことである。そうした不機嫌を醸成していたのは，将来に希望を託す以前に現在を守らなければならないという強迫観念にも似た心理にほかならない。別言すれば，これまで享受してきた豊かな生活への満足感を引きずり，変化が避けられないにもかかわらず，それに伴う不安から現状を維持しようとする生活保守的な姿勢がその土壌になっていたのである。

　次々に押し寄せる大きな課題とそれによる変化への圧力は国民の神経を擦り減らし，政治的不機嫌を社会に浸潤させたが，それが噴出したのが「政治家狩り」であった。その意味でそれは不安を掻き立てる懸案に解決の道筋をつけてほしいという政治家と政党に対する国民の期待の裏返しにほかならなかった。国民的スポーツになったとも揶揄された「政治家狩り」自体は長くは続かなかったものの，普通の市民にとって生活の展望が描きにくい状況は解消されておらず，強弱の波はあれ社会の底流に不機嫌がはびこっていることに変わりはない。また，この不機嫌が安全の喪失による様々な種類の不安と表裏一体であることも見落とせない。安全は安心をもたらし，その喪失は不安を生み出すが，日々の暮らしの中で確実だと感じられていた安全が治安の悪化によって損なわれ，高福祉のシステムで享受できた生活の安全が社会保障の切り下げで不確実になったことは，安全が商品となり，市場で売買される財という性質が強まっていることから看取できる。実際，警備保障会社の売上が急伸して最大の成長産業に数えられ，警備員のパトロールで住民の夜間の安眠が保証されている事実や，年金財政の行き詰まりから支給水準の引き下げを補う形で公的年金のほかに個人年金保険が導入され，民間保険会社が契約高を伸ばしている現実は，安全が公的に提供されるサービスではな

くなりつつあることをよく示しているといえよう。安全という価値が手に届きにくくなったことは，誰もが公平に入手できることが長らく自明視されていただけに剥奪感が強く，とくに安全を購入できない人々の間で不安が高まったのは当然の結果だった。政治的課題の累積がストレスを強めたのに加え，そうした不安が重なったところから統一後の社会には不機嫌が浸透したのであり，容易には解消しえないこの気分が社会の底層に澱んでいることを考えれば，「政治家狩り」に類した攻撃的形態でそれがいつでも簡単に突出する可能性があるといわねばならない。

　もちろん社会全体が不機嫌一色で覆われているかのように考えるとしたら行き過ぎといわねばならず，階層や集団に即して区別して考察する必要がある。また，上述した市民イニシアチブに見られるように，不機嫌に囚われ，受け身の姿勢で不満を突出させるのではなく，身近な問題について自らの手で解決を図る運動が広範に形成されている事実も見落とすことはできない。けれども，社会を巨視的に眺めた場合には，オプチミスティックな雰囲気が薄れたことは否定できず，その限りで不機嫌の政治が主潮になったということができよう。そしてそうした現実を踏まえるなら，統一を乗り切ったとはいえ，その後の様々な試練に晒されて，政治家のみならず，政党システムそのものが重大な岐路に立たされているのが現在の姿だといってよいであろう。

　ところで，機能不全とも表現しうる政党システムの問題解決能力の低下は，国内問題に限って現出したわけではないし，また，統一自体によって強められていた面があることも見落としてはならない。統一は達成されたものの，巨大化したドイツが国際社会でいかなる役割を担うべきかについては準備ができていなかったし，巨大化したためにドイツに注がれる視線が厳しさを増したからである。しかも，冷戦終結後にはアメリカを頂点とする平和な世界が訪れるという期待に反し，湾岸戦争やユーゴスラヴィア解体に見られるように，国際社会の秩序そのものが流動化した。こうした中で，統一によってナショナルな感情が高まったのを受けてドイツではナショナル・アイデンティティを再定義し，自国を国際社会の中に再定位するという重い課題が不可避的に発生した。湾岸戦争では連邦軍を派遣せず，戦費だけを負担して批判を浴び，その裏返しで統一直後にユーゴ問題を巡って独走したのは，そうした背景の下で生じた出来事だった。これにより分断の足枷を外されたドイツ

が自国の利益を最優先する外交行動に転じるかもしれないという危惧が周辺国で強まった。しかもこの危惧には，「冷戦が終わってみれば勝っていたのはかつての敗戦国のドイツと日本だけだ」という両国の繁栄に対する妬みにも似た国際社会の複雑な感情が混じり合っていた。こうして統一したドイツは，湾岸戦争の際のように何もしなければ非難され，ユーゴ政策のように何かを積極的にしても批判されるという難しい立場に立ったのである。このような状況で，コール政権はヨーロッパの統合こそドイツの最大の国益であり，かつまた平和と安定を保障するものでもあるとの立場を堅持し，マルチラテラルな枠組みを重視する姿勢を明確にした。その後のNATOの一翼としての連邦軍の派兵や，独仏枢軸を維持しながらのEU統合の推進がこれを裏付けている。統一によってドイツに向けられる周辺国の視線には不安の色が強まる一方で，国際社会におけるドイツの責任と役割に対する期待も高まったが，これに応える行動と独走を自制する姿勢によってコール政権は普通の国としてのドイツの信認を固め，ヨーロッパにおけるプレゼンスを強めると同時に，ドイツ外交の再ナショナル化という疑念と警戒心を払いのけることに力を傾けたのである。

　こうした方向は統一以前との連続性が濃厚なところから，一見する限りではその延長にすぎないようにも映る。しかし注目すべきは，統一という画期を挟みながら連続性が基調となっている点である。ユーゴ問題で一種の独り歩きが見られたように，外交的アイデンティティが不確実になった局面では従来の路線からの逸脱が生じたが，そのことはむしろマルチラテラルな枠組みの重視が改めて今後の路線として選択し直されたことを意味していると考えられる。実際，統一が成就してからは財政難による開発援助の停滞も手伝い，冷戦の終結した新たな国際社会における国際貢献の主軸は連邦軍のNATO域外派遣に移ったが，外交上のコンセンサスが固まっていなかったことは，SPDがこの措置を違憲の疑いがあるとして連邦憲法裁判所に提訴しただけでなく，党内でも派兵に消極的な立場が主流になっていたことにも示されていた。冷戦後の世界でいかなる役割を引き受けるべきかは同じ敗戦国の日本でも厳しい対立を招いた争点になったが，ドイツでは統一が重なったために混迷を深め，与野党の亀裂のために外交に関するコンセンサス形成は重い課題にならざるをえなかった。連邦憲法裁判所の決定により法的にはこの

対立には幕が引かれたものの，政党レベルの協議によって合意を作れず，少なくとも決着をつけられなかった点に重大な禍根が残された。この過程に見られる混迷は，外交面でも政党システムの問題解決能力が低下したことを立証していると考えてよいであろう。

もっとも，その一方では，連邦憲法裁判所の決定を境にしてその後は連邦軍の派遣に対する反対論は低調になり，既述のように，むしろ与野党のコンセンサスが支配的になってきている。そしてコール政権からシュレーダー政権に代わってからもこの合意は継続し，結果的に外交路線は連続性が濃厚な政策領域になっている。そればかりか，コソヴォ紛争では連邦軍はNATOによる空爆にすら参加し，党内の厳しい対立にもかかわらず同盟90・緑の党のフィッシャーが外相としてその決定の責任を負い，非暴力という結党の原点から離脱したことは，ドイツが軍事的プレゼンスを強める方向で国際社会に積極的に関与する路線をとっていることを窺わせている。この点で，統一後にマルチラテラルな枠組みでの外交を選択したコールの決断は，連続性という蔽いのもとに，政治・軍事小国だったドイツに普通の国という地位を確保しただけでなく，シュレーダー政権の登場により，政治的な役割を担うのはもとより，軍事面でも国際社会に貢献しうる国へとドイツを徐々に変貌させてきたといえよう。

## 3　政治の閉塞と新政策の展開

ところで，外交の領域に限らず，他の政策分野でもコールからシュレーダーに政権が交代してからも全体としては大きな政策転換は起こっておらず，また経済情勢などにもあまり変化は見られない。その意味では全般的に見てやはり連続性が基調になっているというべきであろう。もっとも，一口に連続性といっても性質の異なる2種類のそれが内包されていることも見逃してはならない。コール政権がドイツ統一によって分断の縛りを解かれた際にマルチラテラルな枠組みでの行動を選択し，それまでとの連続性を演出したように，シュレーダー政権も外交・安全保障の領域では軌道の転轍や修正が可能な中で従来の路線の継承を選んだのであり，この例をはじめとして，いくつかの政策分野には二つの政権の間に選び取られた連続性が存在する。これに対し，経済・財政・社会政策の領域では一国的な対応の及ばないグローバ

ル化とヨーロッパ統合の大きな流れや財政の逼迫のために政策的選択肢が狭められ，好むと好まざるとにかかわらず前政権と類似した政策しかとりえない状況が形成されていた。その点から，この面では強いられた連続性について語ることができよう。実際，社会民主主義を主軸とする政権でありながら，緊縮財政，減税，規制緩和など供給サイドを重視する新自由主義的な手法が前面に現れており，その点から「社会民主主義のキリスト教民主主義化」さえ一部で指摘されているが，そのことは大企業とのつながりの深いシュレーダーの個人的立場の反映というよりは，グローバルな競争の激化の中ではそれ以外の政策構想が立てにくくなっていることの帰結と捉えるべきなのである。

　なるほど政権交代をもたらした選挙戦では「新しい中道」という標語のほかに，「公正」や「革新」などの語が飛び交った。しかし現実には依然として失業率は高いレベルで推移しているばかりでなく，東ドイツ地域の再建も西ドイツより経済成長率が低いままで，立ち直りの兆候はほとんど見出せない状態にある。このような結果になったのは，グローバル化への適応圧力と巨額の財政赤字のために政策的な選択の幅が制約されていることに主たる原因がある。無論，これに加え，既得権の壁が厚いために経済の構造改革が進まないことも大きい。確かにシュレーダーは政権発足後すぐに「雇用のための同盟」をスタートさせ，政労使の協議を重ねつつ，産業立地の再構築に取り組んだ。また社会国家の縮小を図ったコール政権とは対照的に，当初は労働側の既得権の復活と安定化を図って労働側に歩み寄ると同時に，他方では法人税の軽減を実施して経済界の支持を取り付けた。もっとも，整合性を欠落したこうした政策は足元のSPD内にも異論を呼び起こさないではすまなかった。総需要管理のケインズ主義的な方策を重んじ，その限りで党内の伝統主義派とも一致するラフォンテーヌ党首との内紛がそれを端的に物語っている。両者の争いには主導権を巡る権力闘争という側面もあるが，後者の引退によってひとまずは決着がつけられたのである。

　こうしてシュレーダーは首相の地位に加えて党首の座も手に入れ，政権は安定するようにみえた。事実，これを出発点にしてシュレーダーが自己の政策構想を果断に実施していくことが期待されたのである。これに応えてシュレーダーは2000年に雇用創出，減税，債務削減，年金制度の安定的維持を掲

げた「税制改革2000」と称する包括的な改革パッケージを打ち出した。けれどもその時期からドイツ経済が上向いたのは政策効果によるものではなかった。むしろアメリカの好景気に支えられた外需の伸びによる輸出増加で短期的に景気が活性化し，失業が緩和されただけであり，2001年になると景気回復は足踏みし，再び失業は増加に転じた。またその中で財政赤字も悪化にブレーキがかからず，計画された財政均衡の達成年度が先延ばしされたことから看取されるように，ますます政治への重圧を増しているのが実情である。2002年秋に『シュピーゲル』誌は「八方塞がりの共和国」と題した特集を組み，多面にわたるデータを引証しつつ政党や利益団体の硬直した姿勢のために政治が手詰まり状態に陥っていることを批判的に報道したが，タイトルに誇張の感があるものの，そうした実感を抱いている市民が少なくないのは確かであろう。経済・社会政策の面に関して先に強いられた連続性に触れたが，それが外的条件による制約が強まり政策選択の余地が乏しくなった帰結であり，雇用，景気，財政などの苦境の打開が約束されながらも成果が上がらないまま，国民が繰り返し期待を裏切られる苦い経験を嘗めてきている経緯を考慮するなら，ドイツ社会に広く政治的閉塞感が醸成されていることは容易に推し量れよう。そして手詰まり状態に陥った政治が閉塞感を広げていることが，社会に澱む不機嫌を一層強める原因にもなっているのである。

　このような状況を背景にしてシュレーダー政権に対する国民の支持も低迷している。同政権がコール政権に代わったのは，選挙戦でのキャッチフレーズが国民に受け入れられ，高い期待が寄せられたからというよりは，高失業と低成長の経済情勢を打開できず，同時にあまりにも長期に及んだコールへの信頼低下と飽きによるところが大きい。その意味ではコール政権の自壊がシュレーダー政権を誕生させたといえよう。選挙戦で従来になく人格がシンボライズされ，キャッチフレーズが高唱されたのは，難局突破のために強いリーダーシップを確立したいという思惑から発している面があるにしても，守る側も攻める側も一種の手詰まり状態にあり，実体ではなく，シンボルの次元で戦いを展開する以外になかったことの表れだったとも見做せよう。さらに両陣営が新中間層の票の取り込みに標的を絞ったことが，ますます政策面の違いを希釈し，選挙のアメリカ化を強めることにつながった。選挙のアメリカ化自体はメディアによる政治や社会の支配を含意するメディアクラシ

ーが先進諸国で進展するにつれてますます強まる趨勢にあり，その意味ではドイツがノーマルなレベルに追いついた側面があるのは否定できないが，その点を考慮に入れたとしても，このように勝利がシンボルの次元で達成されたからこそ，シュレーダー政権が始動すると人々は平静に返り，国民に訴えるパフォーマンスにもかかわらず急速に人気がしぼむことになったと考えられるのである。

　もちろん，シュレーダー政権になってから目覚ましい進展の見られた政策分野も存在する。原子力発電からの撤退が取り決められたことや，社会保険の負担軽減と抱き合わせた形で環境税が導入されたことはその代表例である。これらの政策には政権浮揚のためのパフォーマンスという色合いが見出せるし，また限界や妥協的性格を指摘することも容易い。そのことは強硬姿勢を崩さなかった同盟90・緑の党のトリッティン環境相を抑えて電力業界との合意が図られた前者の経過などを見れば歴然としている。同様に外国人政策でも大きな一歩が踏み出されたことも忘れられない。国籍法の改正によって出生地主義が取り入れられ，限定つきながら二重国籍が公認されたことはドイツは移民国にあらずとする歴代政権の立場を大きく転換するものであり，画期的意義を有していた。さらにグリーン・カード制が実施されたばかりでなく，これに移民法制定に向けた委員会の設置が続いたことは，ドイツを公式に移民受け入れ国に変貌させ，国民の枠組みを拡大する点で長期的に見て重大な意味をもっていた。また文化面では同性婚が限界はあるにせよ認められるようになったことも，伝統的な性役割の観念が根強いことを考えれば，赤緑政権のスタンスを象徴する出来事だったといえよう。統一直後の連邦議会選挙ではナショナルなテーマの突出によって緑の党が議席を喪失したが，その直後からは産業立地問題が深刻化し，経済や労働に絡む領域に政治的関心が集中するようになっていた。そうした統一以後の政治的潮流を念頭に置くなら，後退していたニュー・ポリティックスのイシューに再び光が当てられるようになったことをこれらの新たな動きは示しているといってよいであろう。その意味では，ニュー・ポリティックスの流れが限られた範囲ではあっても蘇生したということができるのである。

**参考文献**

リヒャルト・フォン・ヴァイツゼッカー　永井清彦訳『歴史の終わりか幕あけか』岩波書店　1993年
ハインリヒ・アウグスト・ヴィンクラー「戦後からの訣別」『思想』1991年1月号
小野耕二「現代ドイツの政党政治」日本政治学会編『三つのデモクラシー』所収　岩波書店　2002年
河崎健「90年代ドイツ政党批判論に関する一考察」『早稲田政治公法研究』51号　1996年
ユルゲン・コッカ「1989年の革命と民族」『思想』1991年1月号
ロナルド・ドーア　藤井真人訳『日本型資本主義と市場主義の衝突——日・独対アングロサクソン』東洋経済新報社　2001年
中谷毅「統一ドイツにおける安全の変容と揺らぎ」『法学研究』(愛知学院大学) 44巻1・2号　2002年
野田昌吾「統一後10年の『社会的市場経済』」『法学雑誌』(大阪市立大学) 48巻1号　2001年
ユルゲン・ハーバマス　三島憲一ほか訳『遅ればせの革命』岩波書店　1992年
同「ドイツはノーマルな国民国家になったのか」『思想』1993年10月号
山内健生「ドイツにおける直接民主主義を巡る議論について」『自治研究』73巻6号　1997年
渡辺暁彦「ドイツ基本法と直接民主制」『同志社法学』50巻5号　1999年
渡辺重範『ドイツ近代選挙制度史』成文堂　2000年

# 終章　ドイツが直面する政治課題

　最後にドイツ政治が現在直面している問題を簡単に振り返りながら，今後の主要課題や見通しについて手短に考察しよう。

　現在，ドイツの政治に課せられているのは，何よりもまず，ドイツ産業の競争力を高め，低迷が続く経済を活性化することによって雇用問題を解決することであろう。無論，それは極めて困難な課題であり，コール政権が取り組んで成果を上げられず，シュレーダーに代わってからも取り立てて言うべき進展は見られない。その上，この課題の困難性はグローバル化とヨーロッパ化の進行に連れてますます強まっている。EU 域内であれば企業は立地条件のよい土地に自由に移動でき，もはや国籍をもたなくなっているからである。換言すれば，国境の壁が消滅するか低くなり，あるいは EU に種々の権限が委譲されたことによって国策としての経済政策の有効性が従来よりも低下し，政策の対象であるべきドイツ産業自体が次第に無国籍化しているのである。

　こうした中で，競争に勝ち残るために企業は変貌しつつある。既述のように，ドイツには従来，メーン・バンク制を軸とした「ドイツ株式会社」と呼ばれる大企業の相互依存の構造が存在していたが，ホルツマンの倒産に見られるように，それが変化の兆しを呈しているのは見過ごしえない現象といわねばならない。ライン型資本主義を支えてきたのが「ドイツ株式会社」の存在だったとすれば，この主柱の揺らぎはドイツに特有な資本主義の構造を変化させ，株主の利益の重視と労使間の協調の軽視につながる可能性を孕んでいるからである。このように言うのは，労働側にも重要な変化が生じている

からにほかならない。既に指摘したとおり，ドイツでは雇用形態が多様化する中で，正規雇用労働者の数が減少するとともに，軽微労働をはじめとする非正規労働に就く労働者の数が増大している。その結果，正規労働者を担い手とする労働組合の組織率も低下し，10年前には40％台にあったのが，2000年には30％の大台を下回るところまで下がっている。さらに企業団体から離脱し，あるいは加入しない企業が増加するとともに，開放条項を採用するケースが増え，労働協約が空洞化する兆候が目に付くようになってきている。こうしてドイツの産業平和の礎石ともいうべき協約自治が脆弱化しつつあるのが昨今の実情といってよいであろう。この点を踏まえれば，産業立地の再構築は，新たな産業分野の開拓を促進することによって大量の失業者のために職場を創出するにとどまらず，労使関係の枠組みの再編成という課題をも包含するに至っているのであり，政治に与えられた役割もそれだけ重く困難になっているといえよう。

　他面，産業立地の揺らぎが顕著になるにつれ，戦後のドイツを特徴づけていた社会国家が改造を免れなくなり，効率性を高める名目で市場原理に委ねられる領域が拡大する方向にある。また，失業した労働者には給付が削減されただけでなく，ペナルティを科す形で求職活動が義務づけられた例に示されるように，自助の原則に基づき市場への適応が強制され，公的援助が縮小されている。戦後ドイツの経済発展の一因が社会国家の整備による安全と安心のシステムにあったことを想起するなら，市場原理の一面的な賛美ではなく，それと整合する社会保障システムの構築が求められよう。けれども，国際競争の激化を背景にして，社会国家を重荷とだけ受け止め，もっぱらコストの観点から見直す風潮が強まっている中では，それに立ち向かうには国民の信頼を支えにした強力なリーダーシップが不可欠であろう。

　さらに東ドイツ地域の経済再建も重要な課題である。心の壁について公然と語られることは少なくなったものの，東西ドイツ間の亀裂はさまざまなレベルに残っている。メンタリティの面はもとより，経済状態や生活条件に明瞭な懸隔が存在するのは，しばらく滞在するだけで誰にでも感知しうる事実である。特に近年では巨額の投資によって最新のインフラが整備されたはずの東ドイツ地域の経済成長率がただでさえ低い西ドイツのそれに及ばない事態が続いているのは深刻な問題といわねばならない。また政治面でも地域政

党色を強めた PDS が大きな勢力を維持している反面，CDU や SPD の党員数は依然として少なく，組織建設が進捗しているとは到底言えない状態にあり，政治地図は東西で大きく異なったままである。確かに統一から時間が経過するにつれて，分断の記憶をもたず，メンタリティも西とそれほど異ならない若い世代が成長している。しかしそれでも西に比べてはるかに高い失業率は，統一後の脱工業化による空隙を埋める産業が成長していないことを明確に示している。その意味で，東ドイツ地域への支援は，ドイツ統一に実質を与える上でもなおしばらくは重い課題であり続けると考えられる。

外交や安全保障の面では，繰り返し指摘したように，ドイツはマルチラテラルな枠組みを重視する姿勢をとり，普通の国として国際社会で信認を受けるようになっている。また同時に，統一によってドイツは普通の国民国家になるとともに，EU 統合に伴う主権的権利の制限を積極的に受容することによってポスト国民国家の色彩を濃厚にしてきている。いずれにせよ，国際社会でのドイツの存在感が統一以前に比べて高まっていることに異論の余地はないが，それだけに例えば EU 拡大に当たり中・東欧諸国の加盟の過程でドイツが主導権を発揮する場面が増えるにつれ，反発や警戒が強まっているのも否定できない。国家や民族の垣根が取り払われ，均質なヨーロッパ市民からなる EU の出現を楽天的に期待するならともかく，国家，民族，地域などの次元で政治組織や文化，アイデンティティが存続するのが確実視される以上，当分は統一して巨大化しただけでなく，経済力でも抜きん出ているドイツの行動は否応なく目立たざるをえない。そうした条件の下では自制心のある外交が必須になるが，それには政治指導者だけではなく，国民のレベルでも大国意識を誇示することを避け，熟慮が必要とされよう。そうした視点から眺めると，いまだに排外暴力事件が絶えず，外国人排斥感情が根強い現実は，その前提がなお成熟していないことを証明しているように思われる。

他方，連邦軍の派兵を軸とする国際貢献についても，それに向けた連邦軍の再編成が進行中であり，ユーゴ空爆の参加にまで達しているところから，ドイツはルビコンを渡ったとの見方もみられる。けれども，新たな段階に差しかかったのが確かだとしても，まだ端緒についたばかりであり，どのようなケースにどの程度の規模で戦闘部隊を投入するかのガイドラインは存在しない。そのため，派兵がズルズルと拡大する危険と並んで，多大の犠牲者が

出るような事態が起これば，派遣の是非が改めて重大な政治問題に発展する可能性も否定できない。その意味で，連邦軍の派兵を国際貢献の主要な柱に位置づけたものの，それには堅固な枠組みと安定したコンセンサスはいまだ形成されていないといわねばならないのである。

ところで，以上で摘記したような課題のほかに，避けることのできない大きな課題が差し迫ってきている。経済や社会などに長期的に重大な影響を及ぼす人口変動との取り組みがそれである。2002年秋の『シュピーゲル』が評したように，この問題は長く「最大のタブー・テーマ」だったといえるが，もはや口を閉ざしたままでいることが不可能なところまで事態が切迫しているからである。

統一より遥か以前の1972年に既に西ドイツは65歳以上の高齢者の比率が14％を超える高齢社会に達していた。しかも高齢化だけではなく，同時に少子化も進み，1972年以降には移住による社会増がなければ自然減によって人口が縮小するところまで進行していた。ドイツはしばしば子供嫌いの社会と呼ばれるが，事実，統一して間もない1991年の時点で2700万組の夫婦のうち，900万組に子供がなかった。また，子供3人以上の夫婦が稀になると同時に，子供1人から2人の夫婦が増大した。1993年の時点で見ると，子供の55％には兄弟姉妹がなく，1人っ子として養育されているのが現実だったのである。もっとも，それにもかかわらず，子供は2人かそれ以上を望む夫婦が増加する反面，子供は全く要らないという夫婦が増えているから，「1人っ子ファミリー」の傾向が強まっているというのは正確ではない。こうした背景の下で，少子化傾向が続き，出生率は世界でも最低水準にある。合計特殊出生率は置換水準とされる2.1を大きく下回り，数十年来1.3から1.5程度で推移しており，この間はほぼ1.4前後のレベルにある。そうした実情から，連邦内務省が2000年に公表した2050年までの人口変動のモデル計算では，現実性のある選択肢として想定されたすべてのモデル・ケースについて幅はあっても人口の縮小が不可避であることを示すグラフが提示されている。

しかしながら，ナチスの過去の反省から，ドイツではこれまで公然と人口政策を論じることを憚る傾向が強かった。周知のように，ナチスは人種主義の立場から「産めよ増やせよ」の人口政策を推進し，「生命の泉」などを設ける反面で，優生学の名において「生きるに値しない生命」に対し強制断種や

抹殺を実行したからである。それゆえにドイツでは人口政策という名称は，こうした過去の記憶を呼び起こさざるを得ない風土が存在している。このような事情を踏まえ，政府は人口政策に代えて家族政策を前面に立て，家族を支援することを主要な目標にしてきた。そのために家族政策は男女平等政策の柱になると同時に，人口政策の機能をも併せもつようになっている。

　家族政策の展開の跡を辿ると，とりわけ1985年に西ドイツで1.28という世界最低の出生率を記録したことが特筆される。それが引き起こした大きな衝撃が，翌年から始まる手厚い家族政策への転換の引き金にもなったのである。この結果，財政再建のために児童控除や母親手当などの削減を進めていた方針から一転して，家族負担の調整に重点を置きながら有子家庭に対する経済的支援が強化され，家庭と職業とを両立させる支援策も強められた。こうして両親のいずれかが取得できる育児休暇が設けられ，例えば子供の養育に当たるために父親もしくは母親が仕事が全くできないか，フルタイムの勤務に就けない場合，一定額の手当が支給され，所得が保障されてきた。コール政権ではこうした家族政策に力点を置きつつ女性の地位向上政策が推進されたところに特色があったが，同政権によって築かれたそうした制度的成果を引き継ぎつつ，シュレーダー政権下の2001年に施行された改正育児手当法ではさらに条件が緩和され，手当を受給しながら両親ともに職業を部分的に継続する権利が認められた。また両親が同時に育児休暇を取ることも可能になった。これらは育児環境の改善のみを目標にしていたのではなかった。赤緑政権の性格を反映して，育児は女性の仕事だという伝統的な性別役割分業を改め，それによる女性の不利益を軽減することにも狙いがあったのである。また育児休暇の間は雇用保全規定が適用され，休暇後も職場復帰が可能であるだけでなく，子供1人につき3年間が年金給付額の算定期間に加えられるようになっていることも，育児による不利益を少なくする措置として付け加えておくべきであろう。

　これらの政策が少子化抑制にどのような効果を生んでいるかは判然としないが，それとは別に，これまでに進行した少子化がもたらす影響ははっきりしている。ドイツでは人口の自然増加はストップして自然減に転じており，統計上人口増加として表れているのは移住による社会増の結果にすぎない。また生産年齢人口の減少も近い時期に始まると予想され，長寿化による高齢

者の増加と併せ，老齢率の上昇は不可避になっている。すなわち，生産年齢人口の主力である20歳から60歳の年齢層に対する61歳以上の年金受給年齢人口の比率は1999年で既に39.8まで上昇しているが，移住により年間10万人の流入超過が続いたと仮定した場合でも2050年には老齢率は80に達すると予測され，高齢者を支える現役世代の人口は縮小の一途にある。また，「人口維持のための移民受け入れ」に関する国連のモデル計算によれば，15歳から64歳までの人口に対する65歳以上の人口の比率を現状のレベルで維持しようとすれば，毎年340万人の移民を受け入れる必要があるという結論に達したといい，この受け入れが非現実的である以上，国連の計算によってもドイツにおける老齢率の上昇が避けえないことが確証される形になった。無論，人口の今後の動きについては出生率をはじめとする種々の変数を考慮に入れなければならないので精度の高い予測をするのは難しい。しかし，かつてのピラミッド型から釣り鐘型に変わったその構成がこれから壺の形に近づくのは確実視されており，なんらかの対策を講じなければ2000年から2050年までに図終-1のように変形すると推定されている。

　他方，少子化が引き起こす人口の縮小に関しては，流入と流出が均衡する場合と並べ比較的現実性があると考えられる小規模から大規模までの三つのタイプの導入を想定した連邦人口研究所のモデル計算がある。それによれば，2050年までのドイツの総人口はかなりの変化を遂げるが，どのモデル・ケースについても人口の縮小は避けられないという結論に至っている。すなわち，8200万人の1999年の総人口は年間の流出入が均衡している場合には2050年に5800万人にまで縮小し，毎年30万人の流入超過になる規模で国外から人を導入した場合でも7400万人に減少するというのが連邦人口研究所の推計である。このような見通しはこれまでにもしばしば話題になってきたものの，政府機関の発表だけに改めて波紋を投げかけた。少子化と高齢化による社会変動と将来予測はわが国でも既に馴染み深いテーマになっており，年金や医療を中心に社会保障システムが崩壊する危険のほか，労働力不足や経済の衰退などの問題が取り上げられているのでここでは立ち入らないが，このトレンドが内包する問題の重大性を踏まえてドイツではこれまでに様々な政策が打ち出されている。そのうちの主要なものの一つが年金改革であり，コール政権に続きシュレーダー政権も本腰を入れて取り組んでいるものの，大きな成果が

図終-1　人口構造の変化

単位：1000人

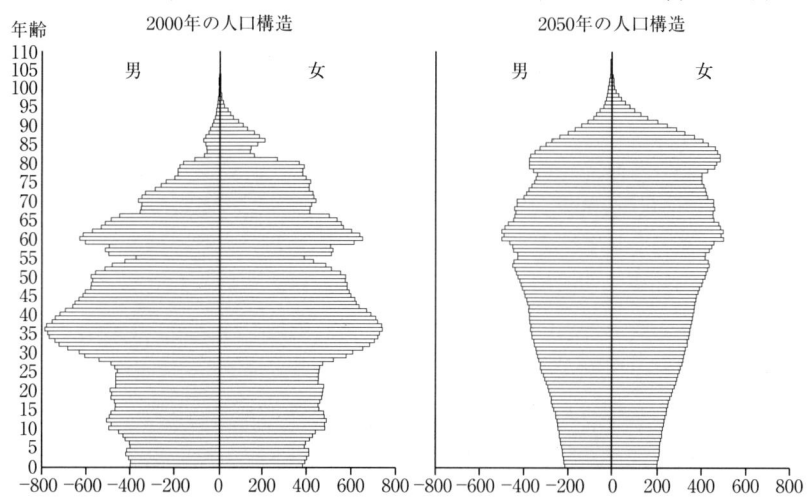

（出典）Herwig Birg, Dynamik der demographischen Alterung, Bevölkerungsschrumpfung und Zuwanderung in Deutschland, in: Aus Politik und Zeitgeschichte, B 20/2003, S. 11.

得られていないのは既述のとおりである。しかし現行のまま放置した場合，連邦政府が設置した年金に関する委員会（通称リュールプ委員会）の試算によれば，年金受給者１人を支える年金保険料負担者の数は2000年の4.14人から2020年に2.86人，2040年には1.88人に縮小すると予想され，年金財政が破綻するのは確実視されている。そのため年金改革はシュレーダー政権の重点政策になっているが，しかしその前提となっている人口構造を修正するという意味でそれ以上に重要な意義を有しているのが，活発に論議され，政治的にも概ね合意が形成された移民法の制定にほかならない。

　既述のように，2000年に設置された移民委員会の提言を受け，いくつかの点でそれより後退した内容の移民法が2002年３月に成立したが，採決の手続きに疑義が残ったために連邦憲法裁判所によって無効とされた。しかし2002年の連邦議会選挙でシュレーダー政権の続投が決まったので，大きくは変わらない形で移民法が制定される公算が大きい。これにより公式の移民受け入れ国としてドイツはこれまで表向きは厳重に閉ざしてきた国境を開放することになる。けれども，計画されている規模の移民では人口変動による影響を

緩和するには程遠く，一層の拡大が必要だとも指摘されている。したがって，既に EU 市民に開放されている国境をヨーロッパ以外の地域に向けどこまで開くかは今後とも重要な政治問題になる可能性が大きい。また他方では，受け入れた移民の処遇に関し，これまでの外国人問題の経験から社会的統合の困難さが明瞭になっているのに，その教訓が必ずしも十分には反映されていないように感じられる。人口変動自体の重圧に加え，こうした点から，移民受け入れ国への改造は重大な試練を政治指導者のみならず，広く国民一般に課すことになると考えられる。国籍法改正と重なり，少なからぬ「新ドイツ人」を隣人や同僚として迎えいれなければならなくなるからである。

　この観点から眺めると，国民レベルでは人口変動が呼び起こす社会の変化に取り組む用意は低調であり，依然として豊かな生活をいかにして守るかという一点に関心が向けられているように感じられる。既成政党に対する不満も基本的にはそうした生活保守的な感覚から発していたのであり，同時にそれが既得権の壁を強固にした原因でもあった。社会国家の改造に対するためらいも，大幅な改造が生活上の安心感を提供できなくなるところから生じていたといえよう。こうして，産業立地の再構築に伴う構造改革の重荷に加え，人口変動に起因する新たな問題が押し寄せるのが不可避である一方，国民に十分な準備ができていないという条件の下で，政策的選択肢を縛られながら政治運営をしていくことは極めて難しくなってきている。わが国では経済大国へと上り詰めた時代への郷愁を交えながら失われた10年についてしばしば語られるが，直面する問題の構造は必ずしも同一ではないものの，厳しい試練に政治が晒されている点では状況は類似している。国内冷戦を経験しなかったドイツでは55年体制のような桎梏はないにせよ，コンセンサスの政治は主要問題を巡る政策決定過程から国民を排除し続けてきた。その意味では政党システムが国民から遊離していることは否定しがたく，それが政治的不満を強める一因にもなっている。そうした実情から，生活保守的な感覚を切り替えるためにも政治参加のチャンネルを拡大することが必要とされているが，そのような課題にも応えつつ，上述した様々な難問にドイツの政治指導者がどう取り組み，どのような方向に国民を導いていくかは今後とも大いに関心をそそるのである。

## 参考文献

魚住明代「ドイツにおける出生率と家族政策」阿藤誠編『先進諸国の人口問題』所収　東京大学出版会　1996年

熊谷徹「さらばドイツ株式会社」『週刊エコノミスト』2002年4月9日号

斎藤純子「育児時間と親時間——ドイツの新しい育児手当・育児休暇制度」『外国の立法』212号　2002年

シャルロッテ・ヒョーン「ドイツにおける出生率および家族政策」『人口問題研究』53巻2号　1997年

星野郁「岐路に立つドイツの企業統治」『証券経済研究』38号　2002年

ライナー・ミュンツ「移民受け入れ国になるドイツ——回顧と展望」『社会科学論集』（愛知教育大学）40・41号　2003年

## あとがき

　ベルリンの壁の崩壊を起点にして，東西ドイツの統一のしばらくあとまではわが国でもドイツ関係のニュースや著作が多数あらわれ，ドイツへの関心は著しく高まった。しかしその反動からか，遅くとも1990年代半ばには関心は極めて低調になった。そうした変転の大きさは，例えば大学における語学選択でのドイツ語の人気の消長によく示されている。英語圏に対する関心は依然高く，グローバル化の波によって一層押し上げられている感がある一方，経済関係の密度が増した中国などアジア世界に対する関心も強まっているが，その狭間でヨーロッパへの関心が全般的に薄れてきているのは否定できない。統一で盛り上がったドイツに対するそれも一過性の現象に終わり，本来の水準に復したというべきかもしれない。

　本書が対象としているのは，そうした関心の大きな波動を閲した統一以降のドイツの政治である。序章でも述べたように，本書ではこれを主要な政策領域に着眼しながら素描している。そのようなアプローチをとることで浮かび上がったのは，政権交代にもかかわらず政治の連続性が色濃く存在することである。産業立地の衰退につれて政治も手詰まり状態に陥った感があるが，それだけにパフォーマンスで目新しさを誇示する傾向が強まり，華々しい政策論議が行われる割りには実効が伴わないケースが増えているような印象を著者は抱いている。実際，CDUとSPDの間ではしばしば言葉では激しい応酬が展開されるが，政策内容を点検すると違いが驚くほど小さいケースがしばしば見出される。そうした実情を考慮し，政党レベルに焦点を合わせた場合に言辞に引きずられて対立を過大に受け止める危険を避けるためにも，主要政策の展開に照準を合わせる手法をとってみたのである。わが国ではSPDが様々な意味で革新勢力の模範になってきた歴史があり，かなり広く親近感が見出されるが，そればかりでなく，55年体制下で培われた思考パターンに拘束されて，イデオロギーを基底にもつ対立軸を想定しつつ，これを投

影してドイツの政治を解釈する傾向が見受けられる。これに対し，ドイツの政党政治については，その種の対立軸を前提にした場合には説明のつかない部分が極めて大きくなるというのが著者の基本認識である。さらに，政党の固定的支持層の縮小にも見られるように，政党離れの進行に伴い，普通の市民にとってCDUの政権かそれともSPD主導の政権かという違いは重要性が薄れ，政策が問題解決に役立ち具体的な成果をもたらしているかどうかに評価の重心が移っているが，そのような市民の目線から見た政治の展開を描いてみたかったことも，上記のようなアプローチを選んだ理由である。

こうしたアプローチによって濃厚な政治的連続性が確認できたが，そうした特質がドイツ政治に見出されるのは，言葉の争いの陰で政治エリート間の調整を支えにしたコンセンサスの政治が維持されているからにほかならない。換言すれば，政治指導者の主観的意図はともあれ，コンセンサスに行き着くシステムが守られているからこそ，高度の政治的連続性が確保されてきたといえよう。この点は，国民投票を実施したら否決の公算が大きかったマーストリヒト条約の批准をはじめ，国民の政治的判断力に対する不信を共有した基本法の父たちが制定した基本法が，40年以上経っても相変わらず国民投票抜きで改正され，選挙の争点にもされなかった現実に端的に示されている。本文中でも指摘したように，エリートの協調に基づくコンセンサスの政治は政党システムを国民から遊離させるという代償を払わなければならないが，参加の要求が高まってからそのコストが大きくなり，スキャンダルの頻発と重なって政治倦厭を引き起こしている。その意味で今日のドイツの政治を特徴づけている一つの重要な要素は民主主義の不足であり，国内各地で市民イニシアチブが草の根レベルで活発に活動している現状に照らすと，ブリュッセルの官僚への権力集中ゆえにEUが民主主義の赤字を指弾されるのに似て，ドイツでも参加の拡充が引き続き主要な問題となる可能性が大きい。いずれにせよ，産業立地の再構築や人口変動への対応など困難で巨大な課題を避けて通れないことを考えれば，現存する政党システムとコンセンサスの政治がどこまで持続しうるかは注目に値しよう。

ところで，本書ではなんらかの理論枠組みを当てはめて分析する方法を避けてきた。それは概観的な叙述に主眼があるからだけではなく，何よりも事実に即くことを重視したいと考えたからである。理論は問題をクリアにし，

見通しにくい構造連関を把握するのに効用があるのは指摘するまでもない。しかしそれは対象に関する詳細な知識を前提として初めて有効になるのであって，この前提が欠如しているところで理論を援用するのはプロクルステスのベッドの轍を踏む結果になりやすい。わが国では戦後のドイツ現代史に関しては，豊富な情報に裏打ちされた理論的分析が可能になるところまでは現時点ではまだ到達していないと著者は判断している。そのことは多年に亙って政権を担当してきたCDUに関する研究がほとんど空白状態にある一事に照らしただけでも明瞭であろう。

　いわば著者の独断と偏見で上記のようなアプローチに立って本書を執筆するに至ったのは，担当する授業の主題に統一後のドイツ政治を取り上げたのがきっかけになっている。その準備の過程で，この最新の時期に関しては多彩なテーマを扱った論文などがこれまでにわが国で公表されており，一部の分野についてはかなりの蓄積があることに気付いた。しかし同時に，それらを繋ぐような見通しの利く著作が見当たらず，改めて研究の細分化と断片化が進行していることも痛感させられた。そこで蛮勇を奮い起こし，簡略な鳥瞰図を作成する作業に取り掛かることに意を決したのである。ドイツでも統一以後の通史はほとんど存在しないから暗中模索は避けられず，しばしば方向感覚が消失したような心境に陥ったが，邦語で発表されている数多くの論文からは教えられるところが多く，随分助けられた。なかでも時事的なトピックに関しては，『ジュリスト』の海外法律情報欄に掲載されたドイツ関連記事や，『ユーロトレンド』などジェトロの各種のレポートが重宝だった。利用した著作を参考文献として網羅的に掲げることはできなかったので，この場を借りて参照させていただいた方々すべてに篤くお礼申し上げたい。またドイツ語文献では，書籍や雑誌論文のほかに，週刊新聞の『Das Parlament』とその付録の『Aus Politik und Zeitgeschichte』，週刊誌『Der Spiegel』，年鑑の『Aktuell』などが利用価値が大きかった。さらにインターネットの情報も機器に弱い著者としては出来る限り用いたつもりである。しかし概説という本書の性格から，ドイツ語の著作などを参考文献に掲げるのは繁雑になるので，すべて省略したことを断っておきたい。また，洪水ともいえる膨大な情報量を考えれば，当然ながら，参照できたのはごく一部にすぎないし，その際に歪んだ理解や誤った解釈に陥っている危険がないとはいえない。読者からの

忌憚のないご批判を仰ぐ次第である。なお，本書の出版に当たっては木鐸社の坂口節子さんのご高配を賜った。学術書の出版が困難を極めるなか，いつに変わらぬ温かいご配慮に感謝したい。索引の作成については愛知教育大学の学生で政治学を専攻している宮園啓介君が惜しみない協力をしてくれた。

　最後に，私事にわたるが，著者は在外研究から帰国した直後の2000年夏に体調を崩し，しばらくは本を読めない時期があった。またある程度回復してからも波があり，研究に専念することは困難だった。そうした事情から，不十分ながらもなんとかこの著作を上梓できたのは，一貫して変わらぬ家族の支えと生活リズムを根本から改めよという医師の強力な助言があったからにほかならない。病院通いのために敬遠していた運転免許を取得して立ち直りを助けてくれた妻和子に格別の感謝を込めて本書を捧げたいと思うのは，初めての大病という苦い体験のゆえである。

　　　2003年10月28日

近藤潤三

## 年表（1989－2002年）

**1989年**
- 8月　東ドイツ市民のDDR脱出の動きが高まる
- 9月　DDRで月曜デモが拡大　新フォーラムなど市民運動団体が結成される
- 10月　ホーネッカー失脚　クレンツが国家評議会議長とSED書記長に就任
- 11月　ベルリンの壁崩壊
  SED内の改革派と目されるモドロウがDDR首相に就任
  ドイツ統一に関するコール首相の10項目提案
- 12月　DDRで政府と市民運動団体が協議する円卓会議設置

**1990年**
- 3月　DDRで人民議会選挙「ドイツのための同盟」が勝利し，デメジエール政権が成立
- 7月　東西ドイツの通貨・経済・社会同盟が発足
- 8月　東西ドイツが統一条約調印
- 9月　モスクワで2＋4条約調印
- 10月　東西ドイツの国家の統一
- 11月　ドイツ・ポーランド国境条約調印
- 12月　全ドイツの初めての連邦議会選挙　連立与党が圧勝

**1991年**
- 1月　湾岸戦争勃発　ドイツは多国籍軍に参加せず
- 6月　包装廃棄物政令施行
  連邦議会がベルリンへの首都機能の移転を決定
- 7月　ワルシャワ条約機構解散
- 9月　東ドイツのホイヤースヴェルダで難民収容施設への襲撃事件

**1992年**
- 1月　シュタージ文書法が施行され個人ファイルの閲覧が可能になる
  ユーゴスラヴィアから離脱したクロアチアとスロヴェニアの国家承認
- 2月　マーストリヒト条約調印
- 8月　東ドイツのロストックで外国人収容施設への大規模な襲撃事件
- 11月　西ドイツのメルンでドイツ在住のトルコ人家族が放火により焼死
  国境での射殺命令による殺人罪でホーネッカー裁判開始

**1993年**
- 3月　連邦政府，州首相，各政党代表が東ドイツ経済再建のための連帯協約で合意
- 4月　連邦軍がNATOによるボスニア＝ヘルツェゴヴィナ上空監視飛行に参加
- 5月　基本法の庇護権規定改正

|     |     |
| --- | --- |
|     | ゾーリンゲンでトルコ人の家屋が放火され5人焼死 |
| 6月 | スキャンダル関与のためエングホルム SPD 党首が引責辞任　党員投票により後任党首にシャーピング・ラインラント=ファルツ州首相が就任 |
| 11月 | マーストリヒト条約が発効し，欧州連合（EU）がスタート |

1994年

|     |     |
| --- | --- |
| 1月 | 連邦共和国史上初めて公式の失業者が400万人を越える |
|     | 連邦政府が「成長・雇用促進のための行動プログラム」を決定 |
|     | NATO が「平和のためのパートナーシップ（PFP）」を決定 |
| 7月 | 連邦憲法裁判所が条件つきで連邦軍の NATO 域外派兵を容認 |
|     | ザクセン=アンハルト州で PDS の容認に基づく「マグデブルク・モデル」の政権が誕生 |
| 6月 | 第2次男女同権法が成立 |
| 8月 | 戦勝4カ国の最後として旧ソ連軍がドイツから撤収 |
|     | ワルシャワ蜂起50周年式典でヘルツォーク大統領が謝罪演説 |
| 10月 | 連邦議会選挙で連立与党が辛勝し，コール政権が続投 |
| 10月 | 合同憲法委員会の提案に基づく基本法の改正 |
| 12月 | DDR の国営企業の売却・民営化を担当した信託公社が解散 |

1995年

|     |     |
| --- | --- |
| 1月 | オーストリア，スウェーデン，フィンランドが EU に加盟し，EU は15カ国になる |
|     | 介護保険がスタート |
|     | 連帯賦課税の再導入 |
|     | 郵政事業の民営化　ドイツ・テレコムなどが誕生 |
| 6月 | 連邦憲法裁判所の判決を踏まえた妊娠中絶法改正 |
| 11月 | SPD 党大会でラフォンテーヌ・ザールラント州首相を党首に選出 |
| 12月 | 連邦議会が連邦軍の IFOR 参加を承認 |

1996年

|     |     |
| --- | --- |
| 1月 | 連邦政府が「雇用と立地確保のための行動プログラム（通称：財政緊縮パッケージ）」を公表 |
|     | リュベックで外国人施設への放火のため10人死亡 |
| 10月 | 循環経済・廃棄物法施行 |
|     | コールの首相在任期間がアデナウアーを超える |
| 12月 | 連邦議会が連邦軍の SFOR 参加を承認 |

1997年

|     |     |
| --- | --- |
| 1月 | ドイツ・チェコ和解宣言 |
| 2月 | 公式の失業者が戦後最高の467万人になる |

12月　EUでアムステルダム条約調印
1998年
2月　公式の失業者が482万人になり，戦後の最高記録を更新
4月　ザクセン=アンハルト州の州議会選挙で極右政党のドイツ民族同盟（DVU）が12.9％の得票率をえる
　　　大盗聴法が成立
9月　連邦議会選挙でSPD大勝　シュレーダーを首相とするSPDと同盟90・緑の党の連立政権が発足
12月　「雇用のための同盟」設置
　　　大型合併でダイムラー=クライスラー発足
1999年
1月　EUでイギリスなどを除き単一通貨ユーロ導入
3月　ラフォンテーヌがSPD党首と蔵相を辞任　シュレーダーが後任の党首に就任　蔵相の後任はアイヒェル前ヘッセン州首相
　　　コソヴォ紛争で連邦軍がNATOによるユーゴ空爆に参加
4月　環境税の第一段階開始
5月　二重国籍の容認と帰化条件の緩和を主眼とする国籍法改正
8月　ベルリンへ首都機能を移転
11月　CDUの不正献金疑惑が発覚し，コール前首相はCDU名誉党首を辞退　ショイブレ党首は辞任　後任の党首に女性で東ドイツ出身のメルケルが就任
2000年
6月　連邦政府と電力業界が原発撤退で合意
7月　連邦議会でナチ強制労働補償基金の設立法可決
8月　グリーン・カード政令に基づく外国人IT専門家の導入開始
2001年
2月　EUでニース条約調印
5月　フィッシャー外相がEUの将来像に関する欧州連邦構想を公表
8月　生涯パートナーシップ法施行
10月　テロを受けたアメリカに対しシュレーダー首相が「無制限の連帯」を表明
　　　NATOが初めて北大西洋条約5条に基づく集団的自衛権の発動を決定
11月　首相に対する信任投票とセットで連邦議会がアフガニスタンへの連邦軍派兵を承認
12月　連邦と各州で東ドイツ地域援助のための第2次連帯協約の合意
2002年
1月　単一通貨ユーロの銀行券・硬貨の流通開始
3月　連邦議会と連邦参議院で移民法が可決されるが，12月に連邦憲法裁判所が採

決の手続き問題で違憲とする
8月　東ドイツ地域で大規模な洪水が発生
　　　シュレーダー首相がアメリカのイラク攻撃準備に反対を表明
　　　ハルツ委員会が労働市場政策に関する改革案を提出
9月　連邦議会選挙で連立与党が辛勝し，第2次シュレーダー政権がスタート

# 人名索引

## ア行

アイヒェル, H. 90
アデナウアー, K. 27, 82, 154, 167, 180, 192
アルニム, H. 191
アレマン, U. 188
ヴァイゲル, T. 115
ヴァイツゼッカー, R. 39, 164
ヴェーラー, H.-U. 176
ヴェルナー, M. 182
ヴォヴェライト, K. 95
ヴォルフ, M. 43
エッペルマン, R. 48
エバマン, T. 78
エングホルム, B. 77, 158

## カ行

ガウク, J. 44
カンター, M. 71
ギジ, G. 20, 78
キージンガー, K. 80
キンケル, K. 182
グレースナー, G. J. 15
クレンツ, E. 17, 47
ケスラー, H. 47
ケッヒャー, R. 85
ケリー, P. 78
ゲンシャー, H.-D. 26, 27, 32, 39, 76, 183
コルテ, K.-R. 11
ゴルバチョフ, M. 16, 26, 27

## サ行

サッチャー, M. 26, 167
サルトーリ, G. 188
シェーンフーバー, F. 144
ジスカールデスタン, V. 167, 169
シャーピング, R. 77, 82, 184
シャルク=ゴロドコフスキー, A. 44
ジュースムート, R. 93, 164
シュヴァルツァー, A. 41
シュトルペ, M. 45
シュミット, H. 57, 167
シュペート, L. 82
シュルテ, D. 55
ショイヒ, U. 191
ショイブレ, W. 39
ジョスパン, L. 79
ショルツ, R. 36
シラー, K. 54
シラク, J. 168
シリー, O. 136
スターリン, J. 28

## タ行

ツヴィッケル, K. 54
ティールゼ, W. 177
ディトフルト, J. 78
テッパー, K. 65, 66, 67
デメジエール, L. 22, 23, 25, 45
ドイブラー=グメリーン, H. 95
ドゴール, C. 167, 171
トランペルト, R. 78
トリッティン, J. 92, 203
ドレスラー, R. 58
ドロール, J. 167

## ナ行

ナウマン, K. 182
ニーダーマイヤー, O. 188
ネレ=ノイマン, E. 63

## ハ行

ハイトマイヤー, W. 148
ハベル, V. 173
バルシェル, U. 192
バルトシェウスキ, W. 176
ハルツ, P. 83
ビスキィ, L. 78
ビスマルク, O. 11

ビーデンコップ, K. 82
ヒトラー, A. 28, 77
ビルトラー, M. 44
フェアホイゲン, G. 184
フォーゲル, H.-J. 39, 158
フォシェラウ, H. 36
ブッシュ, G. 26
フライ, G. 145
ブラント, W. 20, 29, 39, 65, 81, 115, 155
ブリューム, N. 58
ブレア, T. 79, 85
ブロイエル, B. 107
ベック, V. 95
ヘプナー, R. 76
ベーメ, I. 23
ヘルツォーク, R. 168, 176
ヘンケル, O. 54
ホーネッカー, E. 15, 16, 19, 47

ホンバッハ, B. 86

### マ行

ミッテラン, F. 26, 63, 164, 165
ミールケ, E. 43, 47
メッケル, M. 46
メルケル, A. 67
モドロウ, H. 17, 19, 27

### ラ行

ラウ, J. 142, 179
ラフォンテーヌ, O. 31, 54, 77, 82, 85, 86, 90, 163
ラムスドルフ, O. 179
リュトガース, J. 62
ルップ, H. K. 9
レッシェ, P. 189
ローヴェッダー, D. K. 107

# 事項索引

### ア行

アオスジードラー 130, 131, 136
アムステルダム条約 168
アレンスバッハ研究所 63
安保理常任理事国 182
移民委員会 139, 141, 211
移民法 30, 142, 203, 211
EU憲法条約 181
EU市民権 37
ヴェッシー 116
円卓会議 19, 22
欧州経済共同体(EEC) 165
欧州石炭鉄鋼共同体(ECSC) 165
欧州単一議定書 165
オスタルジー 115
オッシー 116
穏健な多党制 188

### カ行

改革の停滞 59, 81
外国人犯罪 71, 130

解雇保護法 60
改正育児手当法 208
ガウク庁 44
ガストアルバイター 127
客観民主主義 190
環境税 91, 92, 99, 202
「記憶・責任・未来」 179
基本法改正 35
基本法23条方式 21
基本法146条方式 21
強制労働者 178
京都議定書 67, 91
協約自治 56
極右政党 144-146
グリーン・カード 88, 138
グレー・カード 139
経営組織法 87, 94
軽微雇用 87, 89, 208
血統主義 136
原子力法改正 92
建設的不信任 30, 191
憲法愛国心 143

国籍法改正　137, 145, 190
国民政党　31, 191
コソヴォ紛争　97, 161, 200
国家保安省（シュタージ）　43
5％条項　30, 191
コーポラティズム　193, 194
コメコン体制　105
雇用のための同盟　86, 99, 201

サ行

10項目提案　18
シュタージ文書法　44
市民イニシアチブ　191
社会国家　54-58, 201, 206
住民投票　192
出生地主義　136
シュタージ　16, 23, 43-47
循環型社会　66
生涯パートナーシップ法　95
条約共同体　17-19
ジョブ・アクティブ法　87
人口変動　208
「新フォーラム」　21
人民議会選挙　21, 23
スキンヘッド　147-150
スリムな国家　60, 61
政治家狩り　196, 198
政治倦厭　191
青少年犯罪　71
政党国家の揺らぎ　190, 193
政府開発援助（ODA）　156
組織犯罪対策法　72

タ行

第一次妊娠中絶法違憲判決　42
体感治安　69
第二次妊娠中絶法違憲判決　42
脱原発協定　92
多文化社会　129, 135
男女同権　36, 93, 99
直接民主主義　38, 192
賃金付帯費用　56
通貨・経済・社会同盟　23, 24

2プラス4方式　26
デイトン合意　160
デュアル・システム　50
ドイツ株式会社　100, 205
ドイツ・チェコ和解宣言　174
「ドイツのための同盟」　20
ドイツ・ポーランド和解基金　178
独ポ国境条約　30
ドイツ労働総同盟（DGB）　100
統一条約　25
同性婚　95, 96, 99
東方外交　29
独仏枢軸　167
独ポ国境条約　30
独ポ善隣友好条約　175

ナ行

ニース条約　181
ニュー・ポリティックス　32, 65, 99, 203
妊娠中絶法　41
ネオナチ　146

ハ行

排外暴力　143, 144, 149
庇護権　37, 132, 134, 143
ビロード革命　173
夫婦別姓　94
ブルー・ヘルメット　158
ペレストロイカ　15, 26
包装廃棄物政令　66
ポスト国民国家　187, 207
ホロコースト記念碑　177

マ行

マネー・ロンダリング法　72
マグデブルク・モデル　75
マーストリヒト条約　37, 165, 167, 190
「民主主義の出発」　26
モデル・ドイツ　57, 68, 195

ヤ行

ユニラテラリズム　172
ユーバージードラー　126
ユーロジャスト　168

ユーロポール　168
「より多くの民主主義を」　192
ヨーロッパ・アイデンティティ　143

**ラ行**

ライン型資本主義　100, 194, 205
リュールプ委員会　211
連邦議会選挙　31, 75-81, 188
連邦軍派遣問題　156
連邦憲法裁判所　32, 42, 97, 161, 200, 211
連邦補償法　178
ルクセンブルク協定　178

**ワ行**

ワルシャワ条約機構　26, 163
湾岸戦争　158, 198

# 略語索引

ABM　雇用創出措置　105
BDI　ドイツ産業全国連盟　54, 86
BDA　ドイツ使用者団体全国連合　86
CDU　キリスト教民主同盟　18-23, 31-42, 75-83, 188-196
CSCE　全欧安保協力会議　26
CSU　キリスト教社会同盟　31, 42, 174
DDR　ドイツ民主共和国　14-23, 41-47, 104-124
DGB　ドイツ労働総同盟　86, 101
DIHT　ドイツ商工会議所　86
DSD　デュアル・システム社　66
DVU　ドイツ民族同盟　133, 145
EC　欧州共同体　165, 172
ECB　欧州中央銀行　180, 181
EMU　経済・通貨同盟　165
ESDP　欧州安全保障防衛政策　168
EU　欧州連合　37, 165-172, 179-183, 187, 205
FDP　自由民主党　32, 54, 76, 78, 82, 184
IFOR　ボスニア平和履行軍　160
ISAF　アフガニスタン国連治安支援部隊　161, 162, 182
JUSO　SPD青年部　83
KFOR　コソヴォ平和維持軍　162, 182
NATO　北大西洋条約機構　26, 36, 97, 156-165, 182
NAV　標準的雇用関係　87
NPD　ドイツ国家民主党　144, 149
OSCE　欧州安保協力機構　168
ÖTV　公務・運輸・交通労働組合　86, 101
PDS　民主社会党　19, 32, 76, 97, 123, 160, 189
PFP　平和のためのパートナーシップ　169
PKK　クルド労働党　129
REP　共和党　133, 144
SED　社会主義統一党　16-20, 33, 43-46
SFOR　ボスニア和平安定化軍　160
SPD　ドイツ社会民主党　20, 68, 77-84, 97, 188-196
WEU　西欧同盟　159, 167, 168
WTO　世界貿易機関　172

**著者略歴**

近藤潤三（こんどう　じゅんぞう）

1948年　名古屋市生まれ
1970年　京都大学法学部卒業
1975年　京都大学大学院法学研究科博士課程単位取得
現　在　愛知教育大学教授，京都大学博士（法学）
1991〜1994年　外務省専門調査員として在ドイツ連邦共和国日本国大使館に勤務

著　書
　『統一ドイツの変容：心の壁・政治倦厭・治安』木鐸社，1998年
　『統一ドイツの外国人問題：外来民問題の文脈で』木鐸社，2002年

主要論文
　「フリードリヒ・ナウマンの国民社会主義思想」
　「アードルフ・シュテッカーにおけるキリスト教社会主義と反ユダヤ主義」
　「シュモラーにおける階級把握の構造と特質」

翻　訳
　H. A. ヴィンクラー編『組織された資本主義』（共訳）名古屋大学出版会，1989年

---

統一ドイツの政治的展開

2004年3月30日第1版第1刷　印刷発行　©

| | | |
|---|---|---|
| 著　者 | 近　藤　潤　三 | |
| 発行者 | 坂　口　節　子 | |
| 発行所 | (有) 木　鐸　社 | |
| 印刷 | アテネ社　製本　関山製本社 | |

著者との
了解により
検印省略

〒112-0002　東京都文京区小石川5-11-15-302
電話（03）3814-4195番　FAX（03）3814-4196番
振替　00100-5-126746　http://www.bokutakusha.com

（乱丁・落丁本はお取替致します）

ISBN4-8332-2351-1　C3022

## 統一ドイツの外国人問題
近藤潤三著（愛知教育大学）
A5判・500頁・7000円（2002年）ISBN4-8332-2317-7
■外来民問題の文脈で
　戦後西ドイツは敗戦で喪失した領土からの外来民の流入，外国人労働者の導入，難民受入等多くの課題を抱えた。このような錯綜した人の移動の総体という「外来民問題」から，ドイツの外国人問題を捉えようとする。その特有の社会構造と政策転換の変動のなかに百五十年に及ぶ統一ドイツ国家形成の真の姿を見る。

## 統一ドイツの変容
近藤潤三著
A5判・396頁・4000円（1998年）ISBN4-8332-2258-2
■心の壁・政治倦厭・治安
　統一後のドイツでは東西分裂の克服がもたらした束の間の歓喜と陶酔の後に，心に重くのしかかる難問が次々に現れてきた。旧東ドイツ地域の経済再建とその負担，失業者の増大，難民の大波，排外暴力事件の激発等。本書は統一後のドイツの現実を徹底的に一次資料に基づいて追跡し，ボン・デモクラシーの苦悩を解明。

## フランス近代社会　■秩序と統治
小田中直樹著（東北大学経済学部）
A5判・480頁・6000円（1995年）ISBN4-8332-2214-0
　本書は，フランス「近代社会」の社会構造を，「秩序原理」と「統治」政策という相互に関連する二側面に注目して，王政復古から第二帝政成立に至るまでの展開を跡づける。そこでは，主に支配層の社会構造観に基づいて選択された秩序原理が，具体的に展開される政策に「体化」され，被支配層による同意を得て初めて「現実化」するという分析視角からフランス史像の再構成を行う。

## ミシェル・シュヴァリエ研究
上野喬著（東洋大学経営学部）
A5判・390頁・4500円（1995年）ISBN4-8332-2206-X
■自由と規制の歴史的解明
　ミシェル・シュヴァリエは，政治革命と産業革命の席巻する19世紀のフランス社会で活躍した技術官僚の第一人者であった。彼は目覚ましい経済発展を遂げたフランス第二帝政のイデオローグでもあった。本書はシュヴァリエの主張と彼を批判する人々との間で行われた論争を分析し，「自由と規制」の歴史的解明に道を開く。